Deborah Lipstadt

Antisemitismus heute

PIPER

Zu diesem Buch

Ob Berlin, Paris oder Brüssel: Heute müssen Juden Vorkehrungen treffen, wenn sie sich in diesen Städten bewegen, die Kippa wird aus Sicherheitsgründen gegen eine Basecap getauscht, jüdische Einrichtungen müssen gegen Angriffe geschützt werden. In den USA stützt sich Präsident Trump auf rechtsradikale Gruppen und verharmlost massive antisemitische Ausschreitungen. Der neue Antisemitismus ist ein weltweites Phänomen.

Deborah Lipstadt, geboren 1947 in New York, ist Historikerin und eine der renommiertesten Forscherinnen zum Holocaust weltweit. Seit 2014 lehrt sie Moderne Jüdische Geschichte und Holocaust-Studien an der Emory University in Atlanta. Große, internationale Aufmerksamkeit erlangte ihre Geschichte der Holocaustleugnung. Der britische Holocaustleugner David Irving verklagte Lipstadt wegen der ihn betreffenden Aussagen vor einem Londoner Gericht. Das Urteil des aufsehenerregenden Prozesses bestätigte, dass Irving die historischen Fakten systematisch manipulierte, und gab Lipstadt in allen wesentlichen Punkten recht. Im Mai 2018 wurde Deborah Lipstadt mit dem Carl-von-Ossietzky-Preis ausgezeichnet.

Deborah Lipstadt

Antisemitismus heute

Wie Hass und Vorurteile global erstarken

Aus dem Englischen von Stephan Pauli

PIPER

Mehr über unsere Autoren und Bücher:

www.piper.de

Ungekürzte Taschenbuchausgabe
ISBN 978-3-492-31622-4
September 2020

Titel der amerikanischen Originalausgabe:
»Antisemitism Here and Now«, Schocken, New York 2019

Umschlaggestaltung: zero-media.net, München
Satz: Uhl & Massopust, Aalen
Gesetzt aus der Garamond
Druck und Bindung: CPI Books GmbH, Leck
Printed in the EU

In Erinnerung an meine Mutter,
Miriam bat Natanel und Rebecca

Gott war ihre »Zuflucht und ihre Burg« (Psalm 91).
Sie war mein größter Fan.

Inhalt

Vorbemerkung

Hinter mir liegt ein Projekt, das mir so einiges abverlangte. Ich war überrascht, auf welche Schwierigkeiten ich beim Schreiben dieses Buches stieß, schließlich hatte ich mich nicht zum ersten Mal auf ein Thema eingelassen, das schmerzhafte Aspekte birgt. Ich schreibe, unterrichte und spreche seit Jahrzehnten über die Shoah, eines der umfassendsten Beispiele für einen staatlich geförderten Genozid. Ich hatte einen Großteil meiner wissenschaftlichen wie privaten Zeit in der Kloake von Antisemitismus und Genozid verbracht, woher kamen denn plötzlich diese Schwierigkeiten? Warum sollte sich ausgerechnet dieses Projekt von den vielen anderen, die ihm vorangingen, unterscheiden? Die Antwort darauf fand ich während des Schreibens. So schrecklich der Holocaust auch war, so ruht er doch fest in der Vergangenheit. Wenn ich über ihn schreibe, schreibe ich über etwas, das vergangen ist. So sehr mich das Geschehene auch erschüttert, es bleibt Geschichte. Der zeitgenössische Antisemitismus dagegen ist nicht Geschichte. Hier geht es um die Gegenwart. Es geht darum, was Leute *jetzt* tun und sagen, womit sie sich *heute* auseinandersetzen. Das verleiht dem Thema eine Unmittelbarkeit, die kein historisches Ereignis je haben kann.

Zudem geht es nicht nur um die Gegenwart. Es geht auch um die Zukunft. Doch auf was für eine Zukunft deuten die besorgniserregenden Phänomene, die ich hier untersuche? Diese Frage verweist auf eine weitere Schwierigkeit. Die meisten Historiker vermeiden es, über die Zukunft zu spekulieren. Wir machen um Vorhersagen einen großen Bogen, weil wir wissen, wie schnell sich die Dinge ändern können. Oft haben gerade jene Historiker, die sich bei Zukunftsprognosen auf ihr Wissen über die Vergangenheit verlassen haben, geirrt. Und doch fällt es, wenn man über aktuelle Probleme schreibt, schwer, nicht auch über die Zukunft zu reden. Dessen bin ich mir bewusst, und ich will dies, so gut es geht, vermeiden. Nachdem ich einige Grundlagen der Thematik angesprochen habe – wie lässt sich Antisemitismus definieren, wie lassen sich Antisemiten kategorisieren –, versuche ich aufzudecken, was das von uns Beobachtete eigentlich ausmacht. Ist der heutige Antisemitismus derselbe wie jener, den wir von früher kennen, oder unterscheidet er sich? Wo ist er verwurzelt: bei linken oder rechten Gruppierungen? Geht es, wie nicht wenige behaupten, nur um Israel? Erkennen wir Antisemitismus auch dort, wo gar keiner ist? Weigern sich andere, Antisemitismus dort zu sehen, wo er deutlich zutage tritt? Und was können wir dagegen tun? Können wir überhaupt etwas tun?

Obwohl in den letzten Jahren sowohl physische als auch verbale Akte von Antisemitismus allem Anschein nach entschieden zugenommen haben, sollte unsere Unterhaltung weder auf Zahlen und antisemitischen Taten gründen, noch von ihnen motiviert werden. Denn das würde umgekehrt bedeuten, dass bei einem Rückgang der statistischen Zahlen unsere Besorgnis abklingen sollte. Ich erinnere mich, dass während des US-Präsidentschaftswahlkampfs im Jahr 2000 viele Juden glaubten, Al Gores Nominierung von Joseph Lieberman als Kandidaten für die Vizepräsidentschaft würde eine Zunahme des Antisemitismus zufolge haben. Das war nicht der Fall. Einige Experten schlossen daraus, dass der Antisemitismus vielleicht tot sei. Sie betrachteten das gesellschaftliche Gefüge in den USA und sahen Juden an der Spitze von Universitäten, die früher sehr strenge Zulassungsregeln hatten. Sie sahen Juden in den Vorstandsetagen der größten Unternehmen und als Wahlsieger in Wahlkreisen ohne nennenswerten jüdischen Bevölkerungsanteil. Selbst der ansteigenden Zahl an Mischehen, innerhalb der jüdischen Gemeinden oft ein Grund zur Sorge, konnte etwas Positives abgewonnen werden. Wenn so viele Nichtjuden gewillt waren, Juden in ihre Familien aufzunehmen, wie verbreitet konnte Antisemitismus dann überhaupt sein? Doch heute ist der Antisemitismus »wieder da«. (Ich bin mir nicht sicher, ob er je wirklich weg war.) Statistiken über den Anstieg antisemitischer Vorfälle sind wichtig, weil sie die notwendige empirische Evidenz liefern. Dennoch sollten uns *nicht vorrangig die Zahlen antreiben*. Was uns wirklich wachrütteln sollte, ist die Tatsache, dass es immer noch Menschen gibt, die Verschwörungstheorien anhängen, Juden dämonisieren und sie für alles Böse verantwortlich machen. Antisemiten erhalten diese spezielle Variante uralten Hasses am Leben. Sie rechtfertigen ihn ebenso wie die Taten, die in seinem Namen verübt werden. Die historischen Konsequenzen dieser schändlichen Leidenschaft waren so desaströs, dass es unverantwortlich wäre, ihre aktuellen Erscheinungsformen zu ignorieren.

Ein weiterer Grund, warum wir uns nicht von Zahlen leiten lassen sollten, liegt darin, dass Antisemitismus eine Weltanschauung, eine Verschwörungstheorie ist. Deshalb kann er nicht einfach durch die Anzahl an erfassten antisemitischen Straftaten oder die Menge der als antisemitisch einzustufenden Menschen gemessen werden. Eine neuere Studie zu Großbritannien nannte meinen Ansatz den »elastischen« Blick auf Antisemitismus. Wenn Judenhass eine Einstellung ist, so existiert er, wie alle Einstellungen, »innerhalb einer Gesellschaft in unterschiedlicher Intensität, mit unterschiedlichen Schattierungen ... Einige Menschen mögen stark antisemitisch sein, andere in geringerer Ausprägung; und auch wenn wieder andere weder in die eine, noch in die andere Kategorie passen, könnten sie dennoch gewisse [antisemitische] Einstellungen in sich tragen – mögen diese auch in geringer Anzahl und schwacher Intensität auftreten.«[1]

Da Antisemitismus sich gegen Juden richtet, könnten einige Leser vielleicht denken, dass nur Juden etwas zu befürchten hätten. Doch das wäre ein Fehler. Juden, als das intendierte Ziel des Antisemiten, sollten vielleicht tatsächlich vorsichtiger darauf reagieren. Ein Gleiches gilt bei jedem Ausdruck eines bestimmten Hasses und Vorurteils. Doch schon die Existenz von Vorurteilen, in welcher Form auch immer, bedroht all jene, die eine inklusive, demokratische und multikulturelle Gesellschaft wertschätzen. Es liegt auf der Hand, dass sich auch andere Minderheiten nicht sicher fühlen sollten, wenn Juden mit hasserfüllten Parolen und Vorurteilen angegriffen werden; dass es bei den Juden bleibt, ist eher unwahrscheinlich. Und umgekehrt sollten sich Juden nicht sicher fühlen, wenn andere Minderheitengruppen mit Hass und Vorurteilen überzogen werden; es ist genauso unwahrscheinlich, dass es bei diesen Gruppen bleibt. Antisemitismus gedeiht in einer Gesellschaft, die sich als intolerant anderen gegenüber erweist, sei es gegenüber Immigranten oder ethnischen und religiösen Minderheiten. Sobald Ausdrücke der Verachtung für eine bestimmte Gruppe zur Norm werden, ist es so gut wie unvermeidlich, dass ähnlicher Hass sich auch gegen andere Gruppen richtet. Wie das Feuer, das ein Brandstifter legt, schießen leidenschaftlicher Hass und verschwörungstheoretische Weltanschauungen weit über ihr ursprüngliches Ziel hinaus. Sie entbehren jeder Rationalität. Keine Vernunft hält sie in Zaum. Selbst wenn Antisemiten ihr Gift ausschließlich gegen Juden einsetzen, deutet die reine Existenz von Judenhass darauf hin, dass mit der gesamten Gesellschaft etwas nicht stimmt. Keine gesunde Gesellschaft gewährt umfassendem Antisemitismus – oder jeder anderen Form von Hass – Unterschlupf.

Ich habe dieses Buch als einen Austausch mit zwei fiktionalen Personen konzipiert, die ich an der Universität, an der ich unterrichte, »kennengelernt« habe. Die erste ist »Abigail«, eine brillante jüdische Studentin, die mehrere meiner Seminare belegt hat und das Phänomen des Antisemitismus zu verstehen versucht. Die andere Person ist »Joe«, ein Kollege, der an der juristischen Fakultät der Universität unterrichtet. Als Nichtjude bekundet er höchste Anerkennung für die Erfolge und Mühen des jüdischen Volks. Er zählt einige seiner jüdischen Kollegen zu seinen wichtigsten Gesprächspartnern an der Uni. Abigail und Joe tragen in sich Anteile von vielen Menschen, die sich in den letzten Jahren an mich gewandt haben, um ihre Verwirrung, Sorgen und Bestürzung sowohl über den Antisemitismus im Allgemeinen als auch über Vorfälle, die sie in ihrem persönlichen Umfeld beobachten konnten, zum Ausdruck zu bringen. Sicher, sie sind fiktionale Charaktere, doch die Fragen, die sie aufwerfen, und die Ängste, denen sie sich stellen, stammen von sehr realen Menschen. Die E-Mails sind so konstruiert, dass sie die Situation im Sommer 2018 widerspiegeln.

Während die Gegenwärtigkeit der diskutierten Ereignisse eine Herausforderung beim Schreiben dieses Buches darstellte, machte es ihre rasche Abfolge zu einem Buch, das eigentlich nicht zu beenden war. Es schien, als würden täglich neue Entwicklungen eine Analyse und Einbeziehung in diese Untersuchung verlangen – der Mord an einer Holocaust-Überlebenden in Paris, Wahlen in Ungarn, bei denen sich die Wahlsieger auf offen antisemitische Tropen verließen, ein Gesetz in Polen, das die Geschichte des Holocaust uminterpretiert, White-Power-Demonstrationen in den Vereinigten Staaten, Kampagnen an Universitäten gegen Israel, die nur allzu leicht in antisemitische Kundgebungen kippten, der Antisemitismus in der britischen Labour Party, die Empfehlung des Präsidenten des Zentralrats der Juden in Deutschland, wonach Juden in der Öffentlichkeit keine Kippa tragen sollten, und vieles mehr. So traurig es ist, bin ich mir angesichts der nicht enden wollenden Saga, die der Antisemitismus ist, sicher, dass bis zum Erscheinen dieses Buches neue Beispiele von Antisemitismus auftreten werden, die Teil dieser Schilderung hätten werden sollen.

Einige Leser werden vielleicht feststellen, dass sie mir bei dem einen Argument zustimmen, während sie das nächste empört ablehnen. Unabhängig vom Standpunkt meiner Leser bei unterschiedlichen Themen bitte ich, das Buch möglichst differenziert zu lesen, wie auch ich versucht habe, es differenziert zu schreiben. Einige glauben vielleicht, ich habe den Ernst der Lage entweder über- oder untertrieben. Einige mögen mich beschuldigen, ich habe Antisemitismus am »falschen« Ende des politischen Spektrums ausfindig gemacht. Sollten einige glauben, ich neige zu sehr dazu, das Glas als halb leer anzusehen, während mir andere vorwerfen, ich sähe es immerzu halb voll, werde ich (wie immer die Querdenkerin) annehmen, dass meine Analysen gerade richtig sind.

Ich weiß aus persönlicher Erfahrung, wie leicht man Behauptungen aufstellen und gleichzeitig die Meinung anderer für falsch erklären kann – vor allem dann, wenn das Thema so verstörend wie hier ist. Ich habe mich redlich bemüht, dieser Versuchung standzuhalten. Ich habe versucht, meine Leidenschaften so weit als möglich zu zügeln und die Sachverhalte mit der analytischen Brille der Akademikerin zu betrachten. Doch wir sind, wer wir sind. Ich kann daher nicht behaupten, dass ich gegenüber den Dingen, auf die ich stieß, völlig leidenschaftslos gewesen wäre. Ich habe es nicht darauf abgesehen, einen Aufruf zum Kampf oder Aufschrei zu schreiben, gestehe aber, dass dieses Buch bis zu einem gewissen Grad doch genau das geworden ist. Es wurde mit der Überzeugung geschrieben, dass jede Handlung mit einer Erkenntnis einsetzt, die von unterschiedlichen Menschen in unterschiedlichen Umständen unterschiedlich angewandt wird. Mein Versuch, ein verwirrendes und verstörendes Geflecht von Umständen zu erforschen, wurde in der Hoffnung geschrieben, dass er zu Taten herausfordert. Wie genau diese Taten aussehen werden, liegt in der Hand des Lesers.

Atlanta, Georgia,
im Mai 2018

Antisemitismus: Ein Gespräch

Die Ratlosen

Liebe Frau Professorin Lipstadt,

ich schreibe Ihnen, weil ich besorgt und verwirrt bin. Ich hoffe, Sie können mir diesen Schritt nachsehen.

In den letzten Monaten hatte ich eine Reihe intensiver Gespräche über Antisemitismus mit Kommilitoninnen und Kommilitonen, von denen die meisten keine Juden sind. Ich habe sie gebeten, ihre Meinung offen zu äußern. Einer, wenngleich zögerlich, behauptete, die Juden müssten angesichts der Tatsache, dass Antisemitismus bereits seit so langer Zeit existiere, bis zu einem gewissen Grad selbst dafür verantwortlich sein. Ein anderer schlug in dieselbe Kerbe und fragte sich, durchaus zaudernd, ob ein Volk, das seit so langer Zeit gehasst werde, nicht etwas getan haben könne, das diesen Hass verursacht habe. Beide wiederholten mehrmals, dass sie mich als gute Freundin betrachteten und es nicht persönlich meinten. Das glaube ich ihnen auch. Und dennoch fühlte ich mich unwohl. Das Schlimmste an der Sache war aber, dass ich nicht wusste, was ich ihnen sagen könnte, ohne in eine Verteidigungshaltung zu geraten. Ich denke, ich bitte Sie um zweierlei: Ich möchte verstehen, was da vor sich ging, und ich möchte herausfinden, wie ich am besten darauf antworte.

Beide haben mir aufmerksam zugehört, als ich ihnen erzählte, dass Juden in Brüssel, Paris, Berlin und einer Vielzahl anderer Städte vermehrt aufpassen müssten. Ich erklärte ihnen, wie ich während einer Europareise vor einigen Jahren jüdische Sehenswürdigkeiten ohne weiteres Nachdenken besucht hätte. Anders fühlt es sich bei der Reise nach Europa an, die ich diesen Sommer mit einer kleinen Gruppe jüdischer Studenten unternehmen werde. Ein Teilnehmer trägt Kippa, und er versicherte uns, ohne gefragt worden zu sein, dass er während der Reise stattdessen eine Basketballkappe tragen werde. Die anderen zeigten sich solidarisch und erklärten, sie würden ebenfalls Kappen tragen. Ich habe versprochen, meinen Rucksack, auf dem der Name meines jüdischen Jugendvereins prangt, zu Hause zu lassen. Dass man äußere Zeichen jüdischer Identität an vielen Orten der westlichen Welt inzwischen besser verbirgt, besorgt und verwirrt mich zugleich.

Es gibt keinen Grund, warum ich hier auf dem Campus um meine physische Sicherheit besorgt sein sollte. Ich fühle mich als Jüdin wohl, wenn ich nicht gerade über Israel sprechen soll. Doch diese Begegnung mit meinen Freunden hat mich doch verwirrt und auch verunsichert. Ich weiß nicht genau, was ich mir von Ihrer Antwort verspreche, doch ich dachte, nachdem wir uns in Seminaren und Gesprächen nähergekommen sind, könnte ich Sie bitten, mir dabei zu helfen, besser zu verstehen, was hinter alldem steckt.

Ihre Abigail

Liebe Deborah,

es war schön, dich, wenn auch nur kurz, auf dem Campus zu sehen! Deine Beobachtung, ich sei nicht ganz ich selbst, trifft den Nagel auf den Kopf. Denn obwohl das Semester für mich persönlich sehr produktiv gewesen ist, war ich dennoch anhaltend deprimiert, weil mich der Gedanke an die stetig wachsende Spaltung sowohl in den Vereinigten Staaten als auch in so vielen anderen Ländern der Welt nicht losgelassen hat. Zwar bin ich mir der Ungerechtigkeiten in unserem Land schon länger sehr bewusst, doch glaube ich, dass die Verachtung, die einzelne Gruppen füreinander hegen, in den letzten Jahren immer deutlicher hervorgetreten ist und dies heute bereits zum Mainstream gehört. Vieles davon führe ich auf den Präsidentschaftswahlkampf von 2016 zurück. Der Wahlkampf und die nachfolgenden Ereignisse haben diese Anfeindungen zwar nicht geschaffen, mit Sicherheit jedoch ermöglicht. Rassistische, homophobe, islamophobe und natürlich antisemitische Äußerungen scheinen täglich mehr zu werden.

Ich habe eine etwas seltsame Bitte an dich. Ich verabscheue Antisemitismus seit Langem, doch fürchte ich, ich habe ihn bis heute nicht vollständig verstanden. Ich weiß, du hast jede Menge zu tun, doch sollte es dir möglich sein, mich bei meinem Versuch, zu verstehen, zu unterstützen, wäre ich dir sehr dankbar.

Dein Joe

Lieber Joe, liebe Abigail,

Joe, darf ich dir Abigail vorstellen? Eine Doktorandin, die in den letzten Jahren bei mir studiert und mehrere Kurse belegt hat, die sich mit unterschiedlichsten Aspekten des Holocaust beschäftigten.

Abigail, darf ich Ihnen Joe Wilson vorstellen? Er ist Professor an der Juristischen Fakultät und unterrichtet über Recht und Religion. Joe und ich tauschen uns regelmäßig über Vorurteile und Hass aus.

Ihr habt euch beide aufgrund des anscheinenden Anstiegs von Antisemitismus in den USA und anderswo an mich gewandt, und ich frage mich, ob wir uns zu dem Thema nicht gemeinsam austauschen sollten. Ich würde mich glücklich schätzen! Nicht nur, weil zwei Menschen, die mir sehr wichtig sind, davon bestürzt sind, sondern auch, weil ich glaube, dass ein solches Gespräch uns allen dabei helfen könnte, mit dieser irritierenden Situation umzugehen. Da wir alle unterschiedliche Terminpläne haben, schlage ich vor, wir diskutieren in schriftlicher Form. Und falls ihr einverstanden seid, lasst uns alle unsere E-Mails teilen, damit wir alle Teil der laufenden Diskussion sind.

Und weil ich glaube, dass Dinge einen Anfang, eine Mitte und ein Ende benötigen, sollten wir einen Zeitplan erstellen, der unseren Austausch auf dieses Semester begrenzt.

Eure DEL

Ein Wahn

Liebe Abigail, lieber Joe,

ihr sucht beide nach einer Möglichkeit, die Frage »Warum Antisemitismus?« zu beantworten. Und ihr wollt herausfinden, was wir dagegen tun können. Auf die Gefahr hin, euch zu enttäuschen, möchte ich euch zu Beginn dennoch *caveat emptor* zurufen, womit ich sagen will, dass ich nicht glaube, auch nur eine einzige eurer Fragen befriedigend beantworten zu können. Es ist unglaublich schwer, wenn nicht sogar unmöglich, etwas zu erklären, das in sich irrational, wahnhaft und absurd ist. Hierin liegt das Wesen aller Verschwörungstheorien, unter denen der Antisemitismus nur eine ist. Denkt einmal darüber nach: Warum bestehen manche Menschen darauf, dass die Mondlandungen vor Kulissen irgendwo im amerikanischen Westen stattgefunden hätten? Trotz einer Fülle gegenteiliger wissenschaftlicher Beweise und Berichte von Zeitzeugen glauben sie genau das, weil sie der Meinung anhängen, dass die Regierung und andere mächtige Entitäten in unüberschaubare Intrigen verwickelt sind, um die Öffentlichkeit in die Irre zu führen.[1] Staatlich gelenkte Täuschungsmanöver sind das Prisma, durch das sie die Welt sehen. Wie irrational ihre Ideen uns auch erscheinen mögen, für sie ergeben sie absolut Sinn. Verschwörungstheorien verleihen Ereignissen, die manchen Menschen unerklärlich erscheinen, eine intentionale Erklärung. Eine zu erklärende Handlung wurde ausgeführt, um ein bestimmtes Ziel zu erreichen. Würden wir diese Verschwörungstheoretiker mit Belegen konfrontieren, die eindeutig beweisen, dass die Landung tatsächlich auf dem Mond stattgefunden hat, würden sie alles, was wir sagen, a priori zurückweisen und annehmen, wir seien Teil der Verschwörung. Der Versuch, irrationale Annahmen – besonders, wenn sie ihren Vertretern als unumstößlich gelten – mit rationalen Erklärungen zu entkräften, ist nahezu unmöglich. Jede Information, die nicht mit dem von Verschwörungstheoretikern bevorzugten sozialen, politischen oder ethnischen Narrativen übereinstimmt, ist *ipso facto* falsch. Sozialwissenschaftler attestieren solchen Theorien die Eigenschaft, »selbstabdichtend« zu sein, was sie »besonders immun gegen jede Infragestellung«[2] mache. Verschwörungstheorien reduzieren komplexe Vorgänge auf ihren einfachsten Nenner und durchdringen sie mit hitzigen Übertreibungen, Verdächtigungen und Fantasien, die in keiner Weise mit den Tatsachen in Beziehung stehen. Einige neigen dazu, Verschwörungstheorien als relativ harmlos abzutun. Sie betrachten Menschen, die ihnen anhängen, als psychisch instabil, in einer Linie mit Leuten, die Hüte aus Alufolie tragen, um sich vor bösartigen Funksignalen zu schützen, die von der Regierung ausgestrahlt würden. Doch während man sich in der Tat fragen kann, wie vernünftig diese Menschen sind, können sie dennoch echten Schaden anrichten.

Der wahnhafte Aspekt des Antisemitismus wurde mir 1972, während meiner ersten Reise in die Sowjetunion, mit einem Schlag klar. »Refuseniks«, also jene sowjetischen Juden, die offen gegen den Staat kämpften, um das Recht auf Ausreise zu erzwingen, wunderten sich, wie die Regierung es schaffte, so viele ihrer hausgemachten Probleme den Juden anzukreiden. Die Sowjetregierung verfolgte Juden und verbreitete Antisemitismus, und gleichzeitig glaubten viele jener Bürger, die das kommunistische Regime hassten, dieses sei eine Verschwörung von Juden. In einer für Juden nicht untypischen Reaktion auf Verfolgung schufen die Refuseniks eine eigene Form von Witzen, um ihren Schmerz zu lindern und gleichzeitig den Wahn ihrer Unterdrücker zu illustrieren. Einen habe ich bis heute in Erinnerung behalten. Ich teile ihn euch in der Hoffnung mit, unserem unvermeidlich ernüchternden Austausch zumindest einen humorvollen – oder, genauer, ironischen – Anfang zu verleihen.

In der UdSSR herrscht ein chronischer Mangel an Konsumgütern. Eines frühen Morgens macht in Moskau das Gerücht die Runde, ein Warenhaus würde heute eine Ladung Schuhe erhalten. Vor dem Warenhaus bildet sich sofort eine Schlange, die exponentiell wächst.

Nachdem die Menschen etwa eine Stunde gewartet haben, erscheint der Geschäftsführer und verkündet: »Wir werden nicht genügend Schuhe erhalten, um jeden zufriedenstellen zu können. Juden, verlasst die Schlange und geht nach Hause!« Was diese auch sogleich tun. Ein paar Stunden später erscheint er erneut und sagt: »Wir werden nicht genügend Schuhe erhalten, um alle zufriedenstellen zu können. Alle, die nicht am Krieg teilgenommen haben, geht nach Hause!« Was diese auch sogleich tun. Ein paar Stunden später erscheint er erneut und sagt: »Wir werden nicht genügend Schuhe erhalten, um alle zufriedenstellen zu können. Alle, die nicht in der Kommunistischen Partei sind, können nach Hause gehen!« Was diese auch sogleich tun. Als der Abend dämmert, erscheint er ein letztes Mal und sagt: »Wir werden heute überhaupt keine Schuhe erhalten. Geht alle nach Hause!« Zutiefst enttäuscht, schleichen zwei erschöpfte und frierende, loyale Mitglieder der Kommunistischen Partei, beide Veteranen des Zweiten Weltkriegs, von dannen. Auf ihrem Weg nach Hause dreht sich einer zum andern und verkündet bitterlich: »Diese Juden, immer haben sie das Glück auf ihrer Seite.«

Wahnhaft? Irrational? Antisemitisch? All das zugleich? Lasst es uns gemeinsam herausfinden.

Eure DEL

PS: Abigail, ich musste schmunzeln, als ich von dem Vorschlag las, die Jungs sollten während Ihres Europatrips Baseballkappen statt der Kippot tragen. Als ich vor Kurzem in Berlin war, erklärte mir ein Freund, wie ich zu einer abseits gelegenen Synagoge gelange. Nach einer etwas komplizierten

Beschreibung meinte er noch: »Wenn du in der Straße bist, in der sich die Synagoge befindet, halte einfach nach den Polizisten mit den Maschinenpistolen Ausschau; sie stehen direkt davor. Und wenn du die Straße gar nicht erst findest, schau dich nach Männern mit Baseballkappen um und folge ihnen. Sie werden dich zur Synagoge führen.« Ich musste lächeln. Kurze Zeit später begegneten mein Freund und ich einer Touristengruppe. Die Männer trugen alle Baseballkappen. Er beugte sich zu mir herüber und flüsterte: »Juden.« Ich musste wieder lächeln, weil er sich so sicher war. Am nächsten Tag sah ich dieselbe Gruppe in einer Synagoge. Ihre Kappen hatten sie durch Kippot ersetzt. Wie Sie vielleicht wissen, haben viele Juden ihre Glaubensbrüder darin ermutigt, in Berlin und anderen größeren deutschen Städten keine Kippot zu tragen. Doch wenn Sie denken, dies sei lediglich ein deutsches Phänomen, muss ich Sie enttäuschen. Während einer Reise nach Italien war ich zuletzt auf der Suche nach einem angesagten koscheren Restaurant. Ich geriet in ein Labyrinth aus verschlungenen Straßen und Gassen. Doch dann sah ich plötzlich ein paar Jungs mit Baseballkappen. Aus einer Laune heraus bin ich ihnen gefolgt und tatsächlich, sie haben mich genau zu dem Restaurant geführt.

Baseballkappen allein werden wohl nicht ausreichen. Aber vielleicht hilft ein fruchtbarer Gedankenaustausch.

Ihre DEL

Liebe Frau Professorin Lipstadt,

vielen Dank für Ihre Antwort. Ihr Blick auf die wahnhaften, irrationalen und konspirativen Aspekte des Antisemitismus hat mir geholfen. Ich habe Sie so verstanden, dass Antisemitismus unlogisch ist und deshalb nicht erklärt werden kann. Das sehe ich ein. Doch wenn wir ihn schon nicht erklären können, können wir ihn wenigstens definieren? Ist alles Negative, das je über Juden geschrieben oder gesagt worden ist, ein Ausdruck von Antisemitismus? Ich weiß, dass nicht alles Negative, das über Israel geschrieben oder gesagt wird, notwendigerweise antisemitisch ist, doch wo genau sollte man nun die Grenze ziehen? Ist Antisemitismus immer intentional? Oder kann jemand ohne Absicht Antisemit sein? Ich schäme mich ein wenig, diese Fragen zu stellen. Meine Mitbewohnerin, die mir gerade über die Schulter blickt, meint, dass ich mir diese Fragen doch auch selbst beantworten könne, schließlich sei ich doch in Ihren Seminaren gewesen und selbst Jüdin. Sie hat recht. Ich denke auch, ich sollte die Antworten kennen. Tu ich aber nicht.

Ich erinnere mich, wie Sie in einem Seminar den alten Witz erzählt haben, wonach ein Antisemit jemand ist, der Juden mehr hasst, als absolut notwendig sei. Doch jetzt freue ich mich auf eine gehaltvollere Antwort.

Ihre Abigail

Liebe Deborah,

wie von dir vorhergesagt, habe ich bereits etwas von Abigail gelernt. Sie wird vielleicht darüber überrascht sein, dass ich, obwohl ich wahrlich schon einiges über Vorurteile geschrieben habe, noch nie systematisch über die bestmögliche Definition von Antisemitismus nachgedacht habe. Man könnte meinen, dass es mir möglich sein sollte, etwas zu definieren, worüber ich mir so viele Gedanken mache. Handelt es sich einfach um Hass gegen Juden? Ich glaube, es ist komplizierter. Aber »jemand, der Juden mehr hasst, als absolut notwendig« ist sicherlich ein faszinierender Ausgangspunkt für unser Gespräch.

Dein Joe

Liebe Abigail, lieber Joe,

ich darf euch beiden versichern, dass ihr euch nicht im Geringsten unwohl oder entmutigt fühlen solltet, weil ihr Antisemitismus nicht so einfach definieren könnt. Ihr seid sicher nicht allein. Ein Großteil der Öffentlichkeit kann ihn nicht definieren. Selbst Experten gelingt es nicht, sich auf eine präzise Definition zu einigen. Und in der Tat gibt es Menschen, vor allem Juden, die Definitionen ganz aus dem Weg gehen und behaupten, Juden könnten Antisemitismus instinktiv erspüren, ähnlich wie Afroamerikaner Rassismus und Schwule Homophobie erkennen würden. Diesen Standpunkt beleuchtet am ehesten Potter Stewarts berühmter Kommentar vor dem Obersten Gerichtshof der Vereinigten Staaten, in dem er 1964 Louis Malles Film *Die Liebenden* gegen den Vorwurf der Hardcorepornografie verteidigte. Nach damaliger Gesetzeslage hätte man den Film, wäre der Vorwurf gerechtfertigt, verbieten können, denn als pornografisches Werk wäre er nicht durch das Recht auf »Meinungsfreiheit« geschützt gewesen. Um zu begründen, warum der Film nicht pornografisch und also durch die Meinungsfreiheit geschützt sei, formulierte Stewart einen der meistzitierten Sätze in der Geschichte des Obersten Gerichtshofs:

> *Ich werde heute davon absehen, genauer zu definieren, welche Art von Material von dieser knappen Beschreibung [Hardcorepornografie] umfasst wird, und vielleicht könnte mir das auch gar nicht auf klare Art und Weise gelingen.* Aber ich erkenne es, wenn ich es sehe, *und der Film, über den hier verhandelt wird, gehört nicht dazu.*[1]

Wir sollten Stewart nicht nur dafür dankbar sein, die Grenzen der künstlerischen Ausdrucksfreiheit verschoben zu haben, sondern auch dafür, uns ein höchst nützliches Prinzip an die Hand gegeben zu haben: Zuweilen mag es uns unmöglich erscheinen, Antisemitismus präzise zu definieren, und doch werden wir ihn sicher erkennen, wenn wir ihn hören oder sehen.

Ähnlich nützlich, wenn auch nicht ganz so elegant, ist Jane O'Reillys aus der ersten Nummer der Zeitschrift *Ms.* stammende Formulierung: »Klick!« In ihrem wegweisenden Essay beschreibt O'Reilly jene Momente am Arbeitsplatz, in denen eine Frau begreift, dass ihre Meinung ignoriert wird, einem Mann ihre Ideen zugeschrieben werden oder in denen von ihr erwartet wird, etwas zu tun – Erfrischungsgetränke zu servieren oder die Kinder des Chefs zu betreuen –, worum man einen Mann nie gebeten hätte. Würde sie sich jedoch bei ihren männlichen Kollegen beschweren, wären sie völlig verdattert. Blind gegenüber der üblichen Geschlechterdiskriminierung, würden sie sie als überempfindlich, wenn nicht gar als leicht paranoid bezeichnen. O'Reilly gab diesen Momenten der Erkenntnis den Namen »Klick!«.[2]

Abigail, ich freue mich, dass Sie sich an die Bemerkung

erinnern, wonach »ein Antisemit jemand ist, der Juden mehr als absolut nötig hasst«. Sie bringt uns zum Lachen, sie sollte uns aber auch nachdenklich stimmen. Diese prägnante Beobachtung, die oft dem verstorbenen Philosophen und intellektuellen Riesen Isaiah Berlin zugeschrieben wird, gibt uns ein so einfaches wie nützliches Werkzeug an die Hand, um Vorurteile ausfindig zu machen.[3] Stellen Sie sich vor, eine Person hat etwas getan, was Sie als unangenehm empfinden. Dann können Sie ihr dies aufgrund ihrer Handlungen oder Einstellungen berechtigterweise übel nehmen. Wenn Sie es ihr aber auch nur einen Deut übler nehmen, weil diese Person Jude ist, dann handelt es sich um Antisemitismus. Betrachten wir diesen Fall genauer, indem wir ein hypothetisches Beispiel heranziehen. Stellen Sie sich einen Autofahrer vor, der von einem unberechenbaren Fahrer, der zufällig schwarz ist, absichtlich von der Fahrbahn gedrängt wurde. Derjenige, der beinahe gerammt worden wäre, darf sich berechtigterweise bei seinen Mitfahrern über diesen Verkehrsrowdy beschweren. Sobald er ihn allerdings als »diesen schwarzen Typen«, der ihn beinahe gerammt hätte, verunglimpft, hat er die rote Linie zum Rassismus überschritten. Die Hautfarbe des Fahrers hat nichts mit seinem Fahrstil zu tun. Sie zu erwähnen kann als rassistische »Hundepfeife« angesehen werden – nur für die zu hören, die ein Ohr dafür haben, wird unterschwellig die Verachtung des Sprechers gegen Schwarze im Allgemeinen transportiert. (Dennoch ist es selbstverständlich nicht rassistisch, wenn die Hautfarbe des Fahrers in einer Zeugenaussage Erwähnung findet; es handelt sich dann lediglich um eines von mehreren physischen Merkmalen, um einen zur Fahndung ausgeschriebenen Fahrer zu identifizieren und wenn möglich festzusetzen.)

Jetzt stellen Sie sich vor, jemand erzählt einem Freund von einer Person, die ihn seiner Meinung nach bei einem

Geschäft übervorteilt hat. Sich über diesen »korrupten Immobilienhai« aufzuregen ist eine Sache. Sich über diesen »korrupten jüdischen Immobilienhai« zu beschweren ist – Klick! – antisemitisch. Doch dieses Beispiel über die Notwendigkeit, zwischen einem zu rechtfertigenden privaten Groll und einem eine Bevölkerungsgruppe diffamierenden Vorurteil zu unterscheiden, bringt uns vielleicht nicht wirklich weiter. Ich jedenfalls glaube, dass es wichtig ist, obige Formulierung als den jüdischen Witz zu begreifen, der in ihr steckt – mitsamt seiner impliziten Herabsetzung von Juden inmitten ihrer Verteidigung. »Mehr als absolut nötig« bedeutet unter Juden: »Natürlich nerven wir, aber lasst euch nicht gleich dazu hinreißen, uns umzubringen.«

Doch »ich erkenne es, wenn ich es sehe« und »Klick!« helfen nur, wenn wir die wesentlichen Elemente des Antisemitismus, seine Bausteine, bereits verstanden haben. Wir müssen die Inhalte dieses Hasses auf den Tisch bringen. Sobald wir ihn identifizieren können, dürfen wir es unseren Instinkten erlauben, sich zu beteiligen. Solange etwas nicht definiert werden kann, solange kann es auch nicht angesprochen oder bekämpft werden. Wenden wir uns deshalb formaleren Definitionen zu. Die Arbeitsdefinition der International Holocaust Remembrance Alliance (IHRA), die mittlerweile vom Europaparlament und auch von der deutschen Bundesregierung übernommen wurde,[4] kennzeichnet ihn als:

> *Eine bestimmte* Wahrnehmung *von Juden, die sich als Hass gegenüber Juden ausdrücken kann. Der Antisemitismus richtet sich in* Wort *oder* Tat *gegen* jüdische *oder* nichtjüdische *Einzelpersonen und/oder deren Eigentum, sowie gegen jüdische Gemeindeinstitutionen oder religiöse Einrichtungen.*[5]

Also auch Nichtjuden? In der Tat. In Arthur Millers Roman *Fokus* (1945) erleidet ein Mann, der selbst latent antisemitisch ist, eine Sehtrübung und muss plötzlich eine Brille tragen. Sein Chef und seine Nachbarn glauben aufgrund seines veränderten Aussehens, dass er Jude sein müsse, und machen ihn zum Opfer ihrer Vorurteile und schließlich körperlicher Gewalt.[6] Obwohl er kein Jude ist, wird er paradoxerweise das Opfer von Antisemitismus.

Die amerikanische Soziologin und Historikerin Helen Fein steuert in ihrer Definition einige weitere wichtige Elemente bei:

> *Ein dauerhafter latenter Komplex feindseliger Überzeugungen gegenüber* Juden als einem Kollektiv. *Diese Überzeugungen äußern sich beim* Einzelnen *als Vorurteil, in der* Kultur *als Mythen, Ideologie, Folklore und in der Bildsprache sowie in Form von individuellen oder kollektiven* Handlungen – *soziale oder gesetzliche Diskriminierung, politische Mobilisierung gegen Juden und kollektive oder staatliche Gewalt –, die darauf zielen, sich von Juden als Juden zu distanzieren, sie zu vertreiben oder zu vernichten.*[7]

Die Betonung liegt auf *dauerhaft*. Antisemitismus verschwindet nicht; er ist kein einmaliges Ereignis. Obwohl sich seine äußere Form mit der Zeit durchaus verändern kann, bleibt er seinem Wesen nach derselbe. Man kann ihn mit einer hartnäckigen Infektion vergleichen. Medikamente können die Symptome lindern, doch der eigentliche Infekt brütet im Hintergrund weiter und kann zu gegebener Zeit in einer neuen Inkarnation, einer veränderten »äußeren Schale« wieder auftauchen. Während die Form des Hasses sich biegsam und anpassungsfähig zeigt, bleiben seine Grundideen, oder besser die Illusionen, die seinen Kern ausmachen, konstant. In der Antike und im Mittelalter war der Antisemitismus religiöser Natur. Juden wurden gehasst, weil sie sich weigerten, zum Christentum, und später zum Islam, zu konvertieren. Im 18. Jahrhundert kamen zu den religiösen Begründungen ethnische und politische hinzu. Voltaire schätzte die hierarchischen Strukturen der Kirche gering, doch genauso herablassend äußerte er sich über Juden.

Im 19. Jahrhundert beschuldigte die politische Rechte alle Juden, sie seien Sozialisten, Kommunisten und Revolutionäre. Die politische Linke wiederum beschuldigte alle Juden, sie seien von Eigentum besessene Kapitalisten, die sich dem sozialen und wirtschaftlichen Aufstieg der Armen und der Arbeiterklasse entgegenstellten. Um die Sache noch zu verkomplizieren, verkündete die Pseudowissenschaft der Rassenkunde, Juden seien aufgrund ihres Erbguts minderwertig. Unter jenen, die diese pseudowissenschaftlichen Behauptungen aufstellten, gab es wiederum einige, die behaupteten, Juden besäßen nicht nur negative Merkmale, sondern auch Eigenschaften, die ihnen anderen gegenüber Vorteile verschafften. Juden seien etwa bösartig intelligent, und indem es ihnen leichtfalle, mit Nichtjuden Kontakte zu pflegen, setzten sie diese Eigenschaft ein, um in den Leben von Nichtjuden verheerende Schäden anzurichten. Dass dies einen Widerspruch in sich darstellte – gleichzeitige Überlegenheit und Unterlegenheit –, war für Antisemiten völlig unproblematisch. Dieses giftige Gebräu aus Rassismus, Religion, Politik und Pseudowissenschaft wurde zum Grundstein des nationalsozialistischen Antisemitismus und ist heute einer der Grundsteine der US-amerikanischen White-Power- beziehungsweise White-Supremacy-Bewegungen.[8]

Antisemitismus als *Komplex* zu bezeichnen bedeutet, ihn nicht lediglich als eine Anhäufung inkonsistenter Ideen zu verstehen. Er kann, wie Fein hervorhebt, zu Handlungen führen – zu »sozialer oder rechtlicher Diskriminierung, politischer Mobilisierung … und kollektiver oder staatlicher Gewalt«. Zudem ist ihm eine innere Stimmigkeit zuzugestehen. Diese Stimmigkeit mag wahnhaft und absurd sein – wie die Logik des Kommunisten, für den es ganz klar war, dass die Juden Glück hatten, weil sie als Erste aus der Warteschlange vertrieben wurden und deshalb nicht so lange in der Kälte hatten warten müssen –, sie ergibt aber für den Antisemiten durchaus Sinn. Unabhängig davon, ob die jeweiligen antisemitischen Erscheinungsformen religiöser, politischer, gesellschaftlicher oder ethnischer Natur sind oder eine krude Mischung aus allen, sie enthalten doch immer aufs Neue dieselben Themen oder Tropen. Wir kennen sie nur allzu gut: Zahlenmäßig deutlich unterlegen, verstünden es Juden, weitaus mächtigere Entitäten zu zwingen, nach ihrer Pfeife zu tanzen. Zu ihren Zielen gehöre dabei stets, andere Juden auf Kosten von Nichtjuden zu unterstützen. Juden hätten im Laufe der Jahrtausende und unabhängig davon, ob sie auf engstem Raum zusammen- oder durch Kontinente getrennt lebten, einen kosmopolitischen Zusammenhalt herausgebildet, der ihre bösen Taten überhaupt erst möglich mache. Die historische Schablone für diese Vorwürfe findet sich in den Beschreibungen von Jesus' Tod im Neuen Testament. Ungeachtet der Tatsache, dass alle, die an diesen Ereignissen beteiligt waren, jüdisch waren – mit Ausnahme der Römer, die die eigentliche Kreuzigung durchgeführt haben –, haben sie Generationen von Kirchenführern immer so erzählt, als hätten »die Juden« Jesus getötet und damit der Menschheit seine Weisheit, Göttlichkeit und Herrlichkeit vorenthalten. Sie hätten es getan, weil er verlangt habe, dass die Geldwechsler aus dem Tempel vertrieben würden, was wiederum eine Bedrohung des Einkommens der Tempeloberen bedeutet habe. Dieser christlichen Doktrin zufolge wurde Jesus gekreuzigt, weil er unter anderem die Macht der Juden und ihren Wohlstand bedrohte.

Die Kirche hatte institutionelle Gründe, die Juden verantwortlich zu machen und sie heftig zu tadeln. Judentum und Christentum waren konkurrierende Religionen. Das Christentum war ein »Sprössling« des Judentums, und sein Erfolg wurde von der Tatsache bedroht, dass es Juden gab, die sich weigerten, die neue »Wahrheit« zu akzeptieren. Ein historischer Baustein in der Entwicklung dieser Feindseligkeit war die Erklärung des Apostels Paulus, wonach ein »Mensch gerecht werde ohne des Gesetzes Werke, allein durch den Glauben«, und für Jesus »weder Beschneidung noch unbeschnitten sein etwas« bedeute. Mit anderen Worten ersetzt der Glaube an Jesus und seine Lehren jüdisches Recht und jüdische Tradition. Enterbungs- oder Substitutionstheologie – Paulus' Erklärung, dass das Christentum der eine wahre Glaube sei und deshalb das Judentum sowohl im Glauben als auch in der Tat verdränge oder ersetze – wurde zu einem wesentlichen Lehrsatz des neuen Glaubens. Die Paulinische Doktrin marginalisierte Juden, vor allem jene, die weiterhin jüdischen Traditionen treu blieben, und stellte sie als wahrheitsblind dar. Juden, so argumentierten die Anhänger Paulus', lehnten aufgrund ihrer angeborenen Bösartigkeit den neuen Glauben ab. Diese Formulierung machte aus dem Judentum mehr als nur eine konkurrierende Religion. Sie stempelte es zur Quelle des Bösen. Genau hierin liegt der große Unterschied zwischen Antisemitismus und anderen Vorurteilen. Antisemitismus ist nicht einfach der Hass auf etwas »Fremdes«, sondern der Hass auf das immerwährende Böse in der Welt. Die Juden sind nicht *ein* Feind, sondern *der* ultimative Feind.[9] Dieser Hass ist allgegenwärtig. Er hat über Jahrtausende und in unterschiedlichen Kulturen überlebt. Er zeigt sich bis heute in vielen Regionen der Welt – selbst in solchen, in denen keine Juden leben. Er hat eine ganze Reihe von Ideologien infiltriert, selbst den entschieden atheistischen Marxismus.

Es ist wichtig zu verstehen, das der Antisemitismus, und so ist es bei allen Vorurteilen, unabhängig jeglicher Handlungen von Juden existiert. Es kann durchaus vorkommen, dass Vorwürfe gegen einen bestimmten Juden, oder auch gegen eine Gruppe von Juden, berechtigt sind. Es gibt einige Juden, die von Geld besessen sind oder ihre Angestellten schlecht behandeln. Doch dasselbe kann man auch über einzelne Nichtjuden sagen. Zu sagen: »Natürlich ist X von Geld besessen, er ist doch Jude, oder etwa nicht?«, ist antisemitisch. Antisemitismus ist nicht Hass auf Menschen, die *zufällig* Juden sind. Er ist Hass auf sie, *weil* sie Juden sind.[10]

Doch wie können antisemitische Anschuldigungen angesichts ihrer Absurdität überhaupt an Boden gewinnen? Eine Erklärung könnte sein, dass sie aufgrund ihrer jahrtausendealten Einbettung in der Gesellschaft eine Beharrlichkeit entwickelt haben, der schwer beizukommen ist. Antisemitismus wurde zu einem Mittel, um eigentlich nicht zu erklärende Situationen doch zu erklären. Als etwa im 14. Jahrhundert die Pest Europa versehrte, wurden Juden bezichtigt, Brunnen zu vergiften und die Krankheit zu verbreiten. Für Menschen, die über Jahrtausende einem kirchenbasierten Antisemitismus aufgesessen waren, stellte das eine einfache, überschaubare und logische Erklärung für eine scheinbar unerklärliche Krankheit dar. Wirtschaftskrisen, politische Spannungen, erfolglose militärische Aktionen und eine Unzahl weiterer Desaster wurden wegerklärt, indem man sie auf den Einfluss von Juden zurückführte. Diese Schuldzuweisungen an die Juden, die für das Leid anderer verantwortlich seien, dienten lediglich dazu, die Macht des Antisemitismus weiter zu verstärken.

Einige allerdings argumentieren, der Antisemitismus sei in sich nicht kohärent. Jean-Paul Sartre etwa bestand darauf, dass der Antisemitismus eine »Leidenschaft« sei, und lehnte die Vorstellung, wonach er eine empirische Idee sein könne, ab. Antisemitismus ergibt nach Sartre keinen Sinn und solle nicht dadurch gewürdigt werden, dass man ihn als »Idee« bezeichne.[11] Sartres Begriff des Irrationalen scheint die historischen und religiösen Ursprünge des Judenhasses zu ignorieren. Anthony Julius ist sich der historischen Linie dieses Hasses zwar voll bewusst, wiederholt und erweitert aber letztlich Sartres Position, wenn er behauptet, Antisemitismus müsse gesehen werden als ein »diskontinuierlicher, zufälliger Standpunkt innerhalb einer Reihe unterschiedlicher Mentalitäten und Milieus ... Er ist ein heterogenes Phänomen, ein Ort des kollektiven Hasses, aber auch der kulturellen Ängste und Verstimmungen.«[12] Indem sie die Vorstellung, wonach der Antisemitismus einen intellektuell glaubwürdigen Rahmen oder eine einheitliche Feldtheorie besitze, ablehnen, lenken Sartre und Julius die Aufmerksamkeit sowohl auf die irrationale Natur dieser Animosität als auch auf die Gründe, warum sie so schwer zu bekämpfen ist.[13] Julius bringt aber noch etwas Neues in unsere Diskussion ein. Er weigert sich, die Statur und Wichtigkeit des Antisemiten zu vergrößern. Ich erinnere mich an ein Gespräch mit Julius, der mein Anwalt war, als ich von David Irving wegen Verleumdung verklagt wurde, weil ich ihn einen Holocaustleugner, Antisemiten und Rassisten genannt hatte. Kurz vor Beginn des Prozesses, fassungslos angesichts der persönlichen Last dieses Rechtsstreits, sagte ich zu Julius, ich wolle Irving vernichtet sehen. »So wichtig ist er nun auch wieder nicht«, antwortete mir Julius. Ich war bestürzt. Er und seine Kanzlei hatten sich zwei Jahre *pro bono* für meinen Fall eingesetzt. Er verachtete Irvings Methode, Geschichte zu erfinden und Antisemitismus zu verbreiten. Wie konnte er nur sagen, er sei nicht so wichtig? Als er meine Verwirrung wahrnahm, erklärte er, was er gemeint hatte. Nicht Antisemitismus sei unbedeutend, sondern der Antisemit selbst. »Stellen Sie sich vor, Ihr Kampf gegen Irving entspräche den Vorkehrungen, die unternommen werden müssen, um die eigenen Schuhe von dem Schmutz zu säubern, den ein Hund auf der Straße zurückgelassen hat«, sagte er (wobei er einen weitaus plastischeren Begriff als »Schmutz« gebrauchte). »Der Schmutz hat an sich keinen Wert. An ihm ist nichts Interessantes. Dennoch muss man seine Schuhe gründlich von ihm reinigen, bevor man mit ihnen nach Hause geht. Versäumt man dies und bringt den Schmutz mit in die Wohnung, hat man ein echtes und langwieriges Problem am Hals. Genauso verhält es sich mit dem Antisemiten.« Julius hatte recht. Er wusste, dass die Lügen und Vorurteile, die Irving ausspie, unerbittlich bekämpft werden mussten. Unsere Herausforderung besteht bis heute darin, den Antisemiten zu bekämpfen, ohne dass er (oder sie) an Statur gewinnt.[14] Antisemiten müssen bekämpft werden, besonders dann, wenn die Gefahr besteht, dass ihre Leidenschaft oder Ideologie von Regierungen übernommen werden könnte. Und doch sind sie Menschen ohne Bedeutung.

Kann etwas eine in sich stimmige Struktur besitzen, während es sich gleichzeitig aus disparaten Leidenschaften zusammensetzt? Ich würde denken, dass dies möglich ist. Das ist Teil der »elastischen« Eigenschaften des Antisemitismus. Manchmal zeigt er sich als Leidenschaft. In anderen Fällen präsentiert er sich als normativ. Doch welche Form auch immer er annimmt, wir müssen darauf bestehen, dass Antisemitismus noch nie Sinn ergeben hat und es auch nie tun wird.

Bekämpft ihn. Doch erhebt ihn oder seine Diener nicht zu einer Größe, die sie nicht verdienen.

Eure DEL

Eine Schreibweise

Liebe Frau Professorin Lipstadt,

vielen Dank für diese Erklärung. Langsam wird mir einiges klarer. Ich habe eine Frage, die ich für mich beantworten muss, bevor wir weitergehen können. Sie hört sich etwas seltsam an. Wie wird im Englischen *anti-Semitism* richtig geschrieben? Ich habe den Ausdruck in so vielen verschiedenen Schreibweisen gesehen und selbst verwendet: Im Englischen sieht man ihn zusammengeschrieben, entweder groß oder klein (*Antisemitism*, *antisemitism*), aber auch auf unterschiedliche Weise durch Bindestrich getrennt (*anti-Semitism*, *Anti-Semitism*, *anti-semitism*, *Anti-semitism*). Ich habe bemerkt, dass Professor Wilson *Antisemitism* schreibt, während Sie *antisemitism* bevorzugen. Ist dies lediglich eine Frage des Stils oder verbirgt sich dahinter, wie so oft, ein Bedeutungsunterschied, der mir bislang entgangen ist?

Danke, Abigail

Liebe Abigail, lieber Joe,

das ist eine ausgezeichnete Frage und keineswegs bloß eine obskure akademische Diskussion. Die Frage ist jedenfalls weitaus wichtiger als etwa die wohlbekannte mittelalterliche Debatte darüber, wie viele Engel auf einem Stecknadelkopf tanzen können. Die Etymologie des Wortes ist Teil seiner schmutzigen Geschichte und seiner gegenwärtigen Wirklichkeit.

Wenden wir uns zunächst dem Bindestrich zu. In den meisten Fällen kann die rechte Seite eines mit Bindestrich zusammengesetzten Worts auch alleine stehen, so etwa bei Anti-Immigration, Anti-Globalisierung oder Anti-Aging. Ein Bindestrich in Anti-Semitismus behauptet eine Opposition zu »Semitismus«. In den letzten Jahrzehnten, mit Zuspitzung der arabisch-israelischen Krise, haben einige Araber auf Vorwürfe, sie gebrauchten eine antisemitische Rhetorik, mit der Behauptung reagiert, sie könnten unmöglich Antisemiten sein, weil sie doch selbst »Semiten« seien. Diese Argumentation geht von einer dreifach verkehrten Vorstellung aus.

Zunächst setzt sie voraus, dass es so etwas wie ein semitisches Volk gebe, was tatsächlich nicht stimmt. Das Wort »semitisch« wurde 1781 von dem deutschen Historiker August Ludwig von Schlözer geprägt, um eine Gruppe von Sprachen zu kennzeichnen, die ihren Ursprung im Nahen Osten haben und gewisse linguistische Gemeinsamkeiten teilen; zu ihnen zählen Arabisch, Hebräisch, Aramäisch, Amharisch, Akkadisch und Ugaritisch. Es gibt nichts, was die Sprecher dieser unterschiedlichen Sprachen als ein gemeinsames Volk verbindet. (Im 19. Jahrhundert verglich und unterschied Ernest Renan, ein französischer Linguist und Kulturhistoriker, die kulturellen Errungenschaften von Sprechern semitischer Sprachen mit jenen indoeuropäischer Sprecher – also mit den Errungenschaften der Europäer.[1] Sein Vergleich war durchsetzt mit Vorurteilen, doch das steht auf einem anderen Blatt.) Und selbst wenn man behaupten würde, es *gebe* eine kulturelle oder ethnische Entität wie Semiten, setzt obiges Argument voraus, dass Mitglieder einer Gruppe keine Vorurteile gegen ihre eigene Gruppe haben können. Dabei gehört es zu den schmerzlichsten Vermächtnissen von Vorurteilen, dass die von ihnen betroffenen Menschen zu glauben beginnen, die gegen sie vorgebrachten Stereotype seien tatsächlich wahr. Es gibt rassistische Afroamerikaner, sexistische Frauen und antisemitische Juden.

Noch wichtiger: Damit zu argumentieren, Antisemitismus bedeute, feindliche Gefühle gegen alle »semitischen« Menschen zu hegen, verdunkelt die Bedeutungsebene, die dem Wort nahezu seine gesamte Geschichte über innewohnte. Wilhelm Marr, ein deutscher Journalist, der die Juden hasste, verhalf dem Begriff im späten 19. Jahrhundert zu Popularität. Er behauptete, dass Juden, und zwar auch jene, die zum Christentum konvertierten, unfähig seien, sich zu assimilieren. Einmal Jude, immer Jude. Laut Marr sind Juden deshalb so gefährlich, weil »die Zersetzung des germanischen Staates« und der »Sieg über das Germanenthum« ihr Ziel sei. Nichts könne etwas an ihrer Fremdheit ändern, nicht einmal der Übertritt zu einer anderen Religion. Konsequenterweise wies Marr den Begriff Judenhass zurück, weil selbst Juden, die sich mittlerweile als Christen sahen, weiterhin Ziel seines Hasses blieben. Auf der Suche nach einem Wort, dass gleichzeitig »rassische« und »wissenschaftliche« anstelle von religiösen Bedeutungsebenen aufwies, wählte er den Begriff »Antisemitismus«. Für ihn und die Legionen von Menschen, die dieses Wort übernahmen, bedeutete es genau eins: Hass auf die Mitglieder der jüdischen »Rasse«. (Bittere Ironie des Schicksals: Am Ende seines Lebens widerrief Marr seine antisemitischen Anschuldigungen und gestand ein, dass die Fehler, die er den Juden in die Schuhe geschoben hatte, in Wahrheit das Resultat der industriellen Revolution und der politischen Debatten seiner Zeit gewesen seien.[2] Ungeachtet seiner Reue hatte er bereits erheblichen Schaden angerichtet.)

Aber zurück zum Bindestrich im Englischen: Aus welchen Gründen auch immer, als das Wort 1893 zuerst in der englischen Sprache auftauchte, schrieb man es mit Bindestrich: *anti-Semitism*. Doch im Französischen und Spanischen tauchte es immer ohne Bindestrich und immer kleingeschrieben auf – *antisémitisme, antisemitismo*.[3] Ich habe mich entschieden, das Wort auf Englisch ebenfalls stets ohne Bindestrich zu schreiben, weil das Wort nichts anderes bedeutete als ganz einfach Hass auf die Juden – ganz wie sein Erfinder es gemeint hatte und wie es über die letzten 150 Jahre im Allgemeinen verwendet wurde. Es bedeutet nicht Feindschaft gegen ein nicht existierendes Etwas namens »Semitismus«. Als Marr das Wort prägte, bezog er sich ganz gewiss nicht auf Menschen, die Arabisch, Aramäisch, Amharisch, Akkadisch oder Ugaritisch sprachen. Genau deshalb finde ich es besonders beleidigend, wenn Menschen, die eine dieser Sprachen sprechen, behaupten, sie könnten Juden ja überhaupt nicht hassen, weil die Sprache, die sie sprechen, linguistisch mit dem Hebräischen verbunden sei.

Und schließlich: Gebe ich ein Statement ab, wenn ich das kleingeschriebene *antisemite* dem großgeschriebenen *Antisemite* vorziehe? Ja, absolut. Es ist mein kleiner Beitrag – und ich bin hier sicher nicht allein – zur Wertschätzung von Sartres und Julius' Darlegung, dass Antisemitismus eine unlogische, wahnhafte Leidenschaft voller Widersprüche und absurder Behauptungen sei. Es verdient die Würde der Großschreibung nicht, die in englischer Sprache Eigennamen vorenthalten ist. Das erinnert mich an den Witz, den sich angeblich in den 1930er-Jahren Juden in Deutschland erzählten.

Zwei Juden sitzen auf einer der wenigen Parkbänke, auf denen sie sich noch niederlassen dürfen. Der eine liest das Jüdische Gemeindeblatt, *der andere liest das antisemitische Hetzblatt* Der Stürmer. *»Warum um Himmels willen liest du denn so was?«, fragt der Leser des* Gemeindeblatts *seinen Freund. »Wenn ich eine jüdische Zeitung lese«, antwortet dieser, »lese ich immer nur von unserem Wehklagen und unserem schrecklichen Schicksal. Im* Stürmer *dagegen lese ich, dass wir die Banken, die internationale und die Außenpolitik kontrollieren, und natürlich lese ich darin auch, wie mächtig wir sind. Das ist mir viel lieber.«*

Eine Absurdität dieses Ausmaßes verdient, wo immer möglich (etwa im Englischen, Spanischen oder Französischen), keine Großschreibung.

Eure DEL

Typologie des Antisemiten

Der Extremist: Von der Straße ins Internet

Liebe Deborah,

wir haben unseren Austausch begonnen, weil ich aufgrund der Spaltungen in unserer Gesellschaft im Allgemeinen und des wachsenden Antisemitismus im Besonderen ziemlich niedergeschlagen war. Meine Krise begann in etwa mit den Ereignissen von Charlottesville im August 2017. Ich kann mich noch gut erinnern, wie ich im Fernsehen den dortigen Neonazi-Aufmarsch verfolgte und nicht glauben konnte, was ich zu sehen bekam. Mit anzusehen, wie eine Mischung aus White-Supremacy-Aktivisten und White-Power-Gruppen mit ausgestreckten Armen »Juden werden uns nicht ersetzen« skandierten, hat mich, einen bekennenden Christen, der seinen Glauben sehr ernst nimmt, bis aufs Mark erschüttert. Die naziähnlichen Flaggen und Plaketten mit der Aufschrift »Juden sind die Kinder Satans« sowie der Mord an einer Gegendemonstrantin durch einen sein Auto als Waffe missbrauchenden Teilnehmer der Demonstration schockierten mich über die Maßen.[1]

Doch erst als ich einen Artikel über die örtliche Synagoge gelesen hatte, in der an diesem Morgen Sabbat gefeiert wurde, kamen mir die Tränen. Drei der schwerbewaffneten Neonazis bezogen vor dem Gebäude mit verschränkten Armen Stellung. Der Rabbi und der Gemeindevorsteher beschlossen daraufhin, alle sich im Gebäude befindlichen Personen in kleinen Gruppen über die Hintertür hinauszulotsen. Selbst die Thorarollen wurden zur sicheren Aufbewahrung mitgenommen. Ich weiß, dass du bei der Auseinandersetzung mit aktuellen Ereignissen ungern auf Hitler und Nazideutschland zurückkommst. Verharmlosen doch leichtfertig vorgetragene, ahistorische Analogien zu Holocaust und NS-Zeit den von Deutschen begangenen Völkermord und verunsichern Menschen von heute ohne Not. Und doch konnte ich nicht anders, als an Nazideutschland zu denken, als ich von diesen Juden las, die sich aus ihrer Synagoge schleichen mussten, um ihre Sicherheit nicht zu gefährden. Ich kann mich nicht erinnern, je von einem ähnlichen Ereignis gelesen zu haben, außer in Büchern über das »Dritte Reich«. Und ganz sicher habe ich noch nie gehört, dass Derartiges in Amerika passiert wäre.

Ich habe das Gefühl, ich muss diese Situation besser verstehen. Was hat das, was wir gerade erleben, zu bedeuten? Handelt es sich bei diesen jungen Männern, die durch die Straßen von Charlottesville paradierten, einfach um schrecklich fehlgeleitete Abenteuersuchende, oder steckt dahinter etwas wirklich Ernstes? Ich hätte mir nie träumen lassen, in einer provinziellen Universitätsstadt der Vereinigten Staaten Leute sehen zu müssen, die völlig unbehelligt durch die Straßen marschieren, während sie derart abscheuliche und hasserfüllte Schlachtrufe skandieren.

Andererseits habe ich Freunde – darunter auch Juden –, die mir in der Vergangenheit des Öfteren erzählt haben, die ganze Aufregung um Antisemitismus sei völlig überzogen. Es überrascht mich nicht, dass ich seit Charlottesville nichts mehr von ihnen gehört habe. Kannst du, die du so viel Zeit in der – wie du einmal sagtest – »Kloake« des Antisemitismus verbracht hast, zu verstehen helfen, was da gerade vor sich geht?

Joe

Liebe Frau Professorin Lipstadt,

Professor Wilsons E-Mail lässt mich daran denken, wie ich das ganze Wochenende vor dem Fernseher hing, um mir die Analysen zu den Ereignissen von Charlottesville anzusehen. Es war so erschreckend, Dinge wie »Juden werden uns nicht ersetzen« zu hören. Aus Ihren Seminaren kannte ich den nationalsozialistischen Ursprung von Slogans wie »Blut und Boden«. Was soll das alles? Waren das nur ein paar verrückte Extremisten? Soll man sich überhaupt ihretwegen Sorgen machen? Haben sie eine Anhängerschaft? Sind sie ganz plötzlich am Horizont erschienen, oder haben sie schon lange, von uns allen unbemerkt, unter der Oberfläche gelauert? Ist das eine Neuauflage von Nazideutschland?

Abigail

Lieber Joe, liebe Abigail,

Charlottesville hat auch mich völlig konsterniert. Auch wenn es nicht das erste Ereignis dieser Art war: Während der letzten zwei Jahre gab es eine ganze Serie solcher gewalttätiger Demonstrationen weißer Nationalisten. Obwohl die Protestierenden vordergründig anrückten, um die Statue des Südstaaten-Generals Robert E. Lee vor ihrer Demontage zu »schützen«, besteht kaum Zweifel, dass dies nicht ihr wahres Motiv war. Sie waren da, um ihre Extremistenfreunde anzustacheln und ihre Macht zu demonstrieren. Sie waren auch da, um Antisemitismus und Rassismus zu verbreiten. Der offene Antisemitismus der Demonstranten wurde sichtbar, als sie Fuß auf das Universitätsgelände setzten. »Juden werden uns nicht ersetzen« erklärt sich von selbst. »Blut und Boden« klingt nur dann harmlos, wenn man als Amerikaner nicht weiß, dass dieser Slogan zentral für die Naziideologie war. Abigail kannte ihn bereits aus unseren Seminaren. Er idealisiert einen ethnisch definierten Staat und trägt in sich die Botschaft, nur Menschen mit »reinem« oder »weißem« Stammbaum könnten wahre Bürger dieses Landes sein. Nur sie sind im Boden verwurzelt. Juden andererseits sind »Kosmopoliten«, keine Patrioten, und als solche sind sie Eindringlinge und eine Bedrohung für das Wohlergehen des Landes. Die Demonstranten paradierten mit der Konföderiertenflagge, die für weitaus mehr steht als die Verbundenheit mit einer Statue von Robert E. Lee. Sie symbolisiert eine kulturelle und politische Position, die White Power mit einer Auflehnung gegen Liberalismus und Multikulturalismus verschmilzt.[2] Waren die Gesänge der Demonstranten bereits schaurig genug, so hat mich etwas anderes noch viel mehr erschreckt. Nicht etwas, das *da war*, hat mir Angst gemacht, sondern etwas, das *nicht da war*. Weder Ku-Klux-Klan-Kutten noch von den Nazis inspirierte Uniformen noch der übliche Plunder aus dem Lager der White Supremacy prägten das Bild. T-Shirts mit Neonazi-Slogans waren überhaupt nicht zu entdecken. Die meisten Demonstranten trugen gewissenhaft gebügelte Kakihosen und ordentliche Hemden. Hätten sie keine Flaggen mit hakenkreuzähnlichen Zeichen oder White-Supremacy-Symbolen getragen oder die Südstaatenfahne, hätten sie ihre Arme nicht zum Hitlergruß erhoben, dann hätten sie fast so ausgesehen, als wären sie gerade einem Katalog für gediegene Mode entstiegen.[3] All das wiederholte sich wenige Monate später während eines weiteren Aufmarschs nur noch deutlicher. Weiße Poloshirts und Kakihosen waren die Uniform der Wahl. Das war kein Zufall. Sie sollten wie »normale Amerikaner« aussehen. Mit den Worten von Richard Spencer, einem der Organisatoren des Marsches: »Wir müssen gut aussehen.« Denn die Leute ließen sich nicht von jenen begeistern, die »verrückt oder hässlich oder wie Opfer oder einfach nur dumm« aussähen.[4]

Lasst uns für einen Augenblick von Charlottesville absehen und uns fragen, wer diese Demonstranten sind und wofür sie stehen. Sie sind von White Power und White Supremacy überzeugt, also von Ideologien, die fest an das von Natur aus Böse in Juden, Muslimen und Farbigen glauben. Laut den Vertretern von White Supremacy streben diese Minderheiten danach, »normalen Amerikanern« Schaden zuzufügen. Sie treffen sich auf White-Power-Versammlungen. Sie besuchen Websites, die Neonazismus, White Nationalism und Antisemitismus propagieren.[5] Viele von ihnen hängen der Christian-Identity-Bewegung an, einer rassistischen Interpretation des Christentums, die behauptet, dass es zwei Schöpfungen gegeben habe – eine, die schiefgegangen sei, was die Existenz farbiger Menschen erkläre, und eine, die Adam und Eva hervorgebracht habe. Eva sei zuerst von Adam schwanger geworden und habe Abel geboren, dessen Nachfahren Weiße seien. Danach sei sie von der Schlange (d. h. Satan) geschwängert worden und habe Kain geboren, dessen Nachfahren die Juden seien und die deshalb geradezu wortwörtlich »satanisch« seien. Einige dieser Leute gehören antidemokratischen, patriotischen Gruppierungen an, die brutale Hassverbrechen, vor allem gegen Regierungseinrichtungen und -beamte, begehen.

In Charlottesville war auch die National Socialist Movement (NSM) vertreten, die wohl größte amerikanische Neonazi-Gruppe. Sie verehrt Adolf Hitler und das »Dritte Reich«. Auf Demos und Protestmärschen erscheinen ihre Mitglieder im Allgemeinen in naziähnlichen Uniformen und Armbinden mit Hakenkreuzen. Nicht jedoch in Charlottesville. Dort waren zwar viele NSM-Flaggen sichtbar. Doch ihre Träger sahen aus wie adrette Collegestudenten. Auch Vanguard America (»Avantgarde Amerika«) marschierte in Charlottesville auf, eine Gruppe mit immer stärkeren Verbindungen zur Neonaziszene. Ihre Mitglieder glauben, dass die Vereinigten Staaten ausschließlich weißen Amerikanern, nicht aber Nichtchristen, Juden, Muslimen oder Farbigen offenstehen sollten. Auf dem Wagen, mit dem eine Gegendemonstrantin ermordet wurde, prangte ein Vanguard-America-Aufkleber.[6] Weitere Teilnehmer waren Leute mit keiner eindeutigen Ideologie, die aber, aus einer Vielzahl persönlicher Gründe, all jene hassen, die nicht so sind wie sie. Brian Levin, ein Experte für amerikanischen Extremismus, hat sie als »abenteuerlustige Straftäter mit eher oberflächlichen Vorurteilen« bezeichnet. Sie gehörten zu einer »informellen Vereinigung junger Leute, die für ein wenig Nervenkitzel und soziale Anerkennung bereit sind, Hassverbrechen zu begehen«. Man kann sich unschwer vorstellen, wie sie entsprechend ihrer latenten oder oberflächlichen Vorurteile zur Tat schreiten. Bald schon könnten sie sich unter jenen einreihen, die man »missionarische Täter« oder »Hardcore-Aufwiegler« nennt und die sich zu unverblümten Gewaltakten versteigen.[7] Wie der damalige FBI-Direktor James Comey in einem Vortrag vor der gegen die Diskriminierung von Juden eintretenden Anti-Defamation-League (ADL) im Mai 2017 bemerkte: »Von einem Augenblick zum anderen können Worte in Gewalt umschlagen. Denn Hass bleibt in den allermeisten Fällen nicht statisch.«

Der Hass ist nicht statisch geblieben, und Worte haben sich tatsächlich bereits in Gewalt verwandelt. Im Mai 2017 wurde der junge Afroamerikaner Richard Collins, der vor seinem Abschluss an der University of Maryland stand und als Leutnant in die US-Armee einberufen werden sollte, ermordet, während er auf ein Uber-Taxi in der Nähe des Universitätsgeländes wartete. Der Angreifer war ein Mitglied der White-Supremacy-Gruppe Alt-Reich. Mit einer zehn Zentimeter langen Klinge stach er Collins in die Brust. Nur wenige Tage später beschimpfte in Portland ein Anhänger von White Supremacy in einer Tram zwei weibliche Passagiere, von denen die eine schwarz war und die andere ein Kopftuch trug. Als zwei junge Männer den Frauen zu Hilfe eilen wollten, schnitt ihnen der Angreifer die Kehle durch. Während seiner Vorführung vor dem Haftrichter erklärte er: »Ihr nennt es Terrorismus. Ich nenne es Patriotismus.«[8]

Diese rechtsextremistischen Gruppen und Individuen dienen als Sammelbecken für eine breite Bevölkerungsgruppe, von denen die einen gewaltbereiter sind als die anderen.[9] In den Vereinigten Staaten behaupten diese Gruppen regelmäßig, ihr Land werde von der sogenannten ZOG (Zionist Occupied Government) beherrscht, einer internationalen Gruppe reicher Juden, deren Absicht es sei, die Souveränität Amerikas zu beenden und eine von ihr allein kontrollierte Weltregierung herbeizuführen. Die ZOG, behaupten sie, beherrsche bereits die Medien, Banken und Amerikas Außenpolitik, jetzt strebe sie die Weltherrschaft an.[10]

Zwar sind die Ansichten, die von diesen Leuten vertreten werden, nicht neu, doch neigen sie dazu, sich besonders schnell auszubreiten in Zeiten, da populistische Ressentiments gegen eine »Elite« – normalerweise gut ausgebildete Männer und Frauen mit linksliberalen politischen und gesellschaftlichen Ansichten – Konjunktur haben. Dies können wir derzeit in vielen Teilen der Welt beobachten. In den Vereinigten Staaten etwa glauben diese Hasserfüllten zum ersten Mal seit vielen Jahrzehnten – vielleicht sogar zum allerersten Mal –, dass sie ihnen wohlgesonnene Verbündete im Weißen Haus haben.

Bis vor wenigen Jahren konnte man meinen, diese Gruppen durchlebten in den Vereinigten Staaten schwere Zeiten. Sie mussten sich regelmäßig Prozessen wegen Belästigungen und Bedrohungen stellen. Tragischerweise hatte die Regierung sie nie als wirkliche Gefahr angesehen, vor allem, weil sie weiß waren. Nach dem Bombenangriff auf das Murrah Federal Building in Oklahoma im Jahr 1993 (zu dieser Zeit der tödlichste Anschlag auf amerikanisches Eigentum seit Pearl Harbor) verschärfte die Regierung die Überwachung von Aktivitäten der White-Power-Gruppierungen. Dennoch benötigte der für Kriminalität zuständige Unterausschuss des Repräsentantenhauses nach dem Anschlag von Oklahoma beinahe sechs Monate, um eine Anhörung über Milizen abzuhalten. Kein anderer Ausschuss griff das Thema auf. In Timothy McVeigh, dem Attentäter von Oklahoma City, sah man eher einen Terroristen der Marke »einsamer Wolf« als jemanden, der von der White-Power-Bewegung beeinflusst sein könnte. Nachdem einige White-Supremacy-Gruppen ihrer Ressourcen beraubt worden waren, verteilten sich ihre Mitglieder einfach auf andere, kleinere Gruppen, gründeten neue Organisationen und wurden zunehmend in Internetforen aktiv.[11] Sie sind nie ganz verschwunden. Diese Form des Extremismus erlebt gerade eine Wiederauferstehung, insbesondere, da seine Anhänger ihrem seit Langem gehegten Antisemitismus und Rassismus eine neue Komponente hinzufügten: Hass gegen Muslime. Es gibt unter den Gruppierungen, die die extreme Rechte ausmachen, durchaus Unterschiede, doch Hass gegen Muslime, absolute Verachtung von Afroamerikanern und Latinos, Befürwortung von »Rassentrennung« und ein tiefsitzender Antisemitismus sind für sie alle von wesentlicher Bedeutung.[12]

Vor allem Social Media hat diesen Extremisten einen außerordentlichen Auftrieb gegeben. Früher wurden ihre Pamphlete, mit denen sie jeden angriffen, den sie als Feind auserkoren hatten, in Umschlägen ohne Absender über anonyme Postfächer an ihre Empfänger geschickt, die sie heimlich sammelten. Heute findet man sie ohne Schwierigkeiten im Netz. Anhänger dieser gefährlichen Ideen können über Social-Media-Kanäle ihren Hass anonym in die Welt hinausposaunen. Mit nie gekannter Leichtigkeit finden sie Gleichgesinnte und nutzen Internetplattformen, um ihre Ansichten massiv zu verbreiten. In der Tat mag unsere Wahrnehmung, dass die Zahl der Antisemiten und antisemitischer Straftaten merklich zugenommen hat, zumindest zum Teil mit der Allgegenwart von Social Media zu tun haben. Vorfälle, von denen wir früher vielleicht gar nichts mitbekommen hätten, werden heute auf rassistischen Websites gefeiert. Social-Media-Kanäle erlauben es Extremisten nicht nur, einfacher miteinander zu kommunizieren, sie verschaffen ihren Stimmen und Ansichten auch jenseits ihrer Anhängerschaft Gehör. Über die verschiedenen Plattformen erreichen diese Hassredner ein größeres Publikum, mit dem sie früher nie in Berührung gekommen wären. So werden offene Bekundungen von Hass zur Normalität.[13] Viele Menschen können mit der von weißen Nationalisten und Vertretern von White Supremacy verbreiteten schamlosen Bewunderung für Nazis, mit ihrer Gewaltverherrlichung, mit ihrem unverhohlenen Antisemitismus und Rassismus wenig anfangen. Sie werden sich nicht mit ihnen zusammentun. Und doch werden Menschen anfangen, beeinflusst durch Hassbotschaften im Internet, sich das eine oder andere Argument der White-Supremacy-Bewegung anzueignen.

Charlottesville geschah nicht aus heiterem Himmel. Wir konnten das Treiben dieser Extremisten bereits während des Präsidentschaftswahlkampfs 2016 beobachten. Sie hatten es damals insbesondere auf jene jüdischen Journalisten abgesehen, von denen sie glaubten, dass sie entweder gegen Trump seien, oder die ihn in ihren Augen nicht genügend unterstützten. Während der Vorwahlen twitterte Bethany Mandel, nach eigener Einschätzung eine politisch konservativ eingestellte Journalistin, die unter anderem für *The Federalist* und *Commentary* schreibt, eine ihrer Beschreibung nach »flapsige Bemerkung« über Donald Trumps »Legionen antisemitischer Fans«. Die Reaktionen, die sie daraufhin erhielt, bezeichnete sie als »anders als alles, [was sie] je zuvor auf Twitter gesehen hatte«. Sie erhielt Tweets, die sie als »Jüdin« brandmarkten, die »den Ofen verdient«. Eine weitere Nachricht beteuerte unheilverkündend: »Eine vergessen, du dreckige Jüdin«. Als wären diese Posts nicht genug, begannen ihre Angreifer sie zu »doxen«, also personenbezogene Daten über sie zu sammeln und online zu stellen. Daraufhin erhielt sie explizite Todesdrohungen, von denen einige auf ihrem Facebook-Profil gepostet wurden. Sie hat sich eine Waffe gekauft.

Wäre Mandel die einzige Journalistin, die diesem Trommelfeuer aus Online-Drohungen, Beschuldigungen und Antisemitismus ausgesetzt ist, wäre dies zwar eine beunruhigende Anekdote, mehr aber auch nicht. Doch sie war nicht allein.[14] Die Cyber-Antisemiten begannen, die Nachnamen prominenter jüdischer Journalisten und Publizisten, die unliebsame Positionen bezogen, mit einem Echosymbol – ((( ))) – einzuklammern. Das Echosymbol stammt aus einem Podcast namens *The Daily Shoah*, der von dem rechtsnationalen Blog *The Right Stuff* gehostet wird. Es wurde allen Ernstes eingesetzt, um jüdische Journalisten zu identifizieren, die sich kritisch zu Donald Trump äußerten. Jene, die damit operierten, beschrieben das Symbol als »Untertitel für die auf dem jüdischen Auge Blinden«. Sie stellten so sicher, dass die jüdische Identität von Journalisten unmittelbar erkennbar war.[15] Im Mai 2016 erwähnte der Washington-Korrespondent der *New York Times*, Jonathan Weisman, einen Artikel des Historikers Robert Kagan, in dem dieser Donald Trump mit Faschismus in Verbindung brachte. Er erhielt eine schnelle Antwort – »Hallo (((Weisman)))« –, gezeichnet von @CyberTrump. Da Weisman ahnte, dass die Klammern auf seine jüdische Identität anspielten, bat er um eine Erklärung und erhielt folgende Antwort: »Was, Hure, wo bleibt die vielgepriesene aschkenasische Intelligenz, hahaha? Das war eine Hundeglocke, du Idiot. Katzengebimmel für meine Gojim-Brüder.« (Der Ausdruck »Katzengebimmel« stammt aus einer mittelalterlichen Fabel, in der eine Gruppe Mäuse einer Katze eine Glocke umhängt; das Gebimmel soll die Mäuse warnen, sobald sich die Katze in ihre Nähe begibt.) Weisman musste feststellen, dass das Gebimmel seine Wirkung nicht verfehlte. »Die Meute war von der Leine«, schrieb er. Wie Mandel erhielt er eine Lawine antisemitischer Kommentare und Anschuldigungen. Einige Meldungen kreisten um die Leugnung des Holocaust, andere zeichneten ein Bild des Juden als subversive Kraft, die Amerika in einen Krieg für Israel führe. Eine Nachricht stammte von einem Individuum, das sich als »ein stolzes Mitglied des Deportationstrupps Trump« bezeichnete. Weisman erhielt außerdem verschiedene antisemitische Bilder, darunter eines mit dem ikonografischen Haupttor in Auschwitz, wobei die Worte »Arbeit macht frei« durch »Machen Amerika Great« [sic!] ersetzt wurden. Andere Bilder zeigten einen Pfad aus Dollarnoten, der in einer Gaskammer endete, oder einen lächelnden Donald Trump in Naziuniform, der gerade dabei ist, »vor einer Gaskammer den Schalter umzulegen«. In der Gaskammer befand sich der Körper eines Mannes, der nach einer einfachen Photoshopmontage Weismans Gesicht trug. Weisman versuchte, diese Cyber-Hasser bloßzustellen, sie bekannt zu machen und möglicherweise zu beschämen, und postete jede einzelne Nachricht, die er erhielt. Das einzige Bild, das er zurückhielt, zeigte seinen vom Körper abgetrennten Kopf, der, mit Kippa und Schläfenlocken drapiert, in die Höhe gehalten wird.[16]

Julia Ioffe, eine jüdische Reporterin, die in einem *GQ*-Artikel vom April 2016 auf einen Halbbruder Melania Trumps zu sprechen kam, der in keinerlei Kontakt zur Familie stehe, wurde mit antisemitischen Drohungen und Bildern bombardiert, unter anderem mit einer Fotomontage, auf dem ihr Gesicht über das eines weiblichen Auschwitz-Häftlings gelegt wurde.[17] Weitere Reporter und Publizisten – unter ihnen auch welche, von denen die Extremisten unter Trumps Anhängern irrtümlich angenommen hatten, sie seien Juden – hatten unter derartigen Attacken zu leiden. Nach einem Artikel über Trumps rassistischen Wortschatz wurde der *New York Times*-Kolumnist Nicholas Kristoff (ein Christ armenischer Abstammung) mit antisemitischen Nachrichten bombardiert, darunter eine mit dem Vorschlag, ihn »für seine typisch jüdische Hetzschrift« in die Öfen zu schicken.[18] Der Herausgeber des *Atlantic*, Jeffrey Goldberg, der mit ähnlichen Attacken überschwemmt wurde, nannte die Absender »Neonazis auf Twitter«. Das wiederkehrende Thema der etwa hundert Nachrichten, die er täglich erhielt: »[Ich] sollte vergast und meine Familie in die Öfen geschickt werden.« Goldberg unterhält schon seit Längerem ein sehr populäres Twitter-Profil, doch erst mit Beginn des Präsidentschaftswahlkampfs 2016 erhielt er diese Art von Nachrichten. Sie kamen von Leuten, die sich explizit als »Trump-Anhänger« bezeichneten.[19] Damit will ich natürlich ganz und gar nicht behaupten, dass sie die Gesamtheit seiner Anhänger repräsentieren. Wir sollten uns vor solchen groben Verallgemeinerungen hüten. Die Tatsache, dass sich so viele von ihnen hinter ihren Profilen und falschen Identitäten verstecken, lässt vermuten, dass es sich um Feiglinge handelt, die sich durch die Anonymität des Cyberkriegs ermutigt fühlen. Dennoch ist es bemerkenswert, dass die Vehemenz, Intensität und Unverblümtheit dieser Cyber-Antisemiten selbst diese erfahrenen Journalisten wie auch Beobachter des Antisemitismus überraschte.

Doch Social Media ist nicht das einzige neue Werkzeug im Gepäck der Extremisten. Die Proteste von Charlottesville wurden von einer Gruppe geleitet, der auch Richard Spencer angehört, ein führendes Mitglied der Alt-Right-Bewegung. Als ein loser Zusammenschluss von Organisationen, die White Nationalism und White Supremacy unterstützen, strebt Alt-Right danach, diese Weltsicht in einen breiteren öffentlichen Diskurs einzubringen und ihre Ideen so massiv in der gesellschaftlichen Mitte zu etablieren, wie es altbekannten Neonazis und anderen rassistischen Gruppen nie möglich war. Als Amalgam rechtsradikaler Positionen ist Alt-Right genauso extrem wie viele der alteingesessenen rassistischen Gruppen, die ihr vorangingen, und tatsächlich leiten sich viele ihrer politischen Ziele direkt von Ideen ab, die die White-Power-Bewegung im 20. Jahrhundert verkündete. Eine ähnliche Zielsetzung hatten bereits die politischen

Plattformen, die der frühere Ku-Klux-Klan-Führer David Duke während mehrerer Wahlkampagnen für verschiedene öffentliche Ämter aufbaute.[20]

Was die Alt-Right-Bewegung und ähnliche Gruppen von ihren Vorgängern jedoch unterscheidet, ist die Art und Weise, wie sie ihre Ideen präsentieren und versuchen, sich ein entschieden »normales« Image zu geben – ihre Anhänger treten nicht als Neonazis oder Judenhasser auf, sondern als »weiße Nationalisten«, die »lediglich« glauben (und dies auch noch freundlich kundtun), dass Weiße in der Gesellschaft von anderen ethnischen Gruppen marginalisiert werden. Deshalb denke ich auch nicht, dass wir auf solchen Kundgebungen in Zukunft Hakenkreuze oder naziähnliche Uniformen sehen werden. Vielleicht werden sie sogar ihre Südstaatenflaggen durch das Sternenbanner ersetzen. (Wer kann schließlich etwas gegen die amerikanische Flagge haben?) Obwohl man also eher keine offen rassistischen Symbole oder Nazizeichen unter den adretten und gut gekleideten Anhängern dieser neuen Gruppierungen finden wird, sind ihre Ansichten und Sprechweisen nicht weniger extremistisch als jene der eifrigsten Ku-Klux-Klan-Mitglieder. Als Verfechter der rassistisch begründeten White Supremacy sind amerikanische Bürger für sie weiß und Christen. In den Tagen nach der Präsidentschaftswahl 2016 fragte Spencer auf einer Alt-Right-Konferenz in Washington mit Blick auf Linke und Kritiker von Alt-Right, »ob diese Leute tatsächlich Menschen sind oder nicht doch eher seelenlose Golems«. Er salutierte dem »Weißen Amerika«, das »siegen oder sterben« werde, und erklärte: »Amerika war bis in die letzte Generation ein weißes Land, für uns und unsere Nachfahren bestimmt. Es ist unsere Schöpfung, unser Erbe, und es gehört uns.« Spencer schloss seine Ausführungen mit gestrecktem Arm (den er mit einem Griff nach einem strategisch platzierten Wasserglas kaschierte) und dem Ruf: »Heil Trump! Heil unserem Volk! Heil dem Sieg!« Als das Publikum aufsprang und enthusiastisch zu jubeln begann, grüßten viele von ihnen mit ebenfalls gestrecktem Arm zurück und riefen »Sieg Heil« und »Heil Trump«.[21] Diese von den Nazis inspirierten Beifallsbekundungen zeigt auch eine Videoaufzeichnung aus dem April 2016, auf der Aktivisten in einer Karaoke-Bar in Dallas zu sehen sind, die ihre Arme zum Hitlergruß erheben, während einer der Chefideologen der Bewegung, Milo Yiannopoulos, *America the Beautiful* singt.[22]

Auch wenn die Alt-Right-Bewegung und ähnliche Gruppen in Europa sich als eurozentrische White Nationalists und Patrioten präsentieren, offenbart ein genauer Blick auf ihre Schriften und öffentlichen Stellungnahmen doch nur den althergebrachten Rassismus und Antisemitismus.[23] Die *National Review*, eine Zeitschrift, die als Sprachrohr der konservativen Bewegung in den USA gilt, beschrieb die Anhänger der Alt-Right als »zusammengewürfelten Haufen weißer Nationalisten und Möchtegern-Faschisten«.[24] Wenn die *National Review* von einem »zusammengewürfelten Haufen« spricht, sollte dies nicht darüber hinwegtäuschen, dass Alt-Right und ähnliche Gruppen gerade von der Tatsache profitieren, keine strenge Organisationsform zu besitzen. Sie mögen sich spalten und neu gruppieren, ihre Führer sich diskreditieren und durch neue ersetzt werden, doch ihre Anhängerschaft wird nicht verschwinden. Noch bedeutsamer ist, dass es ihnen gelang, in den letzten Jahren direkte Verbindungen zu einflussreichen Personen zu knüpfen, darunter solche in hohen Regierungsämtern. Präsident Trump und einige seiner Mitarbeiter haben über unterschiedliche Social-Media-Plattformen Videos, Cartoons, Memes und Kommentare weiterverbreitet, die von Alt-Right und ihren Verbündeten stammen.

Indem sie etwa ihre Tweets weiterleiten, erlauben sie Leuten, die diese Einstellungen teilen, in die rassistische, antisemitische und extremistische Rhetorik einzustimmen. Und je öfter solche Schmähungen wiederholt werden, desto wahrscheinlicher können sie jenseits ihrer ursprünglichen Grenzen schillern und Teil eines landesweiten Diskurses werden. Indem dies geschieht, werden Ideen, von denen man einstmals fand, sie lägen außerhalb der Grenzen ziviler Gesprächsformen, zum Mainstream.

Grüße, DEL

Jenseits der Extremisten

Liebe Deborah,

vielen Dank für deine Erklärungen und Beschreibungen. Ich dachte bei Extremisten bisher immer an Leute in Ku-Klux-Klan-Kutten oder im Skinhead-Outfit. Doch scheint das Problem viel umfassender und subtiler zu sein. Glaubst du, meine Freunde halten die gegenwärtigen Ängste vor Antisemitismus, insbesondere unter Juden, vor allem deshalb für so unglaubwürdig, weil die Individuen und Gruppen, die ihn aktiv vertreten, nicht wie typische Extremisten auftreten? Ich glaube, sie würden mir zustimmen, dass die Demonstranten in Charlottesville antisemitisch gehandelt haben. Ihrer neutralen Kleidung zum Trotz war ihre Zurschaustellung von Antisemitismus doch zu deutlich. Ich bin mir jedoch nicht sicher, ob meine Freunde bei anderen Gelegenheiten die weniger offen bedrohlichen Manifestationen des Antisemitismus, vor denen du warnst, wahrnehmen würden.

Joe

Lieber Joe, liebe Abigail,

Joe, du hast vollkommen recht. Wir erkennen und verabscheuen die Extremisten. Wir wissen ganz genau, wer sie sind und woran sie glauben. Die meisten Menschen (mit der Betonung auf »meisten«) begegnen ihnen mit instinktiver Geringschätzung. Wenn wir uns allerdings zu sehr auf sie konzentrieren, verzerren wir das Gesamtbild, da sie nicht die Einzigen sind, die darauf aus sind, Schaden anzurichten. Nach dem Holocaust wurde Adolf Hitler zur Schablone für den archetypischen Antisemiten. Zeigt sich dagegen jemand nicht durch und durch als Nazi, gelingt es Beobachtern oft nicht, ihn als Antisemiten zu erkennen. Doch um Antisemit zu sein, muss man nicht gleichzeitig Hitler oder ein Nazi sein. Man muss noch nicht einmal gewaltbereit sein. Es gibt viele Antisemiten, die es sich nicht träumen ließen, auch nur verbale Gewalt anzuwenden. Ein erstklassiges Beispiel dieses Typus findet sich in Laura Z. Hobsons *Gentleman's Agreement*. In der Oscar-prämierten Verfilmung des Romans (deutscher Titel: *Tabu der Gerechten*) spielt Gregory Peck den nichtjüdischen Journalisten Philip Green, der für einen Juden gehalten wird, weil er in einem Fall von Antisemitismus recherchiert. Dorothy McGuire spielt seine überkorrekte und wohlhabende Freundin aus bestem Hause. Als Greens kleiner Sohn eines Tages weinend von der Schule nach Hause kommt, weil einige der Kinder ihn einen »dreckigen und stinkenden Juden« genannt haben, nimmt ihn McGuires Charakter impulsiv in den Arm und sagt: »Liebling, das stimmt nicht! Du bist genauso wenig Jude wie ich. Das Ganze ist ein schreckliches Missverständnis.«

Sie ist natürlich kein Nazi. Und sie hat keinerlei Ähnlichkeit mit Hitler oder David Duke. Doch indem sie dem Jungen erklärt, er müsse sich nicht sorgen, weil er in Wahrheit gar kein Jude sei, stärkt sie zugleich degradierende und hasserfüllte Sichtweisen auf Juden. Zudem nährt sie mit ihrem Verhalten die Vorstellung, jüdisch zu sein sei etwas wesentlich Falsches. Und deshalb ist sie – wie sie am Ende des Films selbst zugibt – antisemitisch. Wie wir herausfinden werden, gibt es mehr als den einen prototypischen Antisemiten. Diese Kategorie kennt viele weitverzweigte Untergruppen.

Eure DEL

Antisemitische Steigbügelhalter

Liebe Abigail, lieber Joe,

ich will euch an einem Austausch teilhaben lassen, den ich gerade mit Studenten der Oxford University hatte. Ihre Fragen werden uns zu zwei weiteren Typen von Antisemitismus führen. Im ersten Fall ist die Zurschaustellung von Hass, ob offen oder verdeckt, nicht ideologisch begründet, sondern dient einem praktischen Ziel, hier der Verwirklichung politischer Bestrebungen. Im anderen Fall gründet der Antisemitismus auf einer Ideologie, die an sich nicht gegen Juden gerichtet ist, deren Eifer sie jedoch nicht entkommen. Beide Formen von Antisemitismus ermöglichen es dem Hass, in die Mitte der Gesellschaft einzuziehen.

Eure DEL

Liebe Frau Professorin Lipstadt,

wir schreiben Ihnen aus Oxford. Wir sind eine ziemlich heterogene Gruppe von Studenten: Briten und Amerikaner, Schwarze und Weiße, Juden und Nichtjuden, wohlhabend und aus bescheideneren Verhältnissen stammend. Wir sitzen seit Stunden in einem Pub, wo wir über das Wesen des Antisemitismus diskutiert haben. Dieses Phänomen hat in Großbritannien in den letzten Monaten deutlich an Brisanz gewonnen und wir fragen uns, ob es eher linken oder rechten Strömungen entstammt. Zwischen uns haben sich sehr schnell erste Gräben aufgetan, die jedoch nicht zwischen Juden und Nichtjuden verliefen. Es war weitaus politischer: Die Linksorientierten unter uns zeigten sich überzeugt, dass die Linke sich aufgrund ihrer »stolzen Tradition«, Vorurteile zu bekämpfen, immer an die Spitze emanzipatorischer Bewegungen stelle, egal, ob es sich um Feminismus, ethnische und religiöse Minderheiten oder die LGBT-Gemeinde handle. Während Antisemitismus aufseiten der Rechten von jeher auf fruchtbaren Boden gestoßen sei, stünde ihm die linke Grundeinstellung schon definitionsmäßig entgegen. Sie glauben, eine wahrhaft progressive Person könne kein Antisemit sein. Die Rechtsorientierten haben über diese Sichtweise nur gelacht und darauf bestanden, dass der Antisemitismus aufseiten der Linken eine lange Geschichte habe – sie erinnerten uns daran, wie die UdSSR Juden verfolgte – und heute tief und fest in ihr verankert sei.

Die Debatte wurde hitziger, als wir auf US-Präsident Donald Trump und den Labour-Vorsitzenden Jeremy Corbyn zu sprechen kamen. Einige der Progressiven behaupteten, Trump sei ein Paradebeispiel für Antisemitismus. Die Konservativen hielten dagegen, dass wir nicht erst über den großen Teich spähen müssten, um das Beispiel eines antisemitischen politischen Führers zu studieren. Corbyn erfülle doch alle Voraussetzungen. Während unseres Gesprächs fiel auf beiden Flügeln des politischen Spektrums mehrfach auch Ihr Name. Sowohl die rechte als auch die linke Seite behauptete, Sie stünden auf ihrer Seite. Deshalb hatten wir schließlich die Idee, dass Sie den Streit schlichten sollten. Wir danken Ihnen im Voraus und freuen uns auf Ihre Antwort.

Mit freundlichen Grüßen

Studenten in einem Pub in Oxford

Liebe Oxford-Studenten,

vielen Dank für Ihre E-Mail. Die Fragen, die Sie sich zu Trump und Corbyn stellen, sind wichtig, und darauf will ich mich konzentrieren. Doch zunächst lassen Sie mich sagen, wie amüsiert und angetan ich davon bin, dass sich Menschen von beiden Enden des politischen Spektrums auf mich als ihre Mitstreiterin berufen. Statt meine Verbundenheit mit der einen oder anderen Gruppe auszudrücken, hoffe ich, dass jeder in Ihrer Gruppe kritisch über die eigene politische Positionierung nachdenkt. Vor allem aber hoffe ich, dass ich sowohl die Linken als auch die Rechten unter Ihnen mit meiner Antwort ein wenig in Verlegenheit bringen kann. Aber dazu später.

Ich weiß nicht, ob einer dieser Männer ein Antisemit ist, ob er also eine persönliche Abneigung gegen Juden hegt. Während dies für keinen von beiden gelten mag, haben beide die Ausbreitung von Antisemitismus ermöglicht. Sobald man sie mit diesem Vorwurf konfrontiert, behaupten beide, tief getroffen zu sein. Doch ungeachtet ihrer Dementi sind sie direkt für die Legitimierung expliziter Anfeindungen gegen Juden verantwortlich. Einer der beiden handelt aus rein politischen Motiven. Der andere scheint von einer Kombination aus politischen und ideologischen Motiven beeinflusst zu sein.

Fangen wir mit Donald Trump an. Im Präsidentschaftswahlkampf griff Trump während einer Rede vor der Republican Jewish Coalition, einer Vereinigung jüdischer Gruppen innerhalb der Republikanischen Partei, auf klassische antisemitische Stereotype zurück. Sein Publikum war völlig sprachlos, als er fragte: »Ist einer hier im Raum, der nicht ständig seine Deals nachverhandelt? Wahrscheinlich 99 Prozent [verhandeln Deals nach]. Vor so vielen habe ich wahrscheinlich noch nie gesprochen … Ich bin ein Verhandler, genauso wie ihr.« Und dann: »Doch ihr unterstützt mich nicht, weil ich euer Geld nicht brauche … ihr wollt eure Politiker kontrollieren.« Mit diesen wenigen Sätzen hat Trump fast jedes jahrtausendealte antisemitische Stereotyp aufgegriffen: Juden haben ein unnatürliches Verlangen nach Geld, Macht, Kontrolle und Feilschen, sowie eine angeborene Verschlagenheit (Nachverhandlung von Abmachungen, nachdem sie getroffen wurden).[1] Ich will damit nicht sagen, dass Trump eine Abneigung gegen Juden hegt. Würde man ihn fragen, würde er wahrscheinlich sagen, dass er das, was er als jüdische Eigenschaft betrachtet, bewundert: sich in Geschäftsdingen clever zu verhalten.[2] Doch die Tatsache, dass er antisemitische Stereotype überhaupt nicht wahrnahm, ließ viele Beobachter ratlos zurück. Mich erinnerte sie an Franklin Foers Bemerkung, wonach Philosemiten Antisemiten seien, die Juden mögen.[3]

Weitaus wichtiger ist aber Trumps Weigerung, dem antisemitischen Verhalten seiner Anhänger ernsthaft entgegenzutreten. Als etwa Julia Ioffes Artikel über Melania Trump im Männermagazin *GQ* erschien, wollten sich Trumps Anhänger an ihr rächen. Sofort riefen die Betreiber der antisemitischen Website *InfoStormer* ihre Anhänger dazu auf, Ioffe wissen zu lassen, »was ihr von ihren dreckigen Judentricks haltet«. Der *Daily Stormer*, eine antisemitische Website, die White Supremacy propagiert und der Alt-Right-Bewegung nahesteht, empfahl seinen Lesern, »sicherzustellen, dass sie als Jüdin, die gegen Weiße Interessen vorgeht, identifiziert wird«. Die Abonnenten dieser Websites wurden angespornt, sich »eifrig als Trolle gegen die böse jüdische Schlampe« zu betätigen. Und genau das geschah auch. Ioffe sah sich einer Flut von antisemitischen Anfeindungen und Drohungen ausgesetzt, unter denen einige derart abstoßend waren, dass sie Angst um ihr körperliches Wohl haben musste. Ihr wurde mit Vergewaltigung gedroht. Ihr Gesicht wurde mit Photoshop auf den Körper eines ausgemergelten KZ-Opfers gezogen, das auf einem Berg von Leichen lag. Ein anderer Troll kopierte ihr Gesicht auf den Körper einer knienden Jüdin, der ein Naziwächter eine Pistole an den Kopf hält.

Als die Angriffe auf Ioffe publik wurden, fragten Reporter den damaligen Präsidentschaftskandidaten Trump, ob er den Leuten, die Ioffe bedrohten, etwas zu sagen habe. Trump schüttelte nur den Kopf. Als die Journalisten nicht lockerließen, sagte er schließlich: »Ich habe keine Botschaft an die Fans. Eine Frau hat einen Artikel geschrieben, der unwahr ist.« Was er nicht sagte, war, dass es nicht zu akzeptieren sei, was man Ioffe angetan habe.[4]

Trump nahm eine ähnliche Haltung ein, als der frühere Ku-Klux-Klan-Anführer und Holocaustleugner David Duke seine Kandidatur unterstützte. Trump behauptete, er könne Duke nicht verurteilen, da er weder über ihn noch über den Klan irgendetwas wisse. Er sagte das ungeachtet der Tatsache, dass er zehn Jahre zuvor ebenjenen Duke als »einen Fanatiker, einen Rassisten, ein Problem« bezeichnet hatte. »Ich glaube, er gehört nicht unbedingt zu den Leuten, die Sie in Ihrer Partei haben wollen.«[5] Es mag Zufall sein, doch in den Wochen nach seiner Weigerung, den Ku-Klux-Klan zu verurteilen, häuften sich antisemitische Vorfälle beträchtlich.[6]

Trump und seine Entourage signalisierten White-Supremacy-Anhängern nicht nur, dass ihre Kommentare akzeptabel seien. Sie sorgten für die Verbreitung ihrer Websites. Im Januar 2016 retweetete Trump die Nachricht eines anonymen Nazis und White-Supremacy-Anhängers mit dem Pseudonym @WhiteGenocideTM. (Vertreter der White Supremacy behaupten, dass »Weiße« von einem heraufziehenden Genozid bedroht würden. Sie, und nicht die Minderheiten, die sie attackieren, seien die wahren Opfer.) In seinem Nutzerprofil hatte er auf eine Hitler-freundliche Dokumentation verlinkt, und es zeigte ein Foto, auf dem »Get the Fuck Out of My Country« und als Ort »Jewmerica« geschrieben stand. Viele Tweets von @WhiteGenocideTM befassten sich mit der Gewalt, die angeblich von Afroamerikanern ausgehe, ein weiterer Schwerpunkt waren antiarabische Beiträge. Im Februar 2016 retweetete Trump eine weitere Nachricht von @WhiteGenocideTM. Zwei Tage später retweetete er eine Nachricht eines Nutzers, in dessen Titelfoto der Begriff »White Genocide« stand. Keiner dieser Retweets war antisemitisch. Sie würdigten vor allem seine innerparteilichen Gegner herab. Doch allein die Tatsache, dass Trump von diesen Seiten schöpfte und sich auf ihre Inhalte stützte, löste unter den Anhängern von White Supremacy Begeisterung aus. Man betrachte etwa die Reaktion von @ TheNordicNation: »Man darf ab jetzt #WhiteGenocide sagen, Trump hat den Begriff im Mainstream verankert.«[7]

Im Sommer 2016 retweetete der Präsidentschaftskandidat Trump ein Bild mit Hillary Clinton. Im Hintergrund waren bündelweise Dollarnoten zu sehen, neben ihrem Gesicht prangte ein sechszackiger Stern mit der Aufschrift »Korrupteste Kandidatin aller Zeiten«. Die Botschaft war eindeutig: Clinton pflegt enge Kontakte zu korrupten Juden. Trumps Wahlkampfteam machte aus dem Stern nach heftiger Kritik schnell einen Kreis, behauptete aber gleichzeitig, dass es sich bei dem Stern um einen Sheriffstern gehandelt habe (der sowohl fünf als auch sechs Spitzen haben kann).[8] Bezeichnender als das Bild selbst war die Tatsache, dass der ursprüngliche Tweet von einer Gruppe stammte, die mit einer langen Geschichte rassistischer Posts und antisemitischer Botschaften aufgefallen war. Trumps Wahlkampfteam gab nie eine Erklärung ab, weshalb es Inhalte solcher Herkunft unkritisch verbreitete.

Auch als Präsident verbreitete Trump weiterhin diese zweifelhaften Quellen. Im Juli 2017 retweetete er ein manipuliertes Video, in dem er beim Wrestling einen Mann mit einem riesigen CNN-Logo über dem Gesicht zu Boden ringt. (Im Originalvideo hatte Trump den Vorsitzenden des Medienunternehmens World Wrestling Entertainment (WWE) malträtiert.) Zwar enthielt dieses Video keine antisemitischen Botschaften, doch stellte sich heraus, dass derjenige, der es manipuliert hatte, auch ein Plakat mit allen CNN-Managern und -Journalisten veröffentlicht hatte, von denen er annahm, sie seien jüdisch. In der Ecke jedes Porträts war ein Davidstern zu sehen. Als wäre die Message nicht deutlich genug, schrieb er: »Irgendwas stimmt nicht beim CNN … Ich kann es nicht genau sagen.«[9]

Genauso verstörend waren Trumps Bemerkungen während einer Kundgebung kurz vor den Wahlen. Er verkündete, seine Kampagne sei eine Botschaft an alle, »die in Washington die Hebel der Macht bedienen und globale Sonderinteressen [vertreten]«. Diese bildeten eine »globale Machtstruktur, die für all jene Wirtschaftsentscheidungen verantwortlich ist, die unsere Arbeiterklasse beklaut, unserem Land seinen Wohlstand genommen und alles Geld in die Taschen einiger weniger großer Firmen und Politiker gestopft hat«. Hinter dieser Intrige stünden »internationale Banken, [die] die Zerstörung der amerikanischen Souveränität planen, um diese globalen Finanzmächte noch reicher zu machen«. Die thematischen

Elemente, auf denen Trumps Rede aufbaute, spielten mit dem traditionellen antisemitischen Stereotyp vom »internationalen Juden«, der die Weltbanken dominiere.[10] Er wiederholte diese Auffassung wenige Tage später in seinem letzten TV-Spot vor der Wahl. Der Werbespot zeigte die Kandidatin der Demokraten, Hillary Clinton, und drei Juden: den Finanzier George Soros, die Präsidentin der US-Notenbank Janet Yellen und den CEO von Goldman Sachs, Lloyd Blankfein. Während ihre Gesichter über den Bildschirm flimmerten, war Trumps donnernde Stimme zu hören: »Das Establishment setzt bei diesen Wahlen Billionen von Dollar auf jene, die in Washington die Hebel der Macht bedienen und globale Sonderinteressen [vertreten]. Sie stehen mit den Leuten im Bündnis, die ganz bestimmt nicht Ihr Wohl im Auge haben.« Das Wort »Jude« musste in dem Werbespot gar nicht vorkommen, um White-Supremacy-Anhängern und Nationalisten gegenüber anzudeuten, dass Clinton die Verbündete in einer Intrige gieriger, weltweit agierender jüdischer Kapitalisten sei. Diese Tropen und Stereotype, wonach Juden die Machtzentralen kontrollierten, erinnern uns an die Einzigartigkeit des antisemitischen Vorurteils: Es richtet sich zugleich auf die persönlichen Eigenschaften von Mitgliedern einer Gruppe und deren Fähigkeit, dem Wohl einer Vielzahl von Menschen massiv im Weg zu stehen.[11]

Unabhängig davon, wie Trump es meinte, seine Anhänger aus dem White-Supremacy-Lager und Antisemiten verstanden all das als eindeutige Billigung. Der Herausgeber des *Daily Stormer* etwa informierte seine Leser:

> *Unser glorreicher Führer und ENDGÜLTIGER RETTER hat sich mit einem deutlichen Augenzwinkern an seine aggressivsten Anhänger gewandt. Nachdem man ihn angegriffen hatte, weil er vor wenigen Tagen*

einen White-Genocide-Account retweetet hatte, ließ Trump es sich nicht nehmen und retweetete gleich zwei weitere White-Genocide-Accounts hintereinander. Während ein einzelner White-Genocide-Tweet Zufall sein könnte, ist es statistisch unmöglich, dass man bei zwei Tweets hintereinander noch von Zufall sprechen kann. Das muss Absicht gewesen sein.
Das kann nichts anderes sein als ein Augenzwinkern, mit dem er gleichzeitig die volle Aufmerksamkeit auf seinen Wahlkampf lenken will … Wenn er dazu in einem Interview gefragt wird, wird er nur sagen: »Wir retweeten viele Leute, viele Leute haben eine eindeutige Meinung zu meinem Wahlkampf und wollen Amerika wieder großmachen, jeder mag mich.« Heute ist die Luft kalt in Amerika und sie schmeckt nach Sieg.[12]

In einem Interview mit der BBC vom September 2016 pries Richard Spencer Trump dafür, den »Nationalismus in den Wahlkampf« gebracht zu haben. In einer Zeit, da weiße Amerikaner in Gefahr seien, eine »gehasste Minderheit« zu werden, habe Trump, so Spencer, die Vorzeichen dahingehend verändert, dass »sie nun wieder in unsere Richtung [die der White Supremacy] zeigen«.[13] William Regnery, der superreiche Gründer des von Spencer geführten National Policy Institute, ein aus White Nationalist- und White-Supremacy-Anhängern bestehender Think Tank, glaubt, dass Trump seine Ziele vorangebracht habe. »Ich glaube, Trump war unser Bürge«, sagt er. Habe man vor nicht allzu langer Zeit noch hinter Badezimmertüren über White Nationalism diskutieren müssen, so sei man heute im Wohnzimmer angelangt.[14]

Zwar gibt es keinen Beweis für eine direkte Beziehung zwischen Trump und diesen extremistischen Gruppen. Die Zeitschrift *Fortune* versuchte jedoch, das Ausmaß ihrer gegenseitigen Beeinflussung festzustellen. Mithilfe einer Analyse-Software für Social-Media-Netzwerke verfolgte sie die Beziehungen zwischen Trumps Wahlkampf und White-Surpremacy-Anhängern. Indem sie Anhänger aufspürte, die in Social-Media-Kanälen als Influencer gelten, fand *Fortune* heraus, dass eine beträchtliche Menge aus Trumps Wahlkampfteam den einflussreichsten Apologeten von #White-Genocide folgte. Die Studie kam zu folgendem Schluss: »Die Daten zeigen, ... dass Donald Trump und sein Wahlkampfteam Social Media benutzt haben, um innerhalb der White-Supremacy-Community, ob absichtlich oder nicht, für Unterstützung zu werben.«[15] Trumps Wahlkampfhelfer folgten also nicht nur regelmäßig einflussreichen White-Supremacy-Anhängern auf ihren Social-Media-Kanälen, sie verbreiteten deren hasserfüllte Botschaften darüber hinaus unter den Millionen, die Donald Trump über Social Media folgen. Hier wird White Supremacy und der gesamten Palette dazugehöriger Vorurteile der Weg in die Normalität ermöglicht.

Doch Trumps zwiespältige Beziehung zum Antisemitismus geht weit über seine Social-Media-Aktivitäten hinaus. Während einer Pressekonferenz nach einem Treffen mit Israels Premierminister Netanyahu wurde Trump zum Anstieg antisemitischer Bedrohungen gegen jüdische Einrichtungen befragt. Die Frage war relativ einfach und freundlich formuliert:

> *Herr Präsident, während Ihres Wahlkampfs und selbst nach Ihrem Wahlsieg beobachten wir einen steilen Anstieg von antisemitischen Vorfällen in den Vereinigten Staaten. Ich frage mich, was Sie der jüdischen Gemeinschaft in den USA und Israel, vielleicht sogar in der ganzen Welt antworten, die glaubt, dass Ihre Regierung mit Fremdenfeindlichkeit und vielleicht rassistischen Tönen spiele.*

Hätte Trump Antisemiten und ihre niederträchtigen Aktivitäten zuvor laut vernehmlich verurteilt, hätte er diese leicht zu beantwortende Frage mit wenigen Sätzen vom Tisch gefegt. Stattdessen begann er, und das ist höchst seltsam, auf die Größe seines Wahlsiegs zu verweisen, um am Ende zu versprechen, die Kriminalität und den »seit lange schwelenden Rassismus und alles andere, was gerade vor sich geht«, zu überwinden. Anschließend erwähnte er, dass er eine jüdische Tochter, einen jüdischen Schwiegersohn und jüdische Enkel habe. Er schloss mit der Beteuerung, dass »viele gute Dinge passieren, und Sie sehr viel Liebe zu sehen bekommen werden«. Von der abschweifenden, zusammenhanglosen Art seiner Antwort einmal abgesehen, hat er an keiner Stelle seine Missachtung für diese Antisemiten und Rassisten kundgetan.

Seine Antwort auf die schrecklichen Ereignisse von Charlottesville im Sommer 2017 war noch erschreckender. Wenige Stunden nach den Demonstrationen verurteilte Trump die »ungeheuerliche Zurschaustellung von Hass, Fanatismus und Gewalt auf vielen Seiten«. Auf vielen Seiten? Seine Gleichsetzung von Neonazis, KKK und White-Supremacy-Anhängern mit jenen, die gekommen waren, um gegen ebendiese zu demonstrieren, ließ selbst Trumps politische Verbündete verzweifeln. Nur *eine* Seite trug Konföderiertenfahnen und Flaggen mit von Nazis und Hakenkreuz inspirierten Symbolen. Nur *eine* Seite schrie ihre rassistischen und antisemitischen Beleidigungen in die Menge. Das einzige Todesopfer hatte ein selbst ernannter Vertreter von White Supremacy zu verantworten. Warum sollte Trump andeuten wollen, dass zwischen Rassisten und den Gegendemonstranten ein moralisches Gleichgewicht herrsche? Zwei Tage später, in einem offensichtlichen Versuch, sein absurdes Statement zurückzunehmen, las Trump, für ihn sehr untypisch, eine Erklärung vom Teleprompter ab, wonach »Rassismus böse« sei. Er verurteilte jene, die nach Charlottesville gekommen waren, um Gewalt auszuüben, »unter ihnen der KKK, Neonazis, White-Supremacy-Anhänger und andere Hassgruppen«. Er erklärte sie als »unvereinbar mit allem, was uns als Amerikanern lieb und teuer ist«.[16] Und doch war er offensichtlich nicht fähig, es dabei bewenden zu lassen. Am nächsten Tag kam er während einer Pressekonferenz erneut auf Charlottesville zu sprechen und kehrte zu seinem früheren neutralen Ansatz zurück. »Die eine Gruppe hat sich schlecht verhalten. Doch die Gruppe auf der anderen Seite war ebenfalls sehr gewaltbereit. Das will niemand zugeben. Doch ich sage das jetzt.« Dann bemerkte er noch, dass sich unter den White-Supremacy-Demonstranten »sehr gute Leute« befunden hätten.[17] Wenige Tage später, die Ereignisse von Charlottesville beherrschten immer noch die Schlagzeilen, retweetete Trump eine Nachricht von Jack Posobiec. Der Trump-Anhänger ist dafür bekannt, bösartige Verschwörungstheorien, die sich gegen Politiker der Demokraten wenden, zu streuen, etwa die völlig falschen und verwerflichen Behauptungen, wonach hochrangige Demokraten an Kinderhandel beteiligt seien, oder dass Seth Rich, ein 27-jähriger Mitarbeiter der Demokratischen Partei, der am 10. Juli 2016 Opfer eines unaufgeklärten Mords geworden war, auf irgendeine Weise für die Weitergabe vertraulicher E-Mails verantwortlich sei, die WikiLeaks wenige Wochen später veröffentlichte. In besagtem Tweet fragt Posobiec, warum Charlottesville so viel Aufmerksamkeit zuteilwerde, während es in Chicago, und zwar ganz ohne die »Empörung der nationalen Medien«, zu Schießereien gekommen sei. Erneut muss die Frage gestellt werden: Warum folgt Trump auf Twitter einem Mann, der bereits während der Nachwehen von Charlottesville die Berichterstattung als »massive

Propaganda« bezeichnet hatte und behauptete, die Mainstream-Medien würden die Flammen dieser Gewalt nur weiter anfachen?[18] Warum folgt er ihm nicht nur, sondern schenkte ihm noch dazu einen heiß ersehnten, weil extrem breitenwirksamen Retweet?

Um weiteres Öl ins Feuer zu gießen, machte sich Trump über Kenneth C. Frazier, CEO des Pharmakonzerns Merck und Afroamerikaner, lustig, der aus Protest gegen Trumps Kommentare aus dem American Manufacturing Council, einem vom Weißen Haus finanzierten Wirtschaftsgremium, zurückgetreten war. Wenige Wochen später bestand Trump noch einmal darauf, dass auf beiden Seiten der Demonstrationen von Charlottesville gute Leute gestanden hätten.[19]

Tatsache ist, dass Donald Trump nicht willens war, und es immer noch nicht zu sein scheint, Aktionen der White-Supremacy-Anhänger, Rassisten und Antisemiten, die für ihn gestimmt haben und ihn weiterhin unterstützen, zu bestrafen. Statt sich empört und schockiert über ihre Worte und Taten zu zeigen, ermächtigt und ermutigt er sie, da sie seinen politischen Zielen dienen. Es kann sein, dass Trump kein Antisemit ist, doch die Ermächtigung und Ermutigung von Antisemiten ist für sich genommen bereits ein antisemitischer Akt, der genauso großen Schaden verursacht, als ginge er von ideologischen Antisemiten aus. Sobald man sie damit konfrontiert, verweisen solche antisemitischen Steigbügelhalter meist sofort auf ihre persönlichen Beziehungen zu Juden. Doch die Rechtfertigung, dass »einige meiner Freunde/Verwandten Juden/Schwarze/Schwule sind, weshalb die antisemitischen/rassistischen/homophoben Dinge, die ich sage, unmöglich antisemitisch/rassistisch/homophob sein können«, ist ebenso lächerlich wie erbärmlich.

In gewisser Weise halte ich den pragmatischen oder nach Zwecken handelnden Antisemiten – den Aufwiegler, der die wahren Judenhasser ermächtigt und ermutigt – für tadelnswerter als den Ideologen, der sich offen zu seinem Antisemitismus bekennt. Weil er keiner extremistischen Gruppierung angehört, hat der nach Zwecken handelnde Antisemit bessere Chancen, sowohl seinen Antisemitismus plausibel zu leugnen als auch ein Publikum zu beeinflussen, das auf Extremisten allergisch reagiert. Der unverfrorene Judenhasser ist zumindest seinen Gefühlen gegenüber ehrlich. Bei ihm wissen wir, mit wem wir es zu tun haben.

Trump hat weder diese extremistischen Gruppen der White-Supremacy-Bewegung geschaffen, noch die Ressentiments, denen sie frönen. Doch er hat diese verwerflichen Geister aus der Flasche gelassen. Sie sind überzeugt, seinen Segen zu haben. Und er hat sie von dieser Meinung nicht abgebracht. Sobald die Geister einmal draußen sind, wird es schwierig, sie wieder einzufangen. In meiner nächsten Mail beschäftige ich mich mit Jeremy Corbyn, Abgeordneter im britischen Unterhaus und Parteivorsitzender von Labour.

Ihre DEL

Liebe Oxford-Studenten,

Jeremy Corbyns politische Akte ist nicht nur weitaus umfangreicher als Trumps, sie wurzelt auch tiefer in unverrückbaren ideologischen Glaubenssätzen. Wie die Briten unter Ihnen sicher wissen, ist Corbyn seit Beginn seiner politischen Karriere in der britischen Arbeiter- und Gewerkschaftsbewegung aktiv. In den 1970er-Jahren war er Gewerkschaftsfunktionär und engagierte sich für die Anti-Apartheid-Bewegung in Südafrika. Während der »problematischen« Jahre in Nordirland zeigte er eine große Sympathie für die IRA, die sich zum aktiven Widerstand – viele nannten es Terrorismus – gegen die britische Präsenz in

Nordirland entschlossen hatte. Nach all den Jahren am linken Rand von Labour wurde Corbyn 2015 völlig unerwartet zum Kopf der Partei, was bis zu einem gewissen Grad parteiinternen Umständen und einer unmittelbar vorausgehenden Wahlniederlage geschuldet war.

Fundamental für Corbyns politische Weltanschauung ist eine selbstverständliche – seine Kritiker nennen es reflexhafte – Sympathie für jeden, der tatsächlich oder zumindest anscheinend unterdrückt wird oder als Underdog gilt. Wer mit Steinen schmeißt, wird bei ihm immer dem vorgezogen, der mit Panzern kämpft. Dazu kommt eine auf Klassen und Hautfarbe basierende Weltsicht. Wer weiß ist, wohlhabend oder zu einer Gruppe gehört, die privilegiert erscheint, kann kein Opfer sein. Jeder, der von Weißen, Wohlhabenden und/oder Privilegierten schikaniert wird oder dies behauptet, verdient uneingeschränkte Unterstützung. Es darf bezweifelt werden, dass Corbyn mit voller Absicht nach Antisemiten Ausschau hält, um sich mit ihnen zu verbünden und sie zu unterstützen. Doch sobald er sie entdeckt hat, scheint ihr Judenhass nicht von Belang zu sein, solange ihre weiteren Standpunkte – zu Klassen, Hautfarbe, Kapitalismus, die Rolle des Staates und Israel/Palästina – nach seinem Geschmack sind.

Der langjährige Labour-Abgeordnete und dem moderateren Parteiflügel zugehörige Alan Johnson beschreibt Corbyn treffend als jemanden, der nicht »selbst dem Antisemitismus anhängt. Dem Antisemitismus anderer gegenüber drückt er jedoch mehr als ein Auge zu.« Der einzige Typus des Antisemiten, den Corbyn ohne Schwierigkeiten zu erkennen und abzulehnen scheint, ist der Neonazi oder Rechtsextreme.[20] James Bloodworth schreibt im *Guardian*, dass Corbyn zwar nicht unbedingt selbst Antisemit sei, doch »er hat eine Neigung, sich mit Individuen zu vernetzen, die es auf jeden Fall sind«. Sein Problem bestehe darin, so Bloodworth, dass »die Rechtfertigungen für seine Handlungen den Vorwürfen nicht standhalten«.[21]

Im August 2015 verteidigte Corbyn Stephen Sizer, einen ehemaligen Vikar der Church of England, der die erklärtermaßen antisemitische Website *The Ugly Truth* betrieb, auf der er behauptete, Juden beherrschten die Medien und seien für die Anschläge vom 11. September ebenso verantwortlich wie für die Kriege im Irak und Afghanistan, den täglichen Mord an Kindern in Palästina, die erzwungene Organentnahme bei Nichtjuden oder die völlige Korruptheit einer Vielzahl politischer Akteure. *The Ugly Truth* erklärte, es gebe in dieser Welt »Gottes Kinder«, also »all jene, die nach seinem Willen handeln, die rechtschaffen sind, die mitfühlend sind und sich nicht den falschen Göttern der Gier, Rache, Gemeinheit und Boshaftigkeit unterwerfen – was die Juden so gut wie völlig ausschließt«.[22] In einem Beitrag auf der Website seiner Kirche behauptete er, dass »der Zionismus nach der uneingeschränkten jüdischen Herrschaft über einen Großteil des Nahen Ostens strebt«.[23] Trotz alledem unterstützte Corbyn Sizer weiterhin, selbst nachdem dieser 2014 an einer Konferenz teilgenommen hatte, bei der laut iranischer Nachrichtensendungen Vorträge wie »Die Rolle des Mossads beim Staatsstreich am 11. September« oder »Der 11. September und der Holocaust als prozionistische ›Volksmärchen‹« gehalten wurden.[24] Corbyn ging jedoch viel weiter, als Sizer lediglich zu verteidigen. Er ging zum Gegenangriff über und warf Sizers Kritikern vor, ihn nur deshalb zu attackieren, weil er es »wagt[e], gegen den Zionismus seine Stimme zu erheben«. Als die anglikanische Kirche Sizer für sechs Monate suspendierte, weil er, so befand sie, das Internet für »eindeutig antisemitische« Zwecke missbraucht hatte, griff Corbyn die Kritiker einmal mehr an und schien nahezulegen, mehrere Kirchenoberhäupter seien selbst Teil einer proisraelischen Schmierenkampagne.[25]

Corbyn ist aber auch anderen fragwürdigen Personen zur Seite gesprungen. Einen Monat nach dem 11. September 2001 behauptete Raed Salah, ein islamistischer Prediger mit israelischem Pass, amerikanische Juden, die mit Israel unter einer Decke steckten, hätten die Anschläge geplant und ausgeführt, um die »Aufmerksamkeit der Medien« von Israels Verfehlungen abzulenken und Sympathien »für den amerikanischen Kontinent« zu wecken. Salah behauptete, 4000 Juden seien gewarnt worden, an jenem Morgen nicht zur Arbeit zu erscheinen, und seien dadurch gerettet worden.[26] Im Jahr 2007 griff Salah die bösartige Beschuldigung auf, Juden würden mit dem Blut nichtjüdischer Kinder ihr ungesäuertes Brot backen.[27] Als das britische Innenministerium verkündete, Salah die Einreisegenehmigung nach Großbritannien zu verweigern, protestierte Corbyn und erklärte ihn zu einem »ehrbaren Bürger«. Corbyn lud Salah öffentlich ins Unterhaus ein, wo er ihm versprach, ihn nicht nur seinen Kollegen vorzustellen, sondern ihm auch eine Tasse Tee auf der Terrasse zu kredenzen, weil er »es verdient« habe.[28] Einige seiner Weggefährten wunderten sich zwar nicht allzu sehr, dass Corbyn sich auf eine Person einließ, die derart radikale Ansichten über Juden vertrat. Dass er allerdings einen Mann willkommen hieß, der Homosexualität als »nicht nur ein Verbrechen, sondern ein schweres Verbrechen« bezeichnete, das Allahs »Zorn nach sich zieht und für die schlimmsten Dinge verantwortlich ist«, hat sie dann doch überrascht.[29]

Obwohl sowohl die Europäische Union als auch die Vereinigten Staaten Hamas und Hisbollah als Terrororganisationen eingestuft haben, nannte Corbyn sie »Freunde«, widersprach der Auffassung, sie seien »Terroristen«, und lud ihre Vertreter ein, ihn im Unterhaus zu besuchen. Er nahm letztlich zwar von der Bezeichnung »Freunde« Abstand, doch erst nachdem er sich diesem Schritt zuvor mehrmals widersetzt hatte.[30]

Corbyn hat auch mit Dyab Abou Jahjah zusammengearbeitet, einem arabischen Aktivisten, der zwei Monate nach dem 11. September die Gefühle »süßer Rache« beschrieb, die er empfunden habe, als er die Türme einstürzen sah.[31] Im Jahr 2006 beschrieb Abou Jahjah den »Kult um den Holocaust und die Verehrung der Juden« als Europas »Alternativreligion«.[32] Corbyn lud ihn daraufhin ein, in London auf einer Antikriegskundgebung zu sprechen. Im Vorfeld der britischen Unterhauswahlen 2015 rühmte Abou Jahjah Corbyns »tiefen Glauben an Dialog, Gerechtigkeit und Gleichheit für alle«, der ihre »Zusammenarbeit« erst ermögliche. Als Reporter ihn dazu befragten, warf ihnen Corbyn erneut Ignoranz vor und sagte, er könne sich nicht erinnern, je mit Abou Jahjah zusammengearbeitet zu haben. Als die Presse daraufhin Bilder veröffentlichte, auf denen beide zusammen zu sehen sind, musste Corbyn diese Behauptung zurücknehmen.[33]

Als Corbyn 2010 auf *Iranian Press TV* – der einzige legale Fernsehsender der Islamischen Republik – eine Radiosendung mit Zuhörerbeteiligung moderierte, antwortete er einem Anrufer, der Israel als »Krankheit« bezeichnete und vorschlug, Araber sollten sie aus dem Nahen Osten »hinauswerfen« und »beseitigen«, lediglich: »Okay, danke für Ihren Anruf.« Ein weiterer Anrufer nannte die BBC »zionistische Lügner«. Corbyn bescheinigte dem Anrufer, das da »etwas dran« sei, und riet ihm, sich bei der BBC direkt zu beschweren. Im selben Jahr lud Corbyn am Holocaust-Gedenktag zu der Veranstaltung »Von Auschwitz nach Gaza« ins Unterhaus, bei der wiederholt Vergleiche zwischen Juden, Israelis und den Nazis gezogen wurden.

(Im Jahr 2018, inzwischen Parteivorsitzender, hatte er sich offenbar eines Besseren besonnen und entschuldigte sich für seine Teilnahme an dieser Veranstaltung.) 2011 schlug er vor, der Holocaust-Gedenktag solle in Völkermord-Gedenktag umbenannt werden, da »jedes Leben von Wert ist«. Natürlich ist jedes Leben von Wert. Natürlich ist jeder Völkermord ungeheuerlich und unmissverständlich zu verurteilen. Aber Corbyns Entschlossenheit, die spezifisch jüdische Verbindung zu diesem Gedenktag auslöschen zu wollen, war auffällig. (Am Holocaust-Gedenktag 2018 veröffentlichte er erneut eine Erklärung, in der der Verlust von »Opfern des Bösen« beklagt wurde, aber weder von Juden noch von Antisemitismus die Rede war. Nach einer Lawine von Kritik änderte er den Text ab.)[34]

Im Jahr 2012 malte der amerikanische Künstler Kalen Ockerman (er selbst nennt sich Mear One) auf ein Privatgebäude im Brick-Lane-Viertel ein Wandbild, das er *Freedom for Humanity* (»Freiheit für die Menschheit«) nannte. Es zeigte ältere, in Anzüge gekleidete Männer (die der Maler selbst als Kartell der Topbanker bezeichnete), die auf einem Tisch, der auf den Rücken nackter, dunkelhäutiger Männern ruht, Monopoly spielten. Man hätte meinen können, die hakennasigen, abstoßend aussehenden Figuren am Tisch seien geradewegs dem *Stürmer* entsprungen – worauf lokale Medien auch hinwiesen. Der Bezirksbürgermeister bekundete, die Darstellung der Banker setze die antisemitische Propaganda vom konspirativen Juden, der die Kreditinstitute beherrsche, fort, und der Gemeinderat befahl, das Wandgemälde zu entfernen. Jede Diskussion, ob es Juden tatsächlich darstellte oder nicht, sollte spätestens beigelegt worden sein, als Ockerman selbst sagte: »Einige der älteren weißen Juden in der Gemeinde hatten so ihre Probleme, als ich ihre geliebten #Rothschild oder #Warburg usw. als die Dämonen porträtierte, die sie sind.« Als Corbyn erfuhr, dass das Wandbild entfernt werden sollte, lobte er den Künstler und verteidigte sein Werk auf Facebook: »Warum [soll es weg]? Sie befinden sich in wirklich guter Gesellschaft. Rockerfeller [sic] ließ Diego Vieras [sic] Wandbild entfernen, weil Lenin darauf zu sehen ist.« (Im Jahr 1934 gab die Familie Rockefeller bei Diego Rivera das Fresko »Man at the Crossroads« in Auftrag, das die Hoffnung auf eine neue und bessere Zukunft nähren sollte. Es wurde noch vor seiner Fertigstellung wieder entfernt, weil es ein Porträt von Wladimir Lenin enthielt.)

Corbyns Kommentar war im März 2018 erneut Gesprächsthema, als in den Medien Screenshots seines damaligen Facebook-Posts kursierten. Der Labour-Abgeordneten Luciana Berger, die Corbyns Büro zu einer Stellungnahme aufforderte, antwortete man: »2012 bezog sich Jeremys Antwort auf Bedenken, ob man öffentliche Kunst in Hinblick auf die geltende Meinungsfreiheit überhaupt entfernen dürfe. Allerdings war das Wandbild beleidigend und benutzte eine antisemitische Bildsprache, so dass es richtig war, es zu entfernen.« Kurz darauf erkannte man in Corbyns Büro möglicherweise die Mängel dieses ersten Statements und veröffentlichte ein zweites, wonach Corbyns Post »ein allgemeiner Kommentar zur Entfernung von öffentlicher Kunst unter dem Gesichtspunkt der Meinungsfreiheit« sei. Diego Riveras Fresko sei »in keiner Weise vergleichbar« mit dem Wandbild Ockermans. »Ich bedaure zutiefst, dass ich mir das Bild, das ich kommentiert habe, davor nicht genauer angesehen habe«, heißt es in der Stellungnahme weiter. »Seine Inhalte sind zutiefst verstörend und antisemitisch. Die Verteidigung der Meinungsfreiheit darf nicht als Rechtfertigung für jede Form von Antisemitismus missbraucht werden. Diesen Standpunkt habe ich immer schon vertreten.«[35]

Doch hier geht es nicht um Jeremy Corbyn allein. Würde er sich in die politische Wüste verabschieden, wäre das Problem noch lange nicht gelöst. Es ist viel zu tief in der derzeitigen Führung von Labour und dem nicht unbedeutenden Corbyn-Flügel der Partei verankert. Kurz bevor Corbyn 2015 Parteivorsitzender wurde, bemerkte der Schriftsteller und Journalist Stephen Daisley, der Corbyn nicht für einen Antisemiten hält, »wie viel einfacher alles wäre«, wäre er einer. Dann könnte man politische Entwicklungen in der Labour Party einfach den Vorurteilen eines einzelnen Mannes zuschreiben. Doch, so fährt Daisley fort, »es geht nicht um Jeremy Corbyn; er ist nichts als Symptom und Symbol. Die Linke, und nicht nur ihr extremer Flügel, hat ein Antisemitismusproblem.«[36] Auf dem Labour-Parteitag 2017 kam es zu Vorfällen, die diesen Eindruck im Hinblick auf die gegenwärtige Parteispitze bestätigen. Einige Parteimitglieder forderten den Ausschluss jüdischer Gruppen. Andere weigerten sich, die Leugnung des Holocaust zu verurteilen, und stellten infrage, ob jemand, der antisemitische Einstellungen hege, notwendigerweise aus der Partei ausgeschlossen werden solle. Während eines Labour-Seminars gegen Antisemitismus wurde Jackie Walker, ein Labour-Aktivist der äußersten Linken, aufgezeichnet, als er meinte: »Ich habe noch von keiner Definition für Antisemitismus gehört, mit der ich etwas anfangen kann.«[37]

Der Regisseur Ken Loach, langjähriges Parteimitglied und einer von Corbyns wichtigsten Unterstützern, wies die Antisemitismus-Vorwürfe als »Stimmungsmache« zurück, die nur dazu diene, Aggressionen gegen Corbyn zu schüren. Gegenüber der BBC befand er, die Frage, ob der Holocaust überhaupt stattgefunden habe, sei durchaus diskutabel. Daraufhin folgte eine Verurteilung Israels und eine Suada über die Ursünde seiner Gründung.

Loach und andere aus der Parteispitze (die Corbyn am nächsten stehen) weigern sich, die Existenz von Antisemitismus in ihrer Partei anzuerkennen, obwohl die mit einer internen Untersuchung beauftragte Anwältin Shami Chakrabarti andeutete, ihr stünden aufgrund der »nach 1930er-Jahren riechenden« Aussagen von Labour-Mitgliedern »die Haare zu Berge«.[38]

Im Februar 2016 trat der zweite Vorsitzende des Oxford Union Labour Club (OULC, eine studentische Vereinigung von Labour-Anhängern in Oxford) zurück, als der Club beschloss, an der Israel-Apartheid-Week auf dem Universitätsgelände teilzunehmen. »Die Einstellung einiger Clubmitglieder gegenüber bestimmten benachteiligten Gruppen wurde immer giftiger«, sagte er in einem Facebook-Post. »Seien es Vorstandsmitglieder, die mit dem Begriff ›Zio‹ [ein Schimpfwort für Juden, das normalerweise nur auf Ku-Klux-Klan-Websites benutzt wird] hantieren, Ehrenmitglieder des Clubs, die ihre ›Solidarität‹ mit der Hamas zum Ausdruck bringen (und sie ausdrücklich verteidigen, auch wenn sie wahllos Zivilisten zu ermordet), oder ein ehemaliger stellvertretender Vorsitzender, der meint, die ›meisten Antisemitismusvorwürfe sind nichts als falscher Alarm der Zionisten‹: ein hoher Anteil sowohl in der OULC als auch der studentischen Linken in Oxford haben allgemein gesprochen irgendeine Art von Problem mit den Juden.«[39]

Corbyn sah sich im April 2018 neuen Vorwürfen ausgesetzt, als herauskam, dass der britisch-palästinensische Journalist Sameh Habeeb, Gründer und Herausgeber des *Palestine Telegraph*, also einer Zeitung, die Verschwörungstheorien zum 11. September, antisemitische Karikaturen und Artikel über Holocaustleugnung veröffentlichte, als Labour-Kandidat für die Kommunalwahlen in Northwood, einem Stadtteil im Nordwesten Londons, vorgeschlagen wurde.

Ein Artikel im *Palestine Telegraph* vertrat die Ansicht, dass der Erste und Zweite Weltkrieg »im Voraus und zum Vorteil einer Gruppe geplant waren, die den Weisungen des Zionismus folgte«. Die Website der Zeitung veröffentlichte ein Video David Dukes, in dem dieser behauptete, Israel stelle eine terroristische Bedrohung für Amerika dar.[40]

Reporter haben außerdem herausgefunden, dass mehr als ein Dutzend leitende Angestellte, die für Corbyn und Labours »Schattenkanzler« John McDonnell arbeiteten, Social-Media-Seiten folgten, die antisemitische und gewaltverherrlichende Botschaften verbreiteten, so etwa Posts, in denen Hitler als großer Mann verehrt und Premierministerin Theresa May mit Mord gedroht wird. Mehr als zwanzig Facebook-Seiten, die Verbindungen zu Corbyn und Labour unterhielten, warteten mit Posts auf, in denen der Holocaust geleugnet wird sowie antisemitische, frauenfeindliche und gewaltverherrlichende Botschaften verbreitet werden. Diese Seiten haben zusammen mehr als 400 000 Anhänger. Auf einer von ihnen, einer Facebook-Gruppe mit dem Namen »Jeremy Corbyn Leads Us to Victory«, also »Jeremy Corbyn führt uns zum Sieg«, befindet sich eine israelische Flagge, auf der der Davidstern durch ein Hakenkreuz ersetzt wurde. Diese Flagge hatte ein ehemaliger Amtsanwärter Labours gepostet. Ein weiterer ehemaliger Wahlkandidat von Labour hatte ein Bild gepostet, das Journalisten der *New York Times* zeigt, deren Gesichter von jüdischen Symbolen verdunkelt werden. Ein Eintrag auf einer weiteren Seite behauptet einfach, »sechs Millionen ist ein Trugschluss«. Wieder ein anderer schrieb, »der Holocaust war eine große Lüge«. Einige der Beiträge zeugten so sehr von gewaltbereitem Extremismus, dass der damalige Anti-Terrorismus-Beauftragte, der dem Innenministerium und dem Parlament berichtet, vorschlug, sie von der Polizei auf Strafbarkeit prüfen zu lassen.[41]

Konfrontiert mit Beweisen, die ihre Behauptungen widerlegen, greifen Corbyn und andere Labour-Mitglieder stets auf wiederkehrende Erklärungsmuster zurück, zu denen etwa die Beteuerungen gehören, wonach die fraglichen Kommentare und Artikel nicht antisemitisch seien, sondern sich lediglich gegen Israel richteten, oder sie die verunglimpfenden Posts einfach nicht gesehen hätten. Ein anderer enger Mitstreiter verwarf die Antisemitismusvorwürfe mit der Behauptung, sie würden von jüdischen Trump-Anhängern erhoben, die sie bloß »erfunden« hätten. Als über diese Aussage berichtet wurde, stritt er sie ab und argumentierte, er sei falsch zitiert worden – bis das Tonband auftauchte. Die Tatsache, dass er mit seinem Kommentar auf einen Brief reagiert hatte, der von 68 britischen Rabbis des gesamten religiösen Spektrums unterschrieben worden war, machte alles nur noch schlimmer. Erst kürzlich sah sich Labour zu einer weiteren Kehrtwende genötigt. Corbyns Büro hatte darauf bestanden, dass er keine generellen Boykottmaßnahmen und Sanktionen gegen Israel unterstütze, sondern nur solche, die von Siedlern im Westjordanland produzierte Waren beträfen. Doch dann tauchte Filmmaterial aus dem Jahr 2015 auf, das ihn bei der Teilnahme an einer Podiumsdiskussion in Irland zeigte, bei der er zu einem Generalboykott als »eines festen Bestandteils rechtlicher Maßnahmen« und zu Sanktionen gegen Israel aufrief. Diese Reihe sich widersprechender Stellungnahmen, komplizierter Erklärungsversuche und Kehrtwenden beunruhigte viele, einschließlich einiger der engsten Mitstreiter Corbyns.[42]

Im März 2018 entschieden der Abgeordnetenausschuss der britischen Juden und der Jewish Leadership Council, ein Dachverband zur Vertretung jüdischer Interessen in Großbritannien, dass es genug sei. Gemeinsam schrieben sie einen offenen Brief an Labour, in dem sie festhielten, dass »Jeremy

Corbyn immer wieder Partei für Antisemiten und gegen Juden ergriffen hat. Im besten Fall liegt die Ursache dafür im obsessiven Hass der extremen Linken auf Zionismus, Zionisten und Israel. Im schlimmsten Fall zeugt dies von einer verschwörungstheoretischen Weltsicht, nach der ganz normale jüdische Gruppen für eine feindliche Entität, einen Klassenfeind gehalten werden.«

Corbyns Antwort auf den Brief der Rabbis war versöhnlich gehalten. »Ich erkenne an, dass es innerhalb von Labour zu antisemitischen Vorfällen gekommen ist«, schrieb er in einem ebenfalls offenen Brief, »und dies allzu oft als die Angelegenheit einiger weniger schwarzer Schafe abgetan wurde.« Doch gab es Parteifreunde, die weniger versöhnlich reagierten. Noch im selben Monat retweetete Diane Abbott, Innenministerin in Labours Schattenkabinett, eine Nachricht, in der es hieß, »immer mehr junge Leute treten Labour bei, weil sie von der andauernden Beschmutzung Jeremy Corbyns nur noch angewidert sind«. Bei einem Fernsehauftritt in der BBC vom Mai 2016 hatte Abbott gesagt, es sei eine »Verleumdung einfacher Parteimitglieder«, anzunehmen, »dass Labour ein Problem mit Antisemitismus hat«.[43] Auch Vertreter der Basis von Labour schalteten sich mit einem offenen Brief ein, den sie auf der Seite der Facebook-Gruppe »We Support Jeremy Corbyn« (»Wir unterstützen Jeremy Corbyn) veröffentlichten. In diesem Beitrag verwiesen sie auf den Abgeordnetenausschuss der britischen Juden und den Jewish Leadership Council als »eine sehr mächtige Interessengruppe, die ihren offensichtlich gewaltigen Einfluss gegen dich [Corbyn] einsetzt. Es ist ganz eindeutig, dass diese Gruppe die volle Macht der BBC einsetzen kann, um sicherzustellen, dass ihre Stimme sehr laut und deutlich zu vernehmen ist. Schade, dass nicht jeder Interessengruppe dieselbe Deckung zuteilwird.«[44]

Im Sommer 2018 sah sich Labour neuen Vorwürfen ausgesetzt. Unter anderem ging es um Corbyns Teilnahme an der sogenannten International Conference on Monitoring the Palestinian Political and Legal Situation in the Light of Israeli Aggression 2014 in Tunis. Während der Konferenz schloss sich Corbyn einer Delegation an, die an einem Denkmal für getötete PLO-Mitglieder Kränze niederlegte. Diese waren 1985 bei einem israelischen Bombenangriff auf das PLO-Hauptquartier in Tunis ums Leben gekommen. Dass Corbyn an dieser Kranzniederlegung teilgenommen hatte, war bekannt, es existieren Fotos, auf denen er im Hintergrund zu erkennen ist. Doch im August 2018 veröffentlichte die *Daily Mail* bis dahin unbekannte Fotos, die Corbyn bei einer anderen Kranzniederlegung während derselben Konferenz zeigen. Diese fand, einige Kilometer abseits des offiziellen Geschehens, zu Ehren von Mitgliedern der Terrorgruppe Schwarzer September statt, welche als Architekten des Massakers an israelischen Athleten während der Olympischen Sommerspiele 1972 in München gelten. Corbyns ursprünglicher Kommentar zu den Vorwürfen lautete: »Ich war bei dieser Kranzniederlegung [für die Opfer von 1985] anwesend, ich glaube nicht, dass ich wirklich etwas damit zu tun hatte.« Als man ihm jedoch die entsprechenden Aufnahmen vorlegte und ihn an einen Artikel erinnerte, den er 2014 nach seiner Rückkehr nach Großbritannien für den *Morning Star* geschrieben hatte, musste er seine Aussage zurücknehmen. In dem Artikel bezog er sich auf »Kränze, die an den Gräbern derer niedergelegt wurden, die an jenem Tag [im Jahr 1985] starben, und an den Gräbern der 1991 in Paris vom Mossad Ermordeten«. Dass er die Fakten durcheinanderbrachte (drei der vier mit Kränzen geehrten Mitglieder des Schwarzen September wurden von einer rivalisierenden palästinensischen Fraktion in Tunis getötet, der vierte Terrorist 1992 von Agenten des Mossad in Paris), sei ihm verziehen. Doch Corbyns Weigerung, sich im Nachhinein dafür zu entschuldigen, dass er Männern, die allgemein als Terroristen gelten, Ehre erwiesen hat, brachte viele Menschen gegen ihn auf. Dieser Aufschrei schien den Glauben seiner Anhänger an Corbyns Unschuld und die Böswilligkeit seiner Kritiker allerdings nicht im Geringsten zu erschüttern. Sie taten all das als »Schmutzkampagne« ab.[45]

Ende August berichtete die *Daily Mail* schließlich, Corbyn habe 2013 auf einer Konferenz des Palestinian Return Centres eine Rede gehalten, in der er britischen Zionisten »zwei Probleme« angekreidet habe: »Erstens weigern sie sich, die Geschichte zur Kenntnis zu nehmen, und zweitens verstehen sie, obwohl sie schon lange in diesem Land leben, bis heute nichts von englischer Ironie.«[46] Mag sein, dass Corbyn von »Zionisten« und nicht von »Juden« gesprochen hat, doch jeder, der sich die Rede anhört, wird erkennen, dass die beiden Bezeichnungen in diesem Fall austauschbar sind. Das war wie ein Schlag in die Magengrube. Denn wie anders hätten Juden die Wechselfälle ihres Schicksals denn ertragen können, wenn nicht mithilfe eines ausgeprägten Sinns für Geschichte und Ironie? Spätestens mit dieser Aussage überzeugte Corbyn auch ihm wohlgesonnene Juden, dass seine Abneigungen ihnen gegenüber äußerst tief sitzen müssen.

Die Schwierigkeiten, die Corbyn und seine Parteifreunde bei der Erkennung und Anerkennung eines Antisemitismus von links haben, scheint in ihrer grundsätzlichen Behauptung zu gründen, dass man als progressive Kraft automatisch gegen jede Form von Rassismus, Unterdrückung oder Gruppenhass – einschließlich Antisemitismus – sein müsse, weshalb eine wahrhaft progressive Person schon per definitionem kein Antisemit sein könne. Diese Behauptung gerät allerdings ins Wanken, sobald Corbyn und Co. mit progressiven Mitstreitern konfrontiert werden, die ihre Denunziationen reicher Kapitalisten mit pauschalen Urteile über ausbeuterische Juden ausschmücken; die einen übermäßigen Einfluss von Juden auf die Medien suggerieren; die leugnen, dass Juden genauso Opfer kollektiven Hasses werden könnten wie Farbige; und die ihre Kritik an der israelischen Palästinapolitik mit beleidigenden und hasserfüllten jüdischen Stereotypen würzen.

Um nun zu Ihrer ursprünglichen Frage zurückzukehren: Ist Jeremy Corbyn ein Antisemit? Ich würde antworten, dass das die falsche Frage ist. Die richtigen Fragen lauten: Hat er Bekundungen von Antisemitismus ermöglicht und ihre Reichweite erhöht? War er durchgehend unwillig, Bekundungen von Antisemitismus als solche anzuerkennen, solange sie nicht von Vertretern der radikalen Rechten oder Neonazis stammen? Werden es seine Handlungen erleichtern, dass sich Antisemitismus im progressiven Lager institutionalisiert? Leider ist meine Antwort auf alle diese Fragen ein eindeutiges Ja. Wie Trump hat Corbyn Antisemiten ermutigt und ermächtigt, allerdings jene vom anderen Ende des politischen Spektrums. Trumps antisemitische Anhänger glauben, mit verschlüsselten Botschaften habe er ihre Verachtung gegen ethische Minderheiten und Farbige, Muslime, Homosexuelle und Juden sanktioniert. Nicht ohne Grund sind sie davon überzeugt, dass sie einen direkten Einfluss auf die Politik der Regierung hatten sowie auf die Haltung verschiedener Politiker zu einer Bandbreite von Themen. Nie war ihr Zugang und ihr politischer Einfluss größer. Corbyns antisemitische Anhänger glauben, seine Unterstützung legitimiere sie, übelste antisemitische Vorurteile zu verbreiten, während sie gleichzeitig bestreiten können, antisemitisch zu sein.

Zum Schluss möchte ich auf meine Anmerkung zu Beginn unseres Austauschs zurückkommen. Ich brachte die Hoffnung zum Ausdruck, meine Antworten könnten sowohl dem linken als auch dem rechten Flügel Ihrer Pub-Gruppe unangenehm sein. Dieses Unwohlsein sollte auf beiden Seiten durch die Erkenntnis ausgelöst werden, dass Extremismus und Antisemitismus nicht nur unter den Leuten des jeweils entgegengesetzten politischen Lagers auftreten können. Solange wir Antisemitismus nicht einmal in unseren eigenen Reihen erkennen, wird unser Kampf gegen ihn vergeblich sein.

Ihre DEL

Der Salon-Antisemit

Liebe Deborah,

vielen Dank für deinen Gedankenaustausch mit den Studenten im Pub. Da ich nun besser verstehe, wie antisemitische Steigbügelhalter agieren, würde ich gerne über einen anderen Typus von Antisemiten sprechen.

Habe ich dir je erzählt, dass ich in einer amerikanischen Kleinstadt aufgewachsen bin, in der viele Hinterwäldler lebten? Die fanden es nie allzu problematisch, ihre vermeintliche Überlegenheit als Weiße, ihren Rassismus und Antisemitismus offen zur Schau zu stellen. Ich kannte sie, hatte aber keinen allzu intensiven Kontakt, da ich am anderen Ende der Stadt lebte. Sie haben jeden gehasst – Juden, Schwarze, Latinos, Schwule –, der nicht ihrem Bild eines richtigen Amerikaners entsprach. Einige von ihnen waren aufgrund schwieriger persönlicher Lebensumstände wütend und suchten einen Sündenbock. Andere waren einfach nur Fanatiker. In unserer Stadt gab es nur wenige Juden. Die meisten von ihnen besaßen kleinere Geschäfte, von denen viele seit Generationen in Familienhand waren. Sie hatten Erfolg, waren aber nicht besonders wohlhabend. Diese Juden waren gute Nachbarn – selbst zu den Fanatikern waren sie freundlich. Einige der Ladenbesitzer liehen denselben Leuten, die auf der Straße Antisemitismus predigten, Geld. Ein Mann, der für meine Eltern gelegentlich Elektroarbeiten durchführte, erzählte meiner Mutter einmal, wie sehr er die Juden hasse. Doch gleichzeitig sagte er ihr, wie fair der jüdische Besitzer des örtlichen Kurzwarenladens ihn behandelte, als seine Familie in einen finanziellen Engpass geriet. Er hat die Widersprüche in seinen Aussagen nie eingeräumt. Ich bin mir sicher, hätte meine Mutter ihn darauf hingewiesen, hätte er so etwas gesagt wie: »Na ja, der Ladenbesitzer ist ein ›guter Jude‹, der ist eben anders als der Rest von ihnen.« Und genauso sicher bin ich mir, dass die Einheimischen, von denen ich hier spreche, im Antisemitismus rechtsextremer Gruppen, deren Fanatismus du beschrieben hast, gut aufgehoben wären.

Ich bin damals aber auch auf eine andere Form von Engstirnigkeit gestoßen. Meine Eltern waren Mitglieder im örtlichen Country Club, und obwohl die »netten Leute« dort niemals offen etwas Antisemitisches gesagt oder getan hätten – und auch laut gegen krasse Bekundungen von Antisemitismus protestiert hätten –, war an diesem Ort ein unverkennbarer Unterton wahrnehmbar. Es ist möglich, dass der Club vor allem deshalb keine jüdischen Mitglieder hatte, weil nie ein Jude einen Antrag gestellt hat, aber ich habe so meine Zweifel. Hatte etwa ein Mitglied einen jüdischen Gast zum Golfen oder Abendessen in den Club eingeladen, wurde er zwar nie deutlich zurechtgewiesen, etwa im Sinne von: »So einen wie den kannst du doch nicht mitbringen.« Doch Körpersprache und Getuschel (»Scheint so, als würden wir heutzutage jeden hereinlassen …«) machten nur allzu deutlich, dass Juden in diesem Hause nicht willkommen waren. Sogar Mitglieder, die mit ihren Verbindungen zu Juden prahlten, taten dies mit einer antisemitischen Note. Ich erinnere mich, wie jemand meinen Eltern erzählte, dass er seine Ersparnisse bei einem Börsenmakler investiert habe, der Jude sei. »Der wird mich noch reich machen«, sagte er. »Ich weiß nicht genau, wie er das anstellen will, aber ich bin mir sicher, er wird es schaffen. Sie haben einfach ein Händchen dafür, ihr wisst schon.« Was hältst du von solchen Leuten?

Dein Joe

Lieber Joe, liebe Abigail,

Joe, solche Leute würde ich als Salon-Antisemiten oder höfliche Antisemiten bezeichnen. Sie haben jüdische Geschäftspartner, vielleicht auch ein oder zwei jüdische Freunde, sind entsetzt über Charlottesville und haben für das örtliche Holocaustmuseum gespendet. Doch sobald der Stadtrat über eine Baugenehmigung für eine dritte Synagoge in ihrem Viertel nachdenkt, stellen sich diese ehrenwerten Bürger an die Spitze der Gegenseite. »Lasst uns doch bitte einmal kurz darüber nachdenken, was das mit unserem Viertel macht«, werden sie sagen. »Ich meine nur, die Dinge sind doch gut, so wie sie sind. Lasst uns einmal auf die langfristigen Auswirkungen auf das Bevölkerungsgleichgewicht schauen.« Sie werden ihre neue Angestellte erwähnen, werden wie nebenbei bemerken, dass sie Jüdin ist, ihren Zuhörern jedoch versichern, sie sei keine »typische Jüdin«. Wenn man sie darauf hinweist, dass sie gerade etwas Antisemitisches gesagt haben, werden sie mit voller Entrüstung antworten: »Das ist doch lächerlich. Du weißt doch selbst, dass einige meiner besten

Freunde Juden sind.« Das mag sein, und dennoch bleiben sie Antisemiten. Jemand, der es nötig hat, damit zu prahlen, dass er jüdische (oder afroamerikanische) Freunde hat, hat in den meisten Fällen Probleme mit Juden (oder Schwarzen), die nicht seine Freunde sind.

Auf eine Versicherung wie »Einige meiner besten Freunde…« folgt gerne das nur allzu bekannte: »Wie kann ich Antisemit sein? Mein Sohn/meine Tochter, mein Bruder, Enkel usw. ist mit einer Jüdin/einem Juden verheiratet (oder ist Jude/Jüdin).« Andere erinnern an den jüdischen Angestellten, den sie immer fair behandeln würden und dem sie am Freitag sogar früher freigäben, damit er den Sabbat feiern könne. Diese »Verteidigung durch Verwandte (oder Angestellte)« klingt hohl. Wer voreingenommen über Juden redet, ist Antisemit, egal, mit wie vielen Juden er verwandt ist, auch dann, wenn er sich für koscheres Essen in der Firmenkantine einsetzt.

Man möchte glauben, Salon-Antisemiten seien eine aussterbende Art – wer wäre so dumm, solche Dinge heute öffentlich zu sagen? –, doch da draußen tummeln sich noch ziemlich viele von ihnen. In der Regel hüten sie sich, ihre Geisteshaltung öffentlich zu zeigen, doch manchmal entwischt sie ihnen dennoch. Man erinnere sich, was sich 1996 zwischen den Rechtsanwälten abspielte, die Prinz Charles und Lady Diana bei ihrer Scheidung vertraten. Charles hatte Fiona Shackleton engagiert, Partnerin in der Anwaltskanzlei, die die Royal Family vertritt. Diana nahm sich Anthony Julius zum Anwalt, einen jüdischen Intellektuellen aus der Mittelschicht. (Davon, dass er auch mich vertreten hat, als ich von David Irving wegen angeblicher Verleumdung verklagt wurde, habe ich ja schon gesprochen.) Viele britische Zeitungen schrieben, ganz im Bann dieser königlichen Scheidung, Porträts über die beiden Anwälte. Laut Julius waren sie in der Mehrzahl »unsicher, wie sie die Bedeutung meiner jüdischen Identität einordnen sollten, abgesehen davon, dass alle sie für *ungeheuer* bedeutend hielten«.[1] Doch am Tag nachdem die Scheidungsvereinbarungen im Buckingham Palace verkündet worden waren, stellte der eher konservativ ausgerichtete *Telegraph* unzweifelhaft klar, warum Julius' religiöser Background von Bedeutung sei.

> *Schnell wurde deutlich, dass sich die Unversöhnlichkeit zwischen dem Prinzen und der Prinzessin von Wales selbst in den Juristen widerspiegelte, die sie beauftragt hatten. Der Prinz hatte, wie erwartet, die Bridge spielende Fiona Shackleton, 39, von Farrer und Co. gewählt, die auch den Herzog von York bei seiner Scheidung vertreten hatte. Als eine der meistgeschätzten Spezialistinnen in Familienrecht zielte Shackletons Laufbahn zum Großteil darauf, für ihre Klienten günstige Scheidungsvereinbarungen herauszuholen. Sie verfolgt einen versöhnlichen Ansatz.*
> *Unglücklicherweise steht ihr diskreter Ansatz in Widerspruch zur starrköpfigen Herangehensweise, die der Anwalt der Prinzessin bevorzugt. Anthony »das Genie« Julius, 39, ist kein Scheidungsanwalt, sondern ein Experte in Medienrecht, der Robert Maxwell vertritt und früher bei der* Daily Mail *angestellt war.*
> Seine Herkunft könnte der Oberschicht, der seine Gegnerin angehört, nicht fernerstehen. Er ist ein jüdischer Intellektueller und Labour-Anhänger, den die Zwänge des Fair-Play-Gedankens eher nicht einengen können. »Anstelle der Royal Family wäre ich ziemlich besorgt«, sagt einer seiner ehemaligen Professoren aus Cambridge. »Er wird ihr sehr viel Geld abknöpfen.«[2]

Ziemlich beeindruckend. In wenigen Sätzen gelang es dem *Telegraph*, Juden, die Mittelschicht und Menschen mit eher linken politischen Ansichten zu verunglimpfen – von denen kein Einziger auch nur die kleinsten Skrupel zu haben scheint. Als Kritiker die Zeitung in die Enge trieben, versuchte sie das, was sie getan hatte, wegzudiskutieren. Der Chefjustiziar des *Telegraph* rief Julius persönlich an, um ihm zu erklären, dass der Redakteur ursprünglich »die Zwänge des *überholten* Fair-Play-Gedankens« geschrieben und der zuständige Korrektor versehentlich das Adjektiv »überholt« gelöscht habe. Es bleibt allerdings unklar, warum der Justiziar dachte, unter Beibehaltung des Wortes »überholt« wäre der Artikel weniger beleidigend gewesen. Vielleicht dachte er, sollten die Regeln des Fair Play heute tatsächlich nicht mehr gelten, hätten Juden – die auf eine lange Geschichte unfairen Spiels zurückblicken können – einen entscheidenden Vorteil gegenüber Nichtjuden, die sich erst noch daran gewöhnen müssen, dass die Zeiten des Fair Play vorüber sind. Der Justiziar beeilte sich hinzuzufügen, dass die Herausgeberin des *Telegraph* selbst Jüdin sei, womit er möglicherweise andeuten wollte, dass in dieser Zeitung unmöglich etwas erscheine, was man auch nur im Entferntesten als antisemitisch deuten könnte, und sollte dieser Artikel doch irgendwie antisemitische Elemente enthalten, so sei sie persönlich schuld. Der Kommentar des Professors aus Cambridge, wonach Julius' Judentum ihn besonders dafür qualifiziere, sehr viel Geld aus der Königlichen Familie herauszupressen, schien den Justiziar überhaupt nicht zu stören. Als er Julius schließlich fragte, was er von der Zeitung zu tun erwarte, antwortete Julius, sie könnten tun, was sie wollten, und beendete das Gespräch.[3]

Ein Vorurteil als »höflich« zu bezeichnen heißt nicht, es in irgendeiner Weise in seinem negativen Gehalt zu relativieren. In Wirklichkeit ist die höfliche Form eines Vorurteils – unabhängig davon, gegen wen es sich richtet – in mancher Hinsicht hinterhältiger als die offene, unverfrorene, leicht zu identifizierende Form. Höflicher Antisemitismus ist leicht zu verbergen; er ist subtil und voller Anspielungen. Und wird er als das enttarnt, was er tatsächlich ist, lassen sich Menschen, die mit dieser Art von Verleumdung nicht vertraut sind, durch die sehr freundliche – und zumeist höchst unbefriedigende – »Entschuldigung« des höflichen Antisemiten leicht besänftigen. Ein Paradebeispiel stellt die Erklärung dar, die der *Telegraph* wenige Tage später anbot. Vordergründig eine Entschuldigung, legte sie offen, dass die Zeitung überhaupt nicht auf die Idee gekommen war, dass an der Art und Weise, wie sie Julius beschrieben hatte, irgendetwas falsch sein könnte.

> *Unsere Berichterstattung von der königlichen Scheidung am letzten Samstag enthielt Porträts der beteiligten Rechtsanwälte. Anthony Julius, von Mishcon de Reya, für die Prinzessin von Wales, und Fiona Shackleton, von Farrer and Co., für Prinz Charles.*
> *In der Absicht, die Stile der beiden zu vergleichen und gegenüberzustellen, bezogen wir uns auf Mr Julius' Herkunft als jüdischen Intellektuellen in einem Zusammenhang, der, wie wir jetzt zu unserem tiefen Bedauern feststellen, abwertend* erschien.
> *Viele unserer Leser haben sich von diesem Absatz aufs Schärfste distanziert und klargestellt, dass sie ihn als rassistische Verleumdung empfinden. Indem wir die Wucht dieser Kritik anerkennen, möchten wir uns bei Mr Julius und allen, die sich angegriffen fühlten, aufrichtig entschuldigen.*[4]

Das reicht nicht. Julius' jüdischen Hintergrund mit einem fehlenden Interesse an den Grundregeln des Fair Play in Verbindung zu bringen und mit einer vermeintlich angeborenen Fähigkeit, der Royal Family eine große Abfindung abzuringen, *erschien* nicht nur abwertend. Es *war* abwertend. Der *Telegraph* war ganz einfach nicht bereit, dies geradeheraus zuzugeben. Und hätten nicht viele Leser sich aufs Schärfste von dem Absatz distanziert, hätte die Zeitung dann überhaupt mitbekommen, dass das Gesagte abwertend war?

Vor Kurzem habe ich eine Geschichte gehört, die diese Art von »höflichem« Antisemitismus weiter veranschaulicht. Ich war in Aspen, wo ich einen Lehrgang für eine Gruppe jüdischer Gemeindevorsteher zu meinen Holocaust-Studien leitete. Am Ende der Veranstaltung näherte sich eine Teilnehmerin, die ich Marie nennen will, und fragte schüchtern, ob sie mir die Geschichte ihrer persönlichen Erfahrungen mit Antisemitismus mitteilen könne. Marie erzählte mir, sie stamme aus einer katholisch-französischen Familie in Quebec und habe in ihrem Elternhaus nie antisemitische Äußerungen mitbekommen. Nach einer Scheidung und einem Kampf gegen Krebs besuchte sie ihre Mutter, um ihr mitzuteilen, sie habe einen wunderbaren jüdischen Mann kennengelernt, der sie glücklich mache und den sie heiraten wolle. Marie ging davon aus, dass ihre Mutter begeistert sein würde. Deshalb war sie völlig perplex, als diese antwortete: »Aber mein Vater sagte mir, ich solle nie bei Steinberg's einkaufen.« (Steinberg's, erklärte mir Marie, war eine große kanadische Supermarktkette in Familienbesitz.)

In den Jahren seit ihrer Konvertierung zum Judentum und ihrer Hochzeit haben Marie und ihre Mutter vorsichtigen Frieden geschlossen. »Doch ich werde«, sagte Marie, »nie ihre erste Antwort vergessen.« Als ich mich bei ihr bedankte, dass sie eine für sie so schmerzhafte Erinnerung mit mir geteilt hatte, erwähnte sie ein zweites Mal, dass ihr in ihrem Elternhaus Antisemitismus zuvor nie aufgefallen sei. »Und doch«, schloss sie wehmutsvoll, wobei sie eher zu sich sprach als zu mir, »war er wahrscheinlich immer anwesend.«

Joe, es ist eher unwahrscheinlich, dass die Freunde deiner Eltern im Country Club, Maries Mutter oder die Redakteure des *Telegraph* jemals jemanden persönlich bedrohen würden. Doch der Typus »höflicher« Antisemit sät die Verachtung unter jenen, die wirklichen Schaden anrichten können. Und sie tun es auf eine Weise, die es besonders schwer macht, ihrem Antisemitismus entgegenzutreten und ihn zu bekämpfen.

Eure DEL

Der ahnungslose Antisemit

Liebe Deborah,

ich glaube, in folgender Geschichte lernen wir einen weiteren Typus des Antisemiten kennen.

Ich war mit einer jüdischen Kollegin zu Mittag essen. Nachdem ich ihr von unserem Austausch erzählt hatte, antwortete sie mit einer Geschichte über ihre Schwester Sandra. Sandra hatte gerade ein anstrengendes Graduiertenprogramm in New York abgeschlossen und sich, um dies zu feiern, mit einer kleinen Gruppe befreundeter Kommilitoninnen, die sich im Laufe des Studiums nähergekommen waren, zu einem Mittagessen getroffen. Die meisten stammten aus Städten, in denen es nur eine sehr kleine jüdische Bevölkerungsgruppe gab. Sandra war die einzige Jüdin am Tisch. Die vier anderen Frauen hatten sie bereits mehrmals am Sabbat und zur Sederfeier in ihrem Elternhaus besucht. Die meisten hatten zuvor nie wirklich mit Juden gesprochen und fanden es spannend, in Sandras gastfreundlicher Familie mehr über jüdische Bräuche zu erfahren. Während des Mittagessens kam eine der Frauen auf einen unangekündigten Schlussverkauf in einem nahe gelegenen Geschäft zu sprechen. Als sie fertig war, drehte sie sich zu Sandra und sagte voller Begeisterung: »Ich bin echt gespannt, was es dort gibt. Du gehst doch sicher auch hin Sandra, oder? Kann ich dich begleiten? Ich weiß einfach, dass du ein Schnäppchen sofort erkennst, wenn du es siehst.« Als Sandra sie entgeistert ansah, wurde die Frau ganz nervös. Sandra atmete tief ein und antwortete lächelnd: »Ich glaube nicht, dass Juden als Einzige wissen, wie man möglichst viel Geld spart. Ich persönlich kaufe vor allem online ein.« Die Frau stammelte eine Entschuldigung, die Sandra gnädig akzeptierte.

Was hättest du Sandras Freundin in so einer Situation geantwortet?

Grüße! Joe

Liebe Frau Professorin Lipstadt,

ich habe gerade Professor Wilsons letzte E-Mail gelesen. Ich könnte eine Unmenge ähnlicher Beispiele auflisten. Zu viele meiner Mitbewohner oder Freunde aus der Uni haben schon einmal zu mir gesagt: »Abigail, ich muss dir unbedingt von diesem Schlussverkauf (oder Schnäppchen oder Sonderangebot) erzählen.« Ich will sie immer fragen: »Warum willst du das ausgerechnet mir erzählen?«, mache es aber nie. Ich habe das Gefühl, ich müsste als Antwort etwas besonders Schlaues sagen, das ihnen vermittelt, wie verletzt ich bin, doch fällt mir nie ein, was es sein könnte. Ist diesen Leuten klar, dass das, was sie sagen, antisemitisch ist, egal wie vornehm sie sich auch ausdrücken?

Ihre Abigail

Lieber Joe, liebe Abigail,

dies sind die vielleicht traurigsten und persönlich verletzendsten Erscheinungsformen von Antisemitismus. Der ahnungslose Antisemit ist eine ansonsten oft nette und wohlgesinnte Person, der es überhaupt nicht klar ist, dass sie antisemitische Stereotype verinnerlicht hat, denen sie weiter aufsitzt. Die einzig vernünftige Antwort ist, egal wie schwer es euch auch fallen mag, dieser Person höflich zu erklären, dass das, was sie gerade gesagt hat, unter die Kategorie eines heimtückischen und beleidigenden ethnischen Stereotyps fällt.

Es passiert so leicht, dass man diese Vorurteile verinnerlicht. Vor etlichen Jahren unterrichtete ich mit einer Kollegin ein Seminar über den Holocaust im Film. Wir diskutierten gerade die Behauptung der Nazis, wonach Juden ihre ruchlosen Fähigkeiten einsetzten, um die Weltwirtschaft zu kontrollieren. Eine Studentin meldete sich und sagte: »Aber all diese deutschen Banker *waren* doch Juden, oder?« Ich begann schleunigst, sie mit Fakten und Statistiken zu bombardieren, die zeigen sollten, dass dies einfach nicht stimmte. Meine Kollegin, eine Filmexpertin, unterbrach meinen Strom aus Tatsachen und Zahlen, richtete sich an die Studentin und fragte sie ganz ruhig: »Na und?« Nach einer Pause fuhr sie fort: »Tatsächlich waren bei Weitem nicht alle von ihnen Juden, doch was, wenn sie alle es gewesen wären? Wäre dies ein legitimer Grund gewesen, alle Juden zu hassen und zu versuchen, ein ganzes Volk auszulöschen?« Ihr »Na und?«, und nicht mein faktenschweres Tohuwabohu, war die richtige Antwort. Die Studentin hatte eine Frage gestellt, die auf einer falschen Annahme beruhte: dass alle wichtigen deutschen Banken im Besitz von Juden seien und dass man daraus schließen könne, *die* Juden, als ein Volk, strebten nach Kontrolle über die Weltwirtschaft. Mit meinen Fakten und Zahlen hatte ich versucht, auf eine irrationale Frage in vernünftiger Manier zu antworten. Damit gab ich der Behauptung, die in der Frage steckte, eine *Gravität*, die sie nicht verdiente. Die Antwort meiner Kollegin (die zufällig keine Jüdin war und noch dazu eine ehemalige Nonne) legte hingegen ihre fundamentale Irrationalität frei.

Es gibt selbstverständlich auch Juden, die – absichtlich oder nicht – antisemitische Vorurteile verbreiten. Wenn das größere Ausmaße annimmt, signalisiert dies Nichtjuden, es ihnen gleichzutun. Das Stereotyp der *Jewish-American Princess* etwa, kurz JAP, hielt in den Jahrzehnten nach dem Zweiten Weltkrieg über die Arbeiten jüdischer Schriftsteller (Herman Wouk, Philip Roth), Komiker (Joan Rivers, David Steinberg) und Filmemacher (Mel Brooks, Woody Allen) Einzug in die Populärkultur.[1] Die Anthropologin Riv-Ellen Prell beschreibt sie als materialistische, hinterhältige, selbstbezogene und frigide Jüdin, das Produkt ihrer wohlhabenden, verständnisvollen und übergriffigen jüdischen Eltern.[2]

Gibt es jüdische Frauen, die diesem Stereotyp entsprechen? Natürlich, doch es gibt auch katholische, protestantische, muslimische und asiatische Frauen, auf die es genauso gut zutrifft. Von der Tatsache ganz zu schweigen, dass es nicht wenige Männer gibt – sowohl Juden als auch Nichtjuden –, die man ebenfalls als »verwöhnt, jammernd, selbstsüchtig, geldgierig, schlau und verschlagen« charakterisieren könnte.[3] Und doch ist da etwas an den JAP, das ihren endgültigen Abschied in die Annalen der Popkultur verhindert, unabhängig davon, wie viele prominente jüdische Frauen dieses Stereotyp heute auch stolz zurückweisen mögen (mir fallen unmittelbar Ruth Bader Ginsberg und Elena Kagan, beide Richterinnen am Obersten Gerichtshof der USA, oder die israelische Schauspielerin Gal Gadot ein). Juden lachen gerne über sich selbst, und JAP-Witze gehören unglücklicherweise dazu. Wie Abe Foxman, der frühere Nationaldirektor der Anti-Defamation-League und unnachgiebige Kritiker von Antisemitismus, erklärt, hätten Juden die ersten JAP-Witze unter sich erzählt. Allerdings hätten sie sich »unserer Kontrolle entzogen« und schließlich »ein Eigenleben entwickelt«.[4] Wenn Gruppen, die Diskriminierungen und Vorurteilen ausgesetzt sind, sich selbst erniedrigen, gehen sie über die Internalisierung einer negativen Selbstwahrnehmung weit hinaus. Sie erteilen anderen die Erlaubnis, es ihnen gleichzutun. Hier geht es nicht um harmlose Witze. Diese Witze setzen Jüdinnen und Frauen im Allgemeinen herab. Die Tatsache, dass sie ihren Ursprung unter Juden selbst hatten, macht die Sache nicht harmloser.[5] Egal, ob sie von Juden oder Nichtjuden herrühren, die Zurschaustellung eines latenten Antisemitismus sorgt für die Verbreitung hasserfüllter und schmerzlicher Tropen und Ideen.

Wir haben nun also eine ganze Reihe unterschiedlicher antisemitischer Typen kennengerlernt: den Extremisten, den antisemitischen Steigbügelhalter, den Salon-Antisemiten und den ahnungslosen Antisemiten. Bisweilen sind die Übergänge fließend. Wir haben gesehen, dass der größte Schaden nicht immer von aggressiven, unverblümten, erklärten Judenhassern ausgeht, sondern von ganz normalen Menschen, die ihre antisemitischen Ansichten durch eine Art kultureller Osmose erworben haben.

Eine eingehende und valide durchgeführte Studie aus Großbritannien kam kürzlich zu dem Ergebnis, dass nur 2,4 Prozent der britischen Öffentlichkeit »offen Juden hassen«. Diese Leute haben eine Reihe »ausgebildeter negativer Vorstellungen« über Juden und ihre Eigenschaften. Sie äußern »bereitwillig und selbstbewusst« antisemitische Ansichten. Weitere drei Prozent hegen eine Vielzahl antisemitischer Einstellungen, die sie jedoch weniger explizit vertreten. Während diese 5,4 Prozent eine vergleichsweise kleine Menge ausmachen, stimmen etwa 30 Prozent einigen stereotypen antisemitischen Ideen zu. Zwar sind die Mitglieder dieser größeren Gruppe keine »engagierten politischen Antisemiten«, doch sie verbreiten antisemitische Ideen innerhalb einer breiteren öffentlichen Sphäre.[6] Mehr noch als die Extremisten sorgen sie dafür, dass der Antisemitismus lebt und gedeiht, und geben ihn an kommende Generationen weiter.

Obwohl ich mit der Beschreibung des aggressivsten Typus von Antisemitismus begonnen habe und mit jenen schließe, die vielleicht noch nicht einmal wissen, dass und wann sie sich antisemitisch äußern, beschwören sie alle in der einen oder anderen Form und zu verschiedenen Graden die üblichen antisemitischen Themen herauf: Geld, Macht und konspirative Kontrolle.

Alles Gute

Deborah

Antisemitismus im Kontext

Ein geistiges Versagen?

Liebe Frau Professorin Lipstadt,

Ihre Typologie des Antisemiten hat mir sehr geholfen, doch für mich folgt hieraus gleich eine neue Frage. Geht es im Kampf gegen den Antisemitismus lediglich darum, seinen Vertretern zu zeigen, wie lächerlich ihre Theorien sind? Wenn Antisemitismus so irrational und wahnhaft ist, wie Sie sagen, gibt es dann überhaupt eine Möglichkeit, diese Hassenden zu erziehen?

Abigail

Liebe Abigail, lieber Joe,

ich wünschte, ich hätte eine einfache Antwort für euch! Joe, wir beide sind Hochschullehrer. Abigail, Sie machen Ihren Abschluss an einer angesehenen Universität und hoffen, die akademische Laufbahn einzuschlagen. Wenn Menschen wie wir an Gegenmittel denken, fallen ihnen als Erstes Erziehungsmethoden ein. Leider muss ich jedoch zugeben, dass Erziehung im Falle entschiedener Antisemiten nur von begrenztem Wert ist. Ihre Abneigung gegen Juden entspringt keinem »Erkenntnisfehler«.[1] Es reicht nicht, ihnen mit Vernunftsgründen zu beweisen, dass Juden ebenso wenig die Banken oder Medien kontrollieren, wie sie die Außenpolitik der Länder, in denen sie jeweils leben, bestimmen. Ihr Blick auf Juden wird leider durch einen vorherbestimmten Standpunkt des Hasses eingeengt. Deshalb ergeben alle diese irrationalen und absurden Anschuldigungen für sie Sinn.

So zum Beispiel der lächerliche Vorwurf, viertausend Israelis und/oder Juden wären in der Nacht vor dem 11. September 2001 allesamt angerufen und davor gewarnt worden, am nächsten Morgen zur Arbeit im World Trade Center zu erscheinen. Die Vorstellung, dass viertausend Menschen einen solchen Anruf erhalten haben könnten, und bis heute hätte keiner von ihnen auch nur ein Wort darüber verloren – hätte weder mit Familie, Freunden, Kollegen darüber gesprochen –, entbehrt jeder Logik. Wer sind diese viertausend? Kein Einziger von ihnen wurde bis heute aufgefunden. Und überhaupt, wer hätte eigentlich über diese gigantische Telefonliste verfügen sollen, die jeden Juden enthielte, der in diesen riesigen Gebäuden arbeitete? Nur die verrücktesten Verschwörungstheoretiker glauben, es gebe ein Zentralregister mit allen Juden, die an einem bestimmten Ort arbeiteten, und viertausend Menschen seien so diszipliniert, dass sie nie darüber sprechen würden.

Der französische Bestseller *L'Effroyable Imposture* (»Der entsetzliche Betrug«, Titel der deutschen Ausgabe: *11. September 2001. Der inszenierte Terrorismus. Auftakt zum Weltenbrand?*) behauptete, die Anschläge vom 11. September seien von jüdisch-amerikanischen Neokonservativen durchgeführt worden, um die öffentliche Meinung von der Notwendigkeit eines Militärschlags gegen den Irak und Afghanistan zu überzeugen. Zweihunderttausend Exemplare verkauften sich innerhalb weniger Monate allein in Frankreich. Das Buch wurde anschließend in mehr als zwei Dutzend Sprachen übersetzt. Obwohl nahezu jede französische Zeitung bemerkte, dass eine Fülle forensischer Beweise und Augenzeugenberichte die Schlussfolgerungen des Buches ad absurdum führten, wurde es vom französischen Publikum dennoch begeistert aufgenommen. Doch dieser Wahnsinn machte nicht in Frankreich halt. Zu einem bestimmten Zeitpunkt glaubten zwanzig Prozent der amerikanischen Öffentlichkeit, dass es sich bei den Anschlägen um das Werk von »Insidern« handele.[2]

Wie ich bereits in einer früheren E-Mail anmerkte, steht im Zentrum jeder Verschwörungstheorie die Vorstellung einer geheimen Kabale einflussreicher Leute, einer dämonischen Elite, die entscheidende Elemente der betroffenen Gesellschaft beherrschen. Verschwörungstheoretiker bauen auf diffuse Gedankengänge und behaupten, die Tatsache, dass die Verschwörer nicht genau identifiziert werden könnten, »beweise« bereits die Verschwörung. Nur eine außergewöhnlich mächtige Clique könne ihre manipulativen Kräfte so gut verbergen.[3] In einem Versuch, die Theorie einer jüdisch-israelischen Verschwörung am 11. September zu entkräften, durchkämmten mehrere Mediengruppen die Todesanzeigen und Anzeigen für Gedenkgottesdienste. Sie gingen die Namen der Toten durch und studierten ihre Lebensläufe, um schließlich die Zahl der jüdischen Opfer schätzen zu können. Sie fanden heraus, dass etwa zwölf Prozent Juden waren, was in etwa den jüdischen Bevölkerungsanteil in New York widerspiegelt.[4] Doch weil solche wohlgemeinten Aktionen nach rationalen Antworten auf irrationale Vorwürfe suchen, gelingt es ihnen höchst selten, Verschwörungstheorien endgültig zu entkräften. Zufällig kennen wir den exakten Ursprung dieser speziellen Anschuldigung. Vier Tage nach den Anschlägen kolportierte die syrische Staatszeitung *Al Thawra* ohne jegliche Belege, dass »viertausend Juden am Tag der Anschläge nicht in ihren Büros erschienen waren«.[5] Bei dem Versuch, diesen »Bericht« zu diskreditieren, überführt das Außenministerium der Vereinigten Staaten *Al Thawra* als Erfinder einer Erzählung, die über keinerlei Quellen verfügte. Doch wie so oft, wenn es um Verschwörungstheorien geht, sah man im Versuch, die Verschwörung zu widerlegen, erst recht den Beweis, dass die Aufklärer selbst hinter den Vorfällen steckten.[6] Die Behauptung, der Mossad habe etwas mit den Anschlägen vom 11. September zu tun, wurde absurderweise von unerwarteter Seite widerlegt: al-Qaida selbst. Osama bin Ladens rechte Hand, Aiman az-Zawahiri, behauptete, die falschen Gerüchte hätten beim der Hisbollah nahestehenden Fernsehsender Al-Manar im Libanon ihren Ausgang genommen, seien vom Iran übernommen und von dort weiterverbreitet worden. Zawahiri wies darauf hin, dass sowohl Hisbollah als auch der Iran schiitisch seien, al-Qaida dagegen sunnitisch, und erklärte entrüstet, man habe diese »Lüge« absichtlich gestreut, um zu suggerieren, »dass es unter den Sunniten keine Helden gibt, die Amerika verwunden könnten wie niemand vor ihnen«.[7]

Trotz der Proteste al-Qaidas und massiver Beweise des Gegenteils hält sich bis heute die Vorstellung, der Mossad und/oder die amerikanische Regierung seien für den 11. September verantwortlich.[8] Noch im Jahr 2016 schloss sich Joy Karega, damals Assistant Professor am Oberlin College in Ohio, dieser Behauptung an. Auf ihrem Blog zitierte sie eine Rede des hochgradig antisemitischen Predigers Louis

Farrakhan, in der dieser erklärte, dies alles sei nichts als ein jüdisch-zionistisches Komplott gewesen:

> *Sie sagen, das World Trade Center sei durch sorgsam platzierte Sprengsätze, nicht durch Flugzeuge eingestürzt. Sie sagen, alle drei Gebäude mussten lange vor dem 11. September mit Sprengsätzen verdrahtet worden sein, und dies sei etwas, das eine unglaubliche Perfektion voraussetze – eine Perfektion, die Osama bin Laden oder seine Anhänger überhaupt nicht besäßen. Hört Euch das an. Doch wenn es die Muslime nicht waren? Wer war es dann? … Es wird heute erst offenbar, dass viele israelische und zionistische Juden während der Anschläge vom 11. September Schlüsselrollen innegehabt haben müssen.*

Karega beschränkte ihre Anschuldigungen nicht auf den 11. September. Sie beharrte darauf, und zwar ohne ihre Behauptungen auch nur irgendwie belegen oder untermauern zu können, dass »dieselben Leute, die hinter dem Massaker von Gaza« steckten, auch am Absturz des malaysischen Flugzeugs über der Ukraine im Jahr 2014 beteiligt und für die Morde an den Journalisten von *Charlie Hebdo* verantwortlich gewesen seien. Sie behauptete sogar, der israelische Premierminister Netanyahu sei sofort nach dem »Massaker« nach Paris geflogen, um »Hollande und die französischen Regierungsbeamten noch einmal in aller Öffentlichkeit einknicken zu sehen – nur für den Fall, die Botschaft via Massod [sic] mitsamt der ›Anschläge‹, die er in Paris veranstaltete, seien noch nicht angekommen«. Im November 2015 behauptete Karega: »ISIS ist keine dschihadistische, islamische Terrorgruppierung. Es handelt sich um eine Organisation von CIA und Mossad, und die Öffentlichkeit hat schon zu viel darüber erfahren, als dass sie das nicht wüsste.«[9] Laut Karega könnten die Israelis, und infolgedessen die Juden insgesamt, die CIA zwingen, nach ihrem Willen zu handeln, ISIS zu erschaffen und Tausende Muslime in ihre Reihen zu locken. Als Israel das malaysische Flugzeug abgeschossen habe, so behauptet sie, habe es gemeinsame Sache mit jüdischen Bankiers gemacht, denn »die von Rothschild angeführten Bankster [sic], allesamt enttarnt, gehasst und ohne die wirtschaftlichen Mittel, die kommende weltweite Depression noch zu verhindern«, würden »auf die Karte *Dritter Weltkrieg* setzen«. Karega »zitierte« diese »von Rothschild angeführten Bankster«: »Wir besitzen fast jede Zentralbank dieser Welt. Wir finanzieren seit Napoleon immer beide Kriegsparteien zugleich. Wir sind in Besitz eurer Nachrichten, eurer Medien, eures Öls und eurer Regierung.« Als Reaktion auf einen Bericht, wonach die Obama-Administration Holocaust-Überlebende, die unterhalb der Armutsgrenze leben müssen, unterstützen wolle, schrieb Karega: »Irgendwann einmal wird mein Volk schon begreifen, für wen diese Präsidenten ALLER Amerikaner wirklich arbeiten, warum sie gewählt werden und weshalb sie in Amt und Würden sind.« Sie plane, sich einige dieser »[jüdischen] Bünde, die das Geld und alle Ressourcen in ihren Händen halten«, genauer anzusehen. »Wir können wahrscheinlich tiefe Einblicke gewinnen und ihnen auf die Spur kommen.«[10]

Dies sind nicht die Behauptungen einer Person, die einfach nur »schlecht informiert« ist. Karega gehörte dem Lehrkörper eines hervorragenden amerikanischen Colleges an. Obwohl einige ihrer Kolleginnen und Kollegen in Oberlin ihre Bemerkungen verurteilten, gab es auch andere, die sie erbittert verteidigten und die »verantwortungslosen Anfeindungen gegen sie« verurteilten.[11] Ihre Verteidiger behaupteten, sie solle zum »Sündenbock« gemacht werden, wozu man sie als Afroamerikanerin aufgrund ihres Geschlechts und ihrer Hautfarbe gezielt ausgewählt habe, und folgerten, dass mit den Angriffen gegen sie »repressive, gegen Schwarze gerichtete« Narrative und »ein gegen Schwarze gerichteter Rassismus auf dem Oberlin-Campus« gestärkt würden.[12]

Noch beunruhigender war die Tatsache, dass Karega von Oberlin engagiert wurde, um »Schreiben für soziale Gerechtigkeit« zu lehren, einen Kurs, in dem Studenten »ihre eigene moralische Einstellung zu Themen der sozialen Gerechtigkeit entwickeln, untereinander verhandeln und korrigieren« sollten. Ich selbst habe zahllose Einstellungsverfahren mit angehenden Akademikern begleitet und wundere mich doch sehr, dass Karegas rassistische und antisemitische Überzeugungen nicht bereits während der Bewerbungsgespräche zutage getreten sind. Es mag sein, dass sie durchaus qualifiziert ist, unterschiedlichste Disziplinen zu unterrichten, doch soziale Gerechtigkeit scheint nicht zu ihren Kernkompetenzen zu gehören.[13]

Ich will auf den Punkt zurückkommen, mit dem ich diese E-Mail begonnen habe. Karegas Ansichten sind nicht einfach das Ergebnis eines geistigen Versagens – mit anderen Worten geht es gar nicht darum, ob sie weiß, dass die »Rothschild-geleiteten Bankster« *nicht* die gesamte Weltwirtschaft kontrollieren. Wer solchen verschwörungstheoretischen Gedanken anhängt, setzt sie auch als Waffen und Mittel ein, um seine Kritiker anzugreifen. Abigail, ich fürchte, wir können nicht viel dazu beitragen, jene aufzuklären, die derart abscheuliche Überzeugungen in sich tragen. Nur allzu oft sind sie überhaupt nicht daran interessiert, rationale Erklärungen zu hören. Wir können allerdings versuchen, jene zu erreichen, die sich von ihnen allzu leicht beeinflussen lassen.

Die dem Handelsministerium unterstellte Bundesbehörde National Institute of Standards and Technology (NITS) tat dies, als sie 2006 ein Merkblatt veröffentlichte, um die Behauptungen der Verschwörungstheoretiker zu widerlegen, wonach das World Trade Center durch kontrollierte Detonationen innerhalb des Gebäudes in die Luft gesprengt worden sei – und nicht aufgrund der Flugzeuge, die in die Türme krachten, eingestürzt ist. Bereits vier Jahre davor kam ein vierzigseitiger Bericht des NITS zu einem ähnlichen Schluss. Es überraschte nicht, dass es damit keinen einzigen Verschwörungstheoretiker überzeugen konnte. Angesichts der Hartnäckigkeit, mit der sich unbegründete und bereits mehrfach widerlegte Behauptungen gehalten hatten, räumte das NITS ein: »Auch das Merkblatt wird jene nicht überzeugen, die an Alternativtheorien festhalten, die unseren Ergebnissen widersprechen. Tatsächlich wollten wir uns mit dem Merkblatt nicht an sie richten. Es ist für die breite Masse gedacht, die von den Behauptungen der Alternativtheorie gehört haben.«[14]

Ich hasse es, mit derart pessimistischen Anmerkungen zu enden. Sie erinnern mich an die Definition eines »jüdischen Optimisten« als einer Person, die denkt, es könne nicht schlimmer kommen. Ich bin Historikerin und als solche nicht willens, die Zukunft vorherzusagen, obwohl ich zunehmend pessimistischer werde. So schließe ich diese E-Mail mit der Bemerkung, dass wir, wenn wir auch die Verschwörungstheoretiker nicht überzeugen können, Brandschutzwände zwischen ihnen und jenen errichten müssen, die sie beeinflussen könnten. Diese Brandschutzwände bestehen aus den Tatsachen, die schlüssig zeigen, wie wahnhaft ihre Sicht auf die Juden wirklich ist.

Eure DEL

Delegitimierender Antisemitismus: Juden können keine Opfer sein

Liebe Frau Professorin Lipstadt,

ich komme gerade aus einem Seminar über amerikanische Ethnizität und Religion und ich glaube, ich bin dort an einen Antisemiten geraten. Während der Diskussion kam ein Student auf »Vorurteile, einschließlich Rassismus, Sexismus und Homophobie« zu sprechen, als eine weitere Studentin ihn ruhig, aber entschlossen unterbrach: »... und Antisemitismus«. Der erste Student ließ ihren Einwand gelten und wollte gerade weitersprechen, als aus der einen Ecke des Seminartischs ein Murmeln hörbar wurde: »Na klar, die Juden leiden echt schrecklich. Ich sag nur eins: Privilegien ...« Als ihn die anderen Studenten und Studentinnen daraufhin betroffen anstarrten, begann der Murmler, sich zu rechtfertigen: »Juden leiden nicht. Sie haben gute Jobs, gehen auf gute Schulen und haben keinerlei Probleme, im Leben voranzukommen. Antisemitismus gehört nicht in dieselbe Kategorie wie Rassismus. Und schon gar nicht in diesem Land. Trotzdem reden die Juden ständig über den Holocaust und das, was sie ›Antisemitismus‹ nennen. Immer kommen sie gleich mit der Holocaust-Keule. Leiden? Sie versuchen nur, auf Kosten von Farbigen, die sich echtem Rassismus ausgesetzt sehen, emporzukommen. Sie sind weiß und damit sind sie privilegiert.« Was er da sagte, und mit welcher Vehemenz er seine Meinung vertrat, hat mich verwirrt. Unsere Professorin fragte, wer darauf antworten wolle. Ich dachte, auch ich müsste ihm etwas entgegnen, doch gerade als ich so weit war, mich in den Kampf zu stürzen, war die Stunde zu Ende.

Ich muss zugeben, dass ich über das plötzliche Ende der Stunde nicht wirklich unglücklich war. Trotz unserer ausgiebigen Korrespondenz weiß ich immer noch nicht so genau, was ich ihm hätte sagen sollen. Ich schäme mich auch ein wenig, weil ich, obwohl ich Jüdin bin, keine überzeugende Antwort parat hatte. Einiges von dem, was er gesagt hat, hört sich für mich sogar richtig an. In den meisten Fällen haben es Juden tatsächlich besser als Farbige. Ich weiß, dass wir Diskriminierung überhaupt nicht in demselben Ausmaß zu ertragen haben. Und doch weiß ich auch, dass sowohl an dem, was er gesagt hat, als auch daran, wie er es gesagt hat, etwas völlig Verkehrtes war. Das Ganze hat mich zutiefst verunsichert.

Ihre Abigail

Liebe Abigail, lieber Joe!

Abigail, lassen Sie sich bitte nicht entmutigen, weil Sie keine befriedigende Antwort für den Murmler parat hatten. Selbst jene unter uns, die als Experten auf dem Gebiet des Antisemitismus gelten, müssen immer wieder an ihre Grenzen gehen. In der Auseinandersetzung mit Individuen, die die Bedeutung des gegenwärtigen Antisemitismus bagatellisieren, hilft Ihnen die Tatsache, dass Sie als Jüdin geboren wurden, nicht weiter – wie sie auch sonst niemandem weiterhilft.

Ihr Murmler behauptet, Antisemitismus könne zwar in manchen Teilen der Welt durchaus existieren, das Problem habe jedoch nicht dieselbe Dringlichkeit wie die Bekämpfung anderer Vorurteile – insbesondere Rassismus. Antisemitismus ist etwas anderes, weit Entferntes und – wenn überhaupt – von geringer Konsequenz. Meine Antwort mag Sie vielleicht überraschen: In gewisser Hinsicht hat er recht. Antisemitismus unterscheidet sich in seiner Struktur, Geschichte und gegenwärtigen Wirkung von anderen Formen des Rassismus. Und doch irrt er sich. Antisemitismus ist ein fortwährendes Phänomen, das man sehr ernst nehmen muss. Ich bin mir im Falle Ihres Murmlers allerdings nicht sicher, ob sein Irrtum perzeptiver oder ideologischer Natur ist.

Bevor wir auf seine Argumentation zurückkommen, sollten wir kurz darüber nachdenken, was ein Vorurteil eigentlich ist. Ein Vorurteil ist ein Akt übereilten negativen Urteilens. Man erfasst die persönlichen Eigenschaften und Verhaltensweisen einer Person auf Grundlage stereotyper Meinungen über die ethnische, religiöse, politische oder geografische Gruppe, zu der sie gehört. Unabhängig davon, wie viele Mitglieder einer Gruppe er auch kennenlernt, die den Stereotypen dieser Gruppe nicht entsprechen – der Rassist gibt seine Vorurteile gegen die gesamte Gruppe dennoch nicht auf. Gibt es Juden, die von Geld besessen sind? Sicher. Gibt es Feministinnen, die immer nur wütend und schrill auftreten? Ja, natürlich. Aber es gibt auch Juden mit begrenztem Einkommen, die in ihrer Freizeit unentgeltlich Ehrenämter ausüben, und Feministinnen, die entspannt und gelassen sind. Doch das interessiert den Rassisten, der oftmals unsicher und/oder wütend ist, und Gruppen von Menschen herabsetzen muss, um sich gut fühlen zu können, nicht. In der besten aller Welten würde man Antisemiten aufgrund ihrer grotesken Ideen nur bemitleiden. Doch sie können großen Schaden anrichten. Man muss nur einmal sehen, was in Deutschland in den 1930er- und in ganz Europa in den 1940er-Jahren geschehen ist – schreckliche Dinge, von denen Ihr Murmler heute nichts mehr hören will.

Seine Meinung, dass bestimmte ethnische Minderheiten heute auf drastischere Weise von Vorurteilen betroffen sind als Juden, ist nicht falsch. Afroamerikaner etwa können sehr anschaulich davon berichten, wie ihr Alltag durch Vorurteile und Hass geprägt wird. Das ist für die meisten Juden in den USA *heute* nicht mehr der Fall. Im 21. Jahrhundert ist es etwa Immobilienhändlern verboten, Verträge mit Klauseln aufzusetzen, durch die Juden aus bestimmten Wohngebieten ausgeschlossen werden. Es ist illegal, jemanden zu entlassen, der samstags nicht arbeiten kann. Man darf niemandem verbieten, in öffentlichen Gebäuden die Kippa zu tragen. Ein qualifizierter jüdischer Mitarbeiter, der bei Beförderungen regelmäßig übergangen wird, kann rechtliche Schritte einleiten. Das war nicht immer so. Philip Roth etwa hat einmal sehr anschaulich beschrieben, wie noch seinem Vater, der für einen »nichtjüdischen Versicherungsriesen arbeitete, immer aufs Neue die wohlverdiente Beförderung oder der Kontakt zu zahlungskräftigerer Klientel verweigert wurde, weil er Jude war«.[1]

Und dennoch ist nicht alles gut. Der Murmler hat höchstwahrscheinlich noch nie darüber nachgedacht, dass aus Angst vor antisemitischen Angriffen vor den meisten europäischen Synagogen entweder private Objektschützer oder Polizisten stehen. Es ist noch gar nicht so lange her, dass ich in Rom eine Synagoge betreten wollte und weggeschickt wurde. Und das, obwohl ich meinen Pass einstecken hatte und weder einen Rucksack noch anderen Krimskrams bei mir hatte. (Das ist mir beim Besuch von Kirchen, seien sie groß oder klein, noch nie passiert.) Erst als mich ein Mitglied der jüdischen Gemeinde erkannte, durfte ich die Synagoge betreten.

In den Vereinigten Staaten wurde im März 2015 Rachel Beydas untadelige Bewerbung auf einen Sitz im Rechtsgremium des Studentenrats der University of California in Los Angeles (UCLA) zunächst abgelehnt. Die Mehrheit der Ratsmitglieder bezweifelte, dass sie als Jüdin fähig sei, mit Leitungsfragen auf objektive Art und Weise umzugehen. Bei dem Treffen, das über ihre Nominierung entscheiden sollte, war sie von einem Ratsmitglied frei heraus gefragt worden: »Wie wollen Sie sich angesichts der Tatsache, dass Sie eine jüdische Studentin sind und sich sehr in der jüdischen Community einbringen, einen unvoreingenommenen Blick bewahren?« Nachdem Beyda den Raum verlassen hatte, wurde heftig darüber gestritten, ob ihr Glaube und ihre Mitgliedschaft in jüdischen Organisationen es ihr gestatteten, unparteiisch über juristische Angelegenheiten zu urteilen. Der Studentenrat hatte in der Vergangenheit zwar wiederholt bekundet, eine Vielzahl unterschiedlicher Stimmen zu Gehör bringen zu wollen, schien aber in diesem speziellen Fall keinen Wert auf eine jüdische Stimme zu legen. Schließlich wies ein anwesendes Mitglied des Lehrkörpers darauf hin, dass die Zugehörigkeit zu einer jüdischen Organisation tatsächlich keinen Interessenkonflikt verursachen würde, woraufhin Beyda im zweiten Anlauf einstimmig in das Gremium gewählt wurde. Allerdings wurde auf YouTube ein Video der vorausgehenden Sitzung hochgeladen. Nach heftiger Kritik mussten sich vier Studentinnen und Studenten, die ursprünglich gegen Beydas Nominierung argumentiert hatten, öffentlich entschuldigen. Es sei nie ihre Absicht gewesen, »Individuen oder Gruppen anzugreifen, zu beleidigen oder zu delegitimieren … es tue ihnen leid, falls ihre Worte eine andere Deutung zugelassen hätten«. Hätte man die Frage einer farbigen Person, einem Mitglied der LGBTQ-Szene oder einer Frau gestellt, die Studenten hätten wohl kaum Probleme damit gehabt, die explizite Einseitigkeit ihrer Aussagen zu erkennen. Und doch glaube ich eigentlich nicht, dass diese Studenten unaufrichtig waren. Ihre Ansichten spiegeln die Gefühlslage vieler Studenten wider, zu denen womöglich auch Ihr Murmler gehört: Juden gehören zur Elite und können deshalb weder unvoreingenommen sein, noch Opfer von Diskriminierung werden. Mit einer Doppelzüngigkeit, wie sie George Orwell erfunden haben könnte, dient hier die Exklusion von Juden dem Ziel der Inklusion.[2]

Dank der Bürgerrechtsbewegung ist eine offene Diskriminierung aufgrund von Religion oder Hautfarbe heute illegal. Verdeckte Diskriminierung existiert natürlich weiterhin. Vorurteile lassen sich nur sehr schwer ausrotten, und ethnische Minderheiten bleiben bis heute Opfer offener Akte der Diskriminierung. Das heißt aber nicht, dass Juden heute nicht mehr von Antisemitismus betroffen sein können. Die Typen von Antisemiten, die wir vorgestellt haben, haben wir vor allem mit Beispielen von heute, nicht von vor fünfzig Jahren illustriert.

Erst im September 2017 twitterte die ehemalige CIA-Agentin Valerie Plame einen Link auf einen offen antisemitischen Artikel (den sie als »wohlüberlegt« bezeichnete), der behauptete, Juden stünden hinter den Bemühungen, Amerika in die Kriege im Nahen Osten hineinzuziehen – einschließlich des Irakkriegs von 2003. (Bei dieser Behauptung wird die Tatsache unterschlagen, dass sich unter den Hauptbefürwortern für diesen Krieg Vizepräsident Dick Cheney, Verteidigungsminister Donald Rumsfeld, die Nationale Sicherheitsberaterin Condoleezza Rice, Außenminister Colin Powell und Präsident George W. Bush persönlich befanden.) Der Artikel verlangte zudem von Juden, die sich öffentlich zur Außenpolitik der Vereinigten Staaten äußerten, sich als Juden zu outen. Die jüdischen Berater im Weißen Haus, die den Krieg mit allen Kräften unterstützten, so behauptete der Artikel, betrachteten Fragen der Außenpolitik ausschließlich unter *jüdischem* Gesichtspunkt. Als man Plame des Antisemitismus beschuldigte, antwortete sie, sie sei selbst »jüdischer Abstammung« – eine typische Reaktion von Personen, die sich solchen Vorwürfen ausgesetzt sehen. Doch das schien in diesem Fall nicht zu reichen. In ihrer Entschuldigung behauptete sie deshalb, sie habe den Artikel tatsächlich nicht vollständig gelesen und seine krassen Unterströmungen nicht wahrgenommen – eine ziemlich seltsame Erklärung, wenn man bedenkt, dass der Artikel mit »Amerikas Juden führen Amerikas Kriege« überschrieben war.[3]

Ja, der Murmler hat recht, wenn er sagt, Antisemitismus sei mit den Akten extremer physischer Gewalt und Diskriminierung, denen sich Afroamerikaner ausgesetzt sehen, nicht gleichzusetzen. Dennoch bleiben öffentliche Erklärungen und Akte von Antisemitismus hasserfüllt, voreingenommen und falsch. Sie müssen als das angesprochen werden, was sie sind, und jeder, der ihre Absicht oder Bedeutung bagatellisiert, ignoriert entweder die Geschichte oder ist selbst antisemitisch. Valerie Plame ist nicht die Erste, die Juden bezichtigt, Krieg um ihrer eigenen politischen oder finanziellen Ziele willen zu unterstützen. Im Deutschland der 1920er-Jahre beschuldigten Nazis Juden, das Land in den Ersten Weltkrieg gezogen zu haben. Wenn der Murmler diesen Hinweis als »Holocaust-Keule« betrachtet, zeigt dies allen anderen in Ihrem Seminar eindeutig, welche Politik er verfolgt. Leider lassen sich seine Überzeugungen kaum ändern. Und dennoch hatten Sie recht, Abigail, als Sie Ihre Stimme gegen seine hasserfüllten Worte erheben wollten.

Antisemitismus und Rassismus: Gleich und doch anders

Liebe Frau Professorin Lipstadt,

ich verstehe, dass Antisemitismus und rassistische Vorurteile in vielen wichtigen Hinsichten Gemeinsamkeiten haben, in anderen, ebenso wichtigen aber sehr unterschiedliche Manifestationen von Hass sind. Auf Handyvideos zu sehen, wie Polizisten Gewalttaten gegen Afroamerikaner begehen, macht mich richtiggehend krank. Heißt das aber, es ist falsch, auf Gemeinsamkeiten hinzuweisen? Ist es falsch, sich als Jüdin mit Opfern rassistischer Vorurteile zu verbünden oder in diesem Zusammenhang auch auf die Schwierigkeiten hinzuweisen, mit denen sich Juden konfrontiert sehen?[1]

Ihre Abigail

Liebe Abigail, lieber Joe,

Abigail, Sie zielen hier auf eine wichtige und oft missverstandene Frage. Afroamerikanische Eltern leben heute in schrecklicher und ständiger Angst, ihre Kinder könnten von jenen gedemütigt werden, die geschworen haben, sie zu schützen und zu helfen. Ta-Nehisi Coates hat dies in *Zwischen mir und der Welt*, einem Buch mit Briefen an seinen Sohn, schmerzhaft zum Ausdruck gebracht. »Denn die Angst, sie ist da«, schreibt er. »Wenn du nicht bei mir bist, ist sie am größten.« Coates weiß, für eine unverhältnismäßig große Zahl von Afroamerikanern ist »das Gesetz zu einem Vorwand verkommen, dich anzuhalten und zu filzen, den Angriff auf deinen Körper fortzusetzen«.[2] Zwar spricht Coates von »filzen«, doch gibt es auch bedrohlichere Formen der Unterdrückung, unter anderem physische Gewalt und in manchen Fällen sogar tödliche.[3] Vorfälle dieser Art gewaltsamer Interaktion zwischen Polizisten und Afroamerikanern sind gut dokumentiert. Eine Studie des John Jay College of Criminal Justice kommt zu dem Ergebnis, dass die Polizei gegen weiße Zivilisten in weniger als zwei Prozent der Fälle Gewalt anwendet, während sie dies bei afroamerikanischen Bürgern drei Mal häufiger tut.[4]

Vor Kurzem habe ich ein Gespräch zwischen einer jüdischen Mutter und ihrem Sohn mitgehört, aus dem deutlich hervorgeht, wie unterschiedlich weiße Jugendliche und Jugendliche, die einer Minderheit angehören, Polizisten wahrnehmen. In der vorhergehenden Nacht war der jüdische Junge auf einer Party. Die Party fand in einem Viertel statt, das ein riesiges Drogenproblem hat, und es wurde spät. Der Junge erzählte seiner Mutter, sie hätte sich keine Sorgen machen müssen, schließlich habe er die Party mit ein paar Kumpeln verlassen, und, wichtiger, ein Polizeiwagen habe in der Nähe gestanden. Der Polizist im Auto habe ihnen gesagt, er würde ein Auge auf sie werfen, bis sie sicher auf ihrem Weg nach Hause seien. »Du siehst also, Mum, alles cool«, sagte er. Ich habe mich natürlich gefragt, ob eine Gruppe afroamerikanischer Kids über die Anwesenheit dieses Polizeiwagens genauso erfreut gewesen wäre. Als vor nicht allzu langer Zeit ein Schwarzer von einem Polizeibeamten erschossen wurde, betonte seine schmerzgebeugte Mutter, sie habe »ihm immer beigebracht, mit der Polizei zu ›kooperieren‹«. Muss eine weiße Mutter ihrem Sohn dieselben Ratschläge mit auf den Weg geben? Ich musste daran denken, dass Vorfälle, die im Falle von jungen Weißen als jugendlicher Leichtsinn durchgehen – sich nachts in einen privaten Pool schleichen oder im abgesperrten Park Basketball spielen –, für junge Schwarze zu tödlichen Fallen werden können.[5] Sonia Sotomayor, Richterin am Obersten Gerichtshof, sprach dies im Zusammenhang mit einem Fall aus, bei dem

Polizisten Durchsuchungen ohne richterlichen Beschluss durchgeführt hatten.

> *Über Generationen haben schwarze und farbige Eltern ihre Kinder »zum Gespräch« gebeten – sie angehalten, niemals die Straße hinunterzurennen, die Hände immer dort zu behalten, wo sie sichtbar blieben, ganz zu schweigen davon, einem Fremden zu widersprechen –, allein aus Angst, ein bewaffneter Beamter könnte falsch darauf reagieren.*[6]

Ich verurteile keinesfalls alle, ich verurteile nicht einmal die meisten Polizeibeamten. Damit würde ich dieselbe Art Stereotyp anwenden, gegen die ich mich immer verwahrt habe. Polizisten erledigen eine wichtige und gefährliche Arbeit. Und doch gab es in letzter Zeit genügend Vorfälle, die jeden Zweifel, ob Farbige – sowohl Frauen als auch Männer – tatsächlich besonders gefährdet sind, wenn sie sich befangenen Vollzugsbeamten gegenübersehen, widerlegen. Es handelt sich um einen institutionalisierten Rassismus, der viele Menschen dazu bringt, in afroamerikanischen Männern eine potenzielle Bedrohung zu sehen. Doch sind es nicht nur einige Polizisten, die Opfer ihrer Vorurteile werden. Im Sommer 2018 nahm eine schwarze Studentin des angesehenen Smith College in einem Aufenthaltsraum ihr Mittagessen zu sich. Als sie ein weißer Angestellter des Colleges dort sitzen sah, rief er die Campuspolizei und meldete einen »männlichen Schwarzen«, der »fehl am Platz« wirke. Die 1,60 m große und 55 kg wiegende junge Frau, die erste aus ihrer Familie, die je eine Universität besuchen durfte, war Tutorin eines Chemieseminars. Ihr Teddy saß neben ihr.[7] Leider handelt es sich bei diesem Ereignis um keinen Einzelfall.

Angst vor Gewalt vonseiten der Polizei spielt für jüdische

Amerikaner derzeit keine Rolle, und sie fürchten auch nicht, für »fehl am Platz« erklärt zu werden, weil sie eine Kippa tragen oder ihr Jüdischsein auf andere Weise zu erkennen geben. Aber genau deshalb haben Juden eine besondere Verpflichtung, nicht nur gegen diese spezielle Art von Vorurteilen, sondern gegen alle Formen von Diskriminierung aufzubegehren. Da wir selbst immer wieder Opfer von Vorurteilen geworden sind, wissen wir aus persönlicher Erfahrung, wie wichtig die Unterstützung anderer Communitys im Kampf gegen Vorurteile ist.

In meinen Augen bringt es überhaupt nichts, sich an dem Spiel »meine Diskriminierung ist schlimmer als deine Diskriminierung« zu beteiligen. Die Bedrohung jüdischer Einrichtungen – die zum Einbau von Röntgenprüfgeräten vor den meisten amerikanischen Synagogen, jüdischen Gemeindezentren und Museen führten – ist echt und unheimlich. In den letzten Jahren sind Menschen in diesem Land bei Angriffen auf jüdische Stätten zu Tode gekommen.

Dachte man für lange Zeit, Antisemitismus sei in der amerikanischen Gesellschaft ausgetilgt, so ist er dort zurück, wo jüdische Studenten und Studentinnen sich nur zögerlich jüdischen Studentenverbänden anschließen, weil sie ihre Studienzeit nicht im Kampf gegen überzogene Israel-Kritik und Judenhass verbringen wollen.[8] Gleich, ob es von der politischen Linken oder Rechten stammt, von Christen oder, so der Fall in vielen europäischen Ländern, von Muslimen, es handelt sich immer um Antisemitismus, wenn Juden – verbal oder physisch – angegriffen werden, weil sie Juden sind. Der Antisemitismus existiert dort, wo Eltern Angst haben, ihre Kinder im jüdischen Kindergarten anzumelden, weil sie sich um ihre Sicherheit sorgen. Ist diese Angst genauso groß wie jene einer afroamerikanischen Mutter, die ihren Sohn im Teenageralter morgens zur Schule schickt und sich fragt, ob er am Nachmittag tatsächlich wieder nach Hause kommt? Nein. Doch warum soll das eine Art makabrer Wettbewerb sein? Warum können nicht beide Fälle als schreckliche Nebenprodukte sinnlosen Hasses gesehen werden?

Bislang habe ich Ihrem Murmler einen Vertrauensvorschuss gewährt: Ich habe zu seinen Gunsten angenommen, er habe sich einfach geirrt und das Wesen des Antisemitismus nur deshalb nicht verstanden, weil er sich vom Rassismus gegen Farbige so sehr unterscheidet. Doch ist auch eine ganz andere Erklärung möglich. Vielleicht hatte die Antwort des Murmlers nichts mit Verwirrung zu tun; vielleicht gründet sie vielmehr in der Vorstellung, dass ein Vorurteil oder eine Diskriminierung nur dann vorliegen kann, wenn ein mächtiger, privilegierter Goliath entweder buchstäblich oder bildlich einen David schlägt, der Mitglied einer ethnischen Minderheit ist. Nennen wir es das Corbyn-Syndrom. Juden – in ihrer Mehrheit weiße, privilegierte Mitglieder einer Elite – können dieser Vorstellung zufolge unmöglich als Opfer angesehen werden. Wenn, dann machen sie andere zu Opfern. Wenn deshalb Juden innerhalb einer Diskussion über Diskriminierung auf Antisemitismus zu sprechen kommen, empfinden Leute wie der Murmler ihre Behauptungen nicht nur als ungerechtfertigt. Sie glauben darüber hinaus, Juden »bereichern sich« am wirklichen Leid ethnischer Minderheiten.[9] Ich glaube, diese Leute sind auf mehr als tragische Weise fehlgeleitet, und ich bezweifle wirklich, dass es möglich sein könnte, ihre Denkweise zu verändern. Ich hoffe sehr, dass ich mich täusche.

Eure DEL

Liebe Frau Professorin Lipstadt,

vielen Dank, das war hilfreich, wenn auch sehr frustrierend. Was ich heute zu sagen habe, könnte man vielleicht gut als die Kehrseite der Medaille beschreiben. Ich war gerade mehrere Tage bei meinen Großeltern zu Besuch. Sie sind ganz wunderbare Menschen – aktiv, neugierig und immer an mir und meiner Arbeit interessiert. Doch sie und ihre Freunde haben die ganze Zeit nur über die von ihnen so genannte »Explosion des Antisemitismus« unserer Tage gesprochen und sie mit den Erfahrungen verglichen, die Juden im Deutschland der 1930er-Jahre machen mussten. Sie machen sich Sorgen, weil ich auf dem Unicampus wohne, von dem sie als »Brutstätte« des Antisemitismus sprechen, und sie beharren darauf, dass Juden überall »im Belagerungszustand« lebten. Für mich klingen ihre Bedenken unangemessen scharf. Sind sie überempfindlich oder bin ich blind?

Danke, Abigail

Liebe Abigail, lieber Joe,

Abigail, Ihre Großeltern und ihre Freunde sind nicht die Einzigen, die sich Sorgen machen. Die Statistiken sind tatsächlich besorgniserregend. Die Anzahl antisemitischer Vorfälle ist – vor allem in Europa – seit Anfang der 2000er-Jahre, mit dem Ausbruch der zweiten Intifada und dem damaligen Scheitern der Nahost-Friedensgespräche, deutlich gestiegen. Die französische Gesellschaft zum Schutz der Jüdischen Gemeinschaft schätzt die jährliche Anzahl antisemitischer Vorkommnisse in den 2000er-Jahren als sieben Mal höher ein als noch in den 1990er-Jahren. Bei einer ganzen Reihe dieser Vorfälle kam es zu Schwerverletzten und sogar Toten. Im Jahr 2006 wurde der junge Franzose Ilan Halimi in Paris entführt und brutal gefoltert. Er starb schließlich an seinen Verletzungen. Seine Entführer dachten, weil er Jude sei, müsse seine Familie reich sein und könne enorme Lösegelder bezahlen, um ihn zurückzubekommen. Die französische Polizei weigerte sich zunächst, darin einen antisemitischen oder terroristischen Vorfall zu sehen. Im Jahr 2012 wurden drei Kinder und ein Erwachsener an der Ozar-Hatorah-Schule in Toulouse getötet. Im Mai 2014 wurden vier Besucher des Jüdischen Museums in Brüssel erschossen.[1] Es gab zudem brutale, wenngleich nicht tödliche Angriffe auf Juden, die in der Öffentlichkeit Kippot trugen. So wurde etwa 2012 ein Rabbiner in Berlin in Anwesenheit seiner sechsjährigen Tochter zusammengeschlagen. Er musste mit gebrochenem Jochbein ins Krankenhaus. Während des Gaza-Konflikts zwischen Israel und der Hamas im Juli und August 2014 häuften sich in Europa antisemitische Vorfälle. Laut des Conseil Représentatif des Institutions Juives de France (CRIF), der Dachorganisation der französischen Juden, wurden damals im Juli acht Synagogen angegriffen, darunter die Synagoge von Sarcelles, die von einem vierhundert Leute starken Mob mit Brandbomben beschossen wurde, nachdem Juden in ihr Schutz gesucht hatten. Am 14. Juli, dem französischen Nationalfeiertag, wurden zweihundert Pariser Juden von gewaltbereiten Randalierern in einer Synagoge festgehalten. Sie skandierten »Hitler hatte recht!« und »Juden, raus aus Frankreich«.[2] Der Großrabbiner von Paris, der am Gottesdienst teilgenommen hatte, wurde nach etwa einer Stunde von einer Antiterroreinheit befreit, der Rest der Gläubigen musste jedoch weiter in der Synagoge verharren. Mithilfe von Tischen und Stühlen aus nahe gelegenen Cafés gelang es Mitgliedern der jüdischen

Gemeinde mit Erfahrung im Verteidigungskampf, die annähernd dreihundert Personen starke Protestmenge vor der Synagoge aufzulösen. Es dauerte drei Stunden.[3] In Paris wurden koschere Supermärkte und jüdische Geschäfte angegriffen. Erwähnt sei vor allem der Vorfall im jüdischen Supermarkt *Hyper Cacher*, bei dem im Januar 2015 vier Menschen ermordet wurden. Im Juli 2014 wurde eine Synagoge in Wuppertal (die 1938 in der Pogromnacht zerstört und nach dem Krieg wiederaufgebaut worden war) mit Molotowcocktails, die in das Gebäude geworfen wurden, beschädigt. Im Juni 2014 wurde ein älterer Jude auf einer proisraelischen Kundgebung in Berlin geschlagen. Im Sommer 2014 wurden in Rom Plakate aufgestellt, die zum Boykott von fünfzig jüdischen Geschäften aufriefen.[4] Im Juli 2014 brach ein Demonstrant während einer Kundgebung für Hamas aus der Menge und griff einen älteren Mann an, der ruhig in einer Ecke stand und die israelische Flagge hochhielt. Die mit ihm Marschierenden applaudierten. Es gab so viele dieser Vorfälle, dass der *Guardian* einen Artikel über den Anstieg des Antisemitismus veröffentlichte, in dessen Überschrift es hieß: »Zeiten, so schlimm wie seit den Nazis nicht mehr«.[5]

Die meisten dieser Angriffe wurden von europäischen islamistischen Extremisten und ihren Sympathisanten begangen. Wenngleich die Mehrzahl antisemitischer Vorfälle in Europa eher glimpflich ausging, so stellen sie für europäische Juden dennoch eine gewaltige Belastung dar. Besonders zermürbend wird es, wenn antiisraelische Kundgebungen von Aufrufen wie »Tod den Juden« und »Schlitzt den Juden die Kehlen auf« begleitet werden.[6] Auf einigen Demonstrationen sind auch Slogans und Transparente zu sehen, die auf den Holocaust verweisen. In Deutschland sieht man auf propalästinensischen Demonstrationen Plakate wie »Jude, Jude feiges Schwein!«. In Gelsenkirchen, Dortmund und

Frankfurt sangen Demonstranten »Hamas, Hamas, Juden ins Gas!«, während Demonstranten in Essen »Scheiß Juden« schrien.[7] Zu den Slogans auf weiteren Demonstrationen gehörten: »Schluss mit dem jüdischen Terror!« (Essen), »Angebliche frühere Opfer. Heute selbst Täter« (Essen), »Kindermörder Israel« (Berlin).[8] Mag sein, dass der Schlachtruf »Juden ins Gas« ursprünglich von holländischen Fußballfans gesungen wurde (zahlreiche Ajax-Fans nennen sich selbst »Juden«, was von ihren Gegnern aufgegriffen wird), mag sein, dass er ursprünglich nicht wirklich etwas mit Juden zu tun hatte, wie – bizarr genug – viele Fußballfans behaupten – doch heute hat dieser Aufruf ganz eindeutig alles Erdenkliche mit Juden zu tun.[9] Während einer Predigt in der Berliner Al-Nur-Moschee bat ein dänischer Reiseprediger 2014 Allah um die Vernichtung der »zionistischen Juden«: »Zähle sie, töte sie alle und lass' niemanden von ihnen am Leben.«[10]

Juden in Europa haben entsprechend reagiert. Eine belgische Abgeordnete gestand, dass sie ihre Kinder darum gebeten habe, auf der Straße ihre Kettchen mit Davidstern abzunehmen. »Ich habe mich geschämt, als ich sie darum bat. Doch hat es mich auch tatsächlich beruhigt, als sie meiner Bitte nachkamen.« Nach dem Überfall auf den Berliner Rabbiner riet der Rektor des Abraham-Geiger-Kollegs, ein liberales Rabbinerseminar in Potsdam, den Studenten davon ab, »auf der Straße die Kippa zu tragen. Stattdessen sollten sie eine unauffällige Kopfbedeckung wählen.« Der Rabbiner ergänzte, »wenn man als Jude nicht mehr sichtbar ist, ist man sicher«.[11] Der Gedanke, dass man als Jude in Deutschland incognito unterwegs sein müsse, um sicher zu sein, stieß einigen nichtjüdischen Deutschen so bitter auf, dass sie während eines Protestmarsches in Berlin selbst Kippot trugen.[12]

Im April 2018, eine Woche nachdem ein neunzehnjähriger syrischer Geflüchteter in Berlin zwei junge Männer mit einem Gürtel angegriffen hatte, weil sie Kippot trugen (die, wie sich herausstellte, israelische Araber waren, die die Kippot trugen, um für sich selbst zu sehen, dass es für Kippa tragende Menschen in Berlin tatsächlich gefährlich werden könnte), warnte Josef Schuster, der Präsident des Zentralrats der Juden in Deutschland, Juden davor, in der Öffentlichkeit religiöse Symbole zu tragen. Am nächsten Tag versammelten sich mehr als zweitausend Menschen – Juden, Christen, Muslime und Atheisten – in Berlin zur Solidaritätskundgebung »Berlin trägt Kippa«, auf der alle Anwesenden eine Art Kappe trugen. Berlins Regierender Bürgermeister Michael Müller hielt eine mitreißende Rede, doch, wie ein Journalist vorsorglich betonte, verschwanden viele Kippot auch schnell wieder in den Taschen, als die Teilnehmer am Ende der Veranstaltung die von der Polizei abgesperrte Zone verließen. Auch in anderen deutschen Städten gab es ähnliche Events.[13]

Ungeachtet dieser ermutigenden Solidaritätsbekundungen glauben viele Wissenschaftler, Deutschland erlebe eine Normalisierung von Antisemitismus wie seit Ende des Zweiten Weltkriegs nicht mehr. Eine Studie der Technischen Universität Berlin aus dem Jahr 2013 untersuchte die Hassbriefe, E-Mails und Faxe, die die israelische Botschaft in Berlin und der Zentralrat der Juden in den letzten zehn Jahren erhalten haben. Sie konnten auf eine ungewöhnlich hohe Zahl an empirischen Daten zurückgreifen, darunter etwa 200 000 Internettexte, 20 000 E-Mails an jüdische Einrichtungen und 150 000 Texte, die sich mit der Medienberichterstattung über den Nahostkonflikt befassten. Die Wissenschaftler kamen zu dem Ergebnis, dass sechzig Prozent der Texte von gebildeten Deutschen aus der Mittelschicht stammten, darunter Anwälte, Akademiker, Ärzte, Pfarrer, Professoren, Studenten und Gymnasiasten. Unabhängig davon, ob diese Verlautbarungen von links oder rechts kamen, von Neonazis, Kommunisten, radikalisierten Muslimen oder »unbescholtenen« Bürgern – sie alle wiederholten klassische antisemitische Stereotype, darunter solche, in denen Juden als Mörder von kleinen Kindern, Wucherer, Verräter, Lügner und subversive Kräfte (innere Feinde) dargestellt wurden. Juden wurden als »widerlich«, »anders« und »eine Bedrohung für die Menschheit« beschrieben. In den meisten Beiträgen waren die Begriffe »Juden«, »Israelis« und »Israel« austauschbar. Aus »Juden sind das Böse in der Welt« wurde »Israel ist das Böse in der Welt«. Professor Monika Schwarz-Friesel, die Leiterin des Projekts, hält die Tatsache, dass viele der Verfasser ihre Namen und Adressen offen genannt haben, für noch bemerkenswerter als die bösartigen Inhalte ihrer Erklärungen. Ihre persönlichen Daten, so Schwarz-Friesel, hätten die meisten Deutschen vor gerade einmal zwanzig Jahren nie preisgegeben.[14] Eine ähnlich schwindende Befangenheit ist auch in Österreich augenfällig. Im Februar 2018 bemerkte der Präsident des Bundesverbandes der Israelitischen Kultusgemeinden Österreichs, Oskar Deutsch, der in Wien ansässige Nazijäger Simon Wiesenthal habe ständig antisemitische Drohungen erhalten. Doch diese Briefe seien anonym gewesen, und es habe kaum Mittel gegeben, die Urheber aufzuspüren. Heute, sagt Deutsch, würden solche Drohungen »ganz unverblümt« ausgesprochen. »Wir sehen das Problem, dass antisemitische Aussagen immer mehr zur Normalität werden.«[15]

Auch die Staatsoberhäupter der lebendigsten Demokratien Europas schienen den Anstieg von Antisemitismus zum Zeitpunkt des Gaza-Kriegs von 2014 nicht nur als vorübergehendes Phänomen zu begreifen. So übermittelte der britische Premierminister David Cameron am 10. September

2014 zum Neujahrsfest Rosch ha-Schana eine beispiellose Grußbotschaft an den Oberrabbiner der United Hebrew Congregation of the Commonwealth. In seinem im Vorfeld zur üblichen Rosch-ha-Schana-Videobotschaft übermittelten Brief schrieb er: »Da mit Rosch ha-Schana und Jom Kippur eine Zeit der Reflexion beginnt, hoffe ich, Ihre Gemeinschaft von Rabbinern wird jedem, der es nötig hat, vergewissern, wie unglaublich stolz Großbritannien auf seine jüdischen Gemeinden ist. Wir sind weiterhin fest entschlossen, jede Diskriminierung zu bekämpfen und die Sicherheit der jüdischen Bevölkerung zu garantieren. Ein jüdischer Freund hatte mich einmal gefragt, ob auch seine Kinder und Enkelkinder dauerhaft sicher in Großbritannien leben könnten. Meine Antwort auf diese Frage wird immer ›ja‹ lauten. Ich hoffe, dass wir in den kommenden Jahren einen Punkt erreichen werden, da diese Frage nicht einmal mehr gestellt werden muss.«[16]

Auch andere europäische Regierungsoberhäupter orientierten sich an Camerons Versprechen. Vier Tage nach ihm sprach Angela Merkel auf einer Kundgebung gegen Antisemitismus am Brandenburger Tor. »Es ist ein ungeheurer Skandal, dass Menschen angepöbelt werden, wenn sie sich als Juden zu erkennen geben oder für den Staat Israel eintreten. Das nehme ich nicht hin«, erklärte sie. Doch sie ging über die Verurteilung von Angriffen gegen Juden weit hinaus. Sie machte den Kampf gegen den Antisemitismus zu einer nationalen Angelegenheit: »Wer Menschen, die eine Kippa ... tragen, ... schlägt, der schlägt und verletzt uns alle. Wer Grabsteine auf jüdischen Friedhöfen schändet, der schändet unsere Kultur. Wer Synagogen zum Ziel von Hass und Gewalt macht, der rüttelt an den Fundamenten unserer freiheitlichen Gesellschaft.«[17] Und weitere vier Tage später sprach Frankreichs Premierminister Manuel Valls auf einer Versammlung in der Großen Synagoge in der Rue de la Victoire in Paris vor mehr als tausend Vertretern der französischen jüdischen Gemeinden. Er erklärte, dass »der Kampf gegen Rassismus und Antisemitismus von großer nationaler Bedeutung« sei, und rief alle französischen Bürger dazu auf, »aufzustehen und auf die Straße zu gehen«, um diesem Vorurteil den Kampf anzusagen. »Es ist nicht möglich, dem Staat Israel das Existenzrecht abzusprechen, ohne als Antisemit beschuldigt zu werden«, sagte er und versicherte abschließend, »ohne die Juden Frankreichs wäre Frankreich nicht Frankreich«.[18] Die Tatsache, dass diese drei Regierungschefs es für nötig befanden, ihren jüdischen Mitbürgern zu versichern, sie seien nicht allein in ihrem Kampf gegen Antisemitismus, zeigt, wie sehr sie durch Vorfälle wie die oben beschriebenen das Gefüge ihrer Gesellschaften in Gefahr sahen.

Im November 2014 nahm ich an einer internationalen Konferenz über Antisemitismus in Berlin teil. Die anwesenden Regierungsbeamten versicherten routiniert ihre Entschlossenheit, das Problem zu bekämpfen. Doch wie so oft auf Konferenzen waren es die informellen Gespräche, die ich mit anderen Delegierten zwischen den einzelnen Veranstaltungen führte, die mir im Gedächtnis blieben. Während einer Unterhaltung mit Mitgliedern europäischer jüdischer Gemeinden dachte ich, ich könne etwas über die Morde in Brüssel, Toulouse, Kopenhagen und Paris erfahren oder über die gewalttätigen Demonstrationen, die Angriffe auf Synagogen, die antisemitische Rhetorik bis hin zu »Juden ins Gas«. Die Teilnehmer verleugneten diese Ereignisse nicht, doch war es ihnen wichtiger, über die geistigen und seelischen Auswirkungen dieser Erfahrungen zu sprechen. Sie erzählten mir, wie sie ihre täglichen Routinen variierten und gewisse Gegenden in ihren Städten, in denen sie sich bedroht fühlten, mieden. Studenten sagten, sie seien »auf der Hut« und hätten Angst vor verbalen Attacken, sobald das Gespräch auf jüdische Themen gelenkt werde. Jüdische Einrichtungen müssten durch bewaffnetes Wachpersonal geschützt werden. Eltern beschrieben, wie der Anblick der Wachen sie erst beruhige und dann, als sie sich erinnerten, warum sie dort stünden, doch ängstige. Einige beschrieben, wie sich Jüdischsein in etwas Negatives verwandelt habe, eine Last – wenn nicht für sie selbst, dann für ihre Freunde. »Wir sind ständig in der Defensive«, erzählten sie mir. »Das wird immer deprimierender.« Guy, ein Niederländer, erinnerte sich, wie er vor ein paar Monaten seine jüdischen Freunde getroffen habe, um seinen Geburtstag zu feiern. »Worüber«, fragte er uns mit ironischem Lächeln, »redet eine Gruppe junger Männer, wenn sie sich treffen, um Bier zu trinken und sich zu amüsieren? Den Holocaust, Antisemitismus und die eigene Unsicherheit.« Man erzählte mir, dass in einigen Ländern Kinder, die jüdische Schulen besuchten, davor gewarnt würden, Symbole zu tragen, die sie als Juden herausheben würden: Weder Schulabzeichen auf ihren Schulranzen noch Wappen auf ihren Jacken noch Kippot wurden empfohlen. Zwar sei es an den meisten dieser Orte noch zu keinen ernsten Zwischenfällen gekommen, doch die Schulen wollten erst gar kein Risiko eingehen.

Frustrierender aber ist die Tatsache, dass viele der europäischen Studenten, die ich getroffen habe, sich weniger Gedanken über die machten, die sie bedrohen, als über frühere Verbündete, die sie verlassen haben. Jüdische Gruppen, sei es an Universitäten oder in anderen Kontexten, engagieren sich seit Langem in Zusammenschlüssen von Menschenrechtsorganisationen. »Jetzt«, stellte ein junger belgischer Jude fest, »halten diese Menschenrechtsgruppen Juden für keine ›Opfer‹ mehr. Vielleicht werden wir in der Arbeitswelt tatsächlich nicht mehr benachteiligt, doch wir werden mit einer Gewalt konfrontiert, die manchmal physischer, weitaus öfter jedoch psychischer Natur ist.« Selbst nach vielfachen Angriffen auf Juden in Europa lehnten einige europäische Menschenrechtsaktivisten Antisemitismus als »bloßes Wort« und irrelevant ab. Einige deuteten sogar an, dass all das nur »wegen Israel« passiere, womit sie letztlich behaupteten, es sei aufgrund von Israels Verhalten gegenüber den Palästinensern gerechtfertigt. Wie eine junge Frau traurig bemerkte: »Wir fühlen uns, als hätten wir keine Verbündeten.« Das habe ich unter europäischen Juden mehr als einmal gehört.

Um es klar zu sagen: Was ich gerade beschrieben habe, ist anekdotisch und sollte nicht dazu benutzt werden, weitreichende Schlüsse zu ziehen. Doch es ist eine Tatsache, dass einige Juden, die nicht wissen, ob sie in Europa eine Zukunft haben, die Länder, in denen ihre Familien seit Generationen leben, verlassen. Sie gehen nach Israel, in die Vereinigten Staaten oder nach Kanada. Die jungen Leute, mit denen ich gesprochen habe, sagten mir: »Sie werden nie zurückkommen.« Zwar herrschte darüber Übereinstimmung, dass die meisten europäischen Juden an Ort und Stelle bleiben würden. Auszuwandern sei nicht so einfach. »Doch«, beharrte eine der Studentinnen, »sie werden ›unsichtbare Juden‹.« Eine andere Teilnehmerin nickte zustimmend und meinte, diese Juden »gehen in den Untergrund«.

Abigail, obwohl ich Ihren Großeltern, was die irritierende Rückkehr des Antisemitismus im heutigen Europa betrifft, ganz und gar zustimme, meide ich Vergleiche mit Deutschland in den 1930er-Jahren aufs Entschiedenste. Dort herrschte ein staatlich geförderter Antisemitismus, an dem sich sowohl sämtliche Regierungsebenen als auch akademische Einrichtungen mit Begeisterung beteiligten. Nichts, was wir heute erleben, kann auf irgendeine Weise mit dem vorherrschenden Hass und der Verfolgung verglichen werden, denen deutsche und österreichische Juden in den Jahren vor dem Zweiten Weltkrieg ausgesetzt waren. Das heißt jedoch nicht, dass mich die Erfahrungen europäischer Juden in unseren Tagen nicht beunruhigen würden. Ich war nie so naiv zu glauben, der europäische Antisemitismus sei infolge des Holocaust endgültig getilgt worden. Ich weiß es besser. Meine Forschungsarbeit und meine persönlichen Erfahrungen im Kampf gegen Holocaustleugnung haben mich darin nur bestätigt.[19] Und doch glaubte ich, wir hätten in der westlichen Welt einen Punkt erreicht, an dem Antisemitismus keine persönliche Bedrohung für Juden mehr darstellen würde. Mittlerweile wird immer klarer, dass ich mich getäuscht habe.

Andererseits will ich das Negative keinesfalls überbewerten. In den Jahrzehnten nach dem Holocaust kehrte das jüdische Leben in einer bemerkenswerten Weise wieder. Gerade in den Vereinigten Staaten erlebt es eine Blütezeit, die für Juden, die vor dem Zweiten Weltkrieg dort gelebt hatten, unvorstellbar gewesen sein muss. Würden wir diese positiven Entwicklungen ignorieren und uns nur auf das Negative konzentrieren, würden wir dieser Renaissance und den Juden, die an ihr teilhaben, einen Bärendienst erweisen. Es hieße, sich das Gute entgehen zu lassen oder es sogar auszuradieren. Die meisten jüdischen Studenten in den Vereinigten Staaten fühlen sich nicht umzingelt oder unter Druck gesetzt. Sie können als Studenten ein erfülltes Leben führen. Menschen, die vom universitären Umfeld als »Brutstätte« des Antisemitismus sprechen, schießen über ihr Ziel hinaus und behaupten etwas, das so ganz und gar nicht der Realität der meisten Studenten entspricht. Vielleicht ist es für Studenten, die Israel offen unterstützen, hart, doch fühlen auch sie sich nicht unter Belagerung.

Doch was wir insbesondere in Europa sehen, verdient

unsere Aufmerksamkeit. Ich sage ausdrücklich Aufmerksamkeit, *nicht* Panik. Wie eine Amerikanerin, die über dreißig Jahre in Deutschland gelebt hat und Teil der Wiederauferstehung jüdischen Lebens war, mir kürzlich sagte: »Wenn diese Stimmung noch länger anhält, könnte sie all die guten Dinge zerstören.« Sie erzählte mir, wie erschüttert sie war, als ihre elfjährige Tochter beim Anblick eines Mannes in chassidischer Tracht meinte, es sei für den Mann doch nicht sicher, so herumzulaufen. Wenn schon unsere Kinder Angst haben, es könnte gefährlich sein, sich als Jude zu erkennen zu geben, dann ist dies tatsächlich etwas, das uns beunruhigen sollte.

Eure DEL

»Ja, aber«: Die Rationalisierung des Bösen

Der unheilvolle Fall des Salman Rushdie

Liebe Deborah,

mir ist aufgefallen, dass deine Typologie von Antisemiten nicht auf den Antisemitismus innerhalb der islamischen Welt eingegangen ist. Ich musste heute daran denken, als ich von einer Lesung mit Salman Rushdie nach Hause kam, dessen Roman von 1988, *Die satanischen Verse*, Stellen enthielt, von denen viele Muslime glauben, sie beleidigten ihre Religion. Wie du dich sicher erinnerst, erteilte Ayatollah Khomeini damals eine Fatwa, eine religiöse Rechtsauskunft, die den Roman für blasphemisch erklärte und »eifrige Muslime« dazu aufrief, Rushdie und »alle, die an der Veröffentlichung [des Romans] beteiligt waren«, zu töten. Jeder, der bei Erfüllung dieser Aufforderung zu Tode kommen würde, so versprach sie, würde als religiöser Märtyrer erachtet werden. Die iranische Regierung setzte eine Belohnung auf Rushdies Kopf aus, und er musste für etwa ein Jahrzehnt untertauchen.[1]

Während der Lesung sprach Rushdie auch von der Enttäuschung, die er aufgrund mangelnder Unterstützung durch westliche Intellektuelle verspüre. Was er sagte, kam mir vertraut vor. Vielleicht hat das alles nichts mit unserer Diskussion über Antisemitismus zu tun, doch aufgrund der Intoleranz und Gewalt, die in den letzten Jahren von einigen in der muslimischen Welt dem Westen gegenüber zur Schau gestellt werden, frage ich mich, ob es nicht doch die eine oder andere Verbindung gibt. Was hältst du davon?

Dein Joe

Lieber Joe, liebe Abigail,

Joe, du hast recht. Meine Typologie des Antisemiten enthält ein riesiges Loch. Der Islam wurde von Extremisten missbraucht, um die Morde an und die Verstümmelungen von Menschen auf der ganzen Welt zu rechtfertigen. Angriffe islamistischer Extremisten, die früher vor allem Juden in Israel und in der gesamten Diaspora galten, zielen heute auf den » Westen « in seiner Gesamtheit. Die Täter in Europa sind sowohl muslimische Staatsangehörige als auch Migranten aus Nordafrika und dem Nahen Osten.

Verschiedene Studien, darunter eine, die 2017 von der Universität Oslo durchgeführt wurde, haben gezeigt, dass Angriffe auf europäische Juden, insbesondere physische Gewalt, zu einem Großteil von radikalisierten Muslimen ausgehen.[2] Interviews mit deutschen Muslimen, darunter gut ausgebildete Berufstätige, enthalten Kommentare über Juden, die sich anhören, als stammten sie direkt aus der berüchtigten antisemitischen Fälschung *Die Protokolle der Weisen von Zion*. Sie behaupten, die wichtigsten Unternehmen der Welt seien in jüdischer Hand, Juden entnähmen Nichtjuden Organe für ihre persönlichen Zwecke, und es gebe einen Kreis von 120 jüdischen Familien, die die Welt regierten. Ein Großteil dieser Feindseligkeiten mag der Situation in Israel/Palästina geschuldet sein, doch wird dabei zwischen Israelis und Juden nicht unterschieden.[3]

Zu viele Menschen im Westen – darunter religiöse Führungspersönlichkeiten, Intellektuelle, Politiker und Journalisten – bewegen sich in gefährlicher Nähe zu einer Rationalisierung des islamistischen Terrors. Wir haben dies bereits vor langer Zeit im Falle Rushdies erlebt und wir sehen es bis heute.

Fangen wir mit Rushdie an: Ein religiöses Staatsoberhaupt verurteilte den Bürger eines anderen Landes unter Missachtung selbst der laxesten Auslegung internationalen Rechts zum Tod. Die konkreten Auswirkungen ließen nicht lange auf sich warten: Der japanische Übersetzer der *Satanischen Verse* wurde ermordet; der italienische und der norwegische Übersetzer wurden angegriffen und schwer verwundet; Buchläden in aller Welt, die das Buch im Sortiment hatten, waren Angriffen mit Brandbomben ausgesetzt; Dutzende Menschen wurden auf Protestveranstaltungen sowohl für als auch gegen die *Fatwa* getötet.[4]

Es war sicherlich erschütternd zu lesen, dass es britische Muslime gab, die die *Fatwa* öffentlich unterstützten. Ich möchte mich hier jedoch auf prominente Nichtmuslime aus aller Welt konzentrieren, die eine von mir gerne als »Ja-aber« bezeichnete Position eingenommen haben: das Todesurteil wird zwar abgelehnt (*Ja*, das ist schrecklich), doch gleichzeitig wird versucht, es zu verstehen (*aber* das hat er sich selbst zuzuschreiben, er hat schließlich den Islam geschmäht). Ich tue das aus zwei Gründen: (1) Wir lernen die Antworten einiger geistiger und weltlicher Meinungsführer im Westen auf islamistische Extremisten besser verstehen. (2) Diese Form der Rationalisierung diente auch vielen bekannten Persönlichkeiten im Westen als Vorlage dafür, wie auf antisemitische Vorfälle zu reagieren ist.

Der Erzbischof von Canterbury, Robert Runcie, versicherte Muslimen, er betrachte die Beleidigung anderer Religionen als genauso schweres Vergehen wie die Beleidigung des Christentums, und schlug vor, das oft missachtete Blasphemiegesetz so auszuweiten, dass es auch den Islam einschließe.[5] Obwohl er das Buch nicht gelesen hatte und betonte, dies auch nicht vorzuhaben, nannte der Erzbischof von New York, John O'Connor, Rushdies Roman »beleidigend und instinktlos gegenüber dem muslimischen Glauben«.[6] Der ehemalige Oberrabbiner von Großbritannien, Lord Immanuel Jakobovits, erklärte, das Buch hätte »nicht veröffentlicht werden« sollen, und beschuldigte sowohl Rushdie als auch Khomeini, sie hätten die Meinungsfreiheit missbraucht: »Der eine, weil er den genuinen Glauben von Millionen frommer Gläubiger beleidigte, der andere, weil er öffentlich zum Mord aufrief«. Er schlug ein Gesetz vor, das die Publikation aller Schriften verbietet, die »geeignet sind ... die Gefühle oder den Glauben jeglicher Gesellschaftsgruppe ... zu erzürnen«.[7] Doch nicht nur religiöse Oberhäupter brachten sich auf diese Weise ein. Der ehemalige US-Präsident Jimmy Carter erklärte das Buch in der *New York Times* zu einer »direkten Beleidigung von ... Millionen von Muslimen« und rief die westlichen Regierungen dazu auf, »klarzustellen«, dass der Polizeischutz, den Rushdie erhielt, nicht mit einer »billigenden Beleidigung der heiligen Glaubensgrundsätze unserer muslimischen Freunde« zu verwechseln sei.[8] Carter hat selbstverständlich nicht die Fatwa anerkannt, doch in seinen Ausführungen deutete er an, verstehen zu können, aus welchen Gründen sie ausgesprochen wurde. Und das ist genauso inakzeptabel.[9] Auch einige von Rushdies Schriftstellerkollegen waren alles andere als solidarisch. John le Carré erklärte: »Niemand hat ein gottgegebenes Recht, eine großartige Religion zu verunglimpfen.« Er schlug vor, Rushdie solle das Buch zurückziehen. Roald Dahl nannte Rushdie einen »gefährlichen Opportunisten«, der sich bewusst dafür entschieden habe, unter Muslimen »tiefe und aggressive Gefühle« zu entfachen, um sein »mittelmäßiges Buch an die Spitze der Beststellerliste« zu hieven.[10] (Und das von einem Mann, der für folgende Aussage berüchtigt ist: »Es gibt einen jüdischen Charakterzug, der Feindseligkeit provoziert; vielleicht handelt es sich um eine Art fehlender Großzügigkeit Nichtjuden gegenüber. Was ich sagen will: Es gibt immer Gründe, warum irgendwo Anti-Irgendwas-Bewegungen entstehen; sogar dieser Stinkstiefel Hitler hat sie nicht ohne Grund hart rangenommen.«[11]) Der britische Soziologe Paul Gilroy, Autor des »Schlüsselwerks der Cultural Studies« *There Ain't No Black in the Union Jack*, den Rushdie einst als den »Cornel West des Vereinigten Königreichs« bezeichnete, und jemand, der entschlossen ist, den Rassismus neu zu verstehen, beschuldigte Rushdie, seine Tragödie selbst geschaffen zu haben.[12] Der Historiker Hugh Trevor-Roper erklärte, er »würde keine Träne vergießen, wenn ein paar britische Muslime, die seine Manieren beklagen, ihm auf einer dunklen Straße auflauern und versuchen würden, sie zu verbessern. Sollte das dazu führen, dass er künftig seine Feder besser unter Kontrolle hätte, würde die Gesellschaft davon profitieren und die Literatur weniger leiden.«[13]

Es gab aber auch öffentliche Personen, die Rushdie unterstützten. Der Historiker Daniel J. Boorstin, ehemaliger Leiter der Library of Congress, der zweitgrößten Bibliothek der

Welt, erklärte Khomeini zum Terroristen und forderte von der amerikanischen Regierung, »auf das Entschiedenste« zu reagieren. Boorstin rief dazu auf, in einem symbolischen Akt die *Satanischen Verse* zu kaufen, als »Bekenntnis zur Pressefreiheit in Amerika und Ausdruck unseres Unwillens, im eigenen Land als Geiseln gehalten zu werden«.[14] In ähnlicher Tonlage äußerte sich das Weiße Haus unter Bill Clinton. Im Jahr 1993 erklärte Clintons Kommunikationsdirektor George Stephanopoulos: »Wir verurteilen die Fatwa ohne Wenn und Aber. Wir glauben nicht, dass es sich hierbei um eine private Angelegenheit zwischen Mr Rushdie und dem Iran handelt. Wir glauben nicht, dass Menschen getötet werden sollten, weil sie Bücher schreiben. Wir betrachten die Fatwa als eine Verletzung von Mr Rushdies grundlegenden Persönlichkeitsrechten und somit als Verletzung des Völkerrechts.« Am prägnantesten stellte es die *New York Times* klar: »Also noch einmal: Mord ist keine vertretbare Form der literarischen Kritik.«[15]

Aber nun zurück zu Joes ursprünglicher Frage: Gibt es eine Verbindung zwischen den Reaktionen auf den Fall Rushdie und den Reaktionen auf gegenwärtige antisemitische Vorfälle? Ich glaube ja. Juden waren, so wie andere religiöse und ethnische Minderheiten, immer in solchen Gesellschaften erfolgreich, in denen Meinungs- und Religionsfreiheit einen hohen Stellenwert hatten. Sie hatten ihre Blütezeit in Ländern, die ein breites Spektrum an Kulturen und Glaubensrichtungen willkommen hießen. Khomeinis Fatwa war ein religiöser Angriff auf die Meinungsfreiheit. Er bezichtigte Rushdie, der sich nicht als religiösen Muslim sieht, eines Verbrechens gegen die Religion. Er bestand darauf, dass auch Nichtmuslime an das islamische Recht bezüglich der Blasphemie gebunden seien. Und er verlieh Muslimen in aller Welt die Vollmacht, seinem religiösen Schiedsspruch nachzukommen, wonach »Frevler«, wo immer sie sich gerade aufhalten, zu bestrafen sind.[16]

Zwar vertraten die meisten von Rushdies westlichen Kritikern nicht die Auffassung, Khomeini habe die Fatwa mit vollem Recht ausgesprochen, doch gleichzeitig beschuldigten sie Rushdie, etwas getan zu haben, von dem er selbst gewusst habe, dass es gerade jene Muslime empören würde, die gewillt und fähig seien, ihrem Zorn in Gewaltakten Ausdruck zu verleihen – als ob man von Muslimen aus welchen Gründen auch immer nicht erwarten könnte, dass sie sich an die Menschenrechte zu halten haben, auch wenn man sie beleidigt. Das Argument hat für Juden einen bitteren Beigeschmack, da es oft verwendet wird, um Antisemitismus nachträglich zu rechtfertigen. »*Ja*, antisemitische Hassreden und Gewalt sind falsch«, lautet eine Version dieser Rationalisierung, »*aber* was soll man von Muslimen anderes erwarten, solange Israel Maßnahmen ergreift, mit denen es die Palästinenser unterdrückt.« Der Antisemitismus, der sich bei einigen – ich betone, einigen – europäischen Muslimen zeigt, ist Teil eines umfassenderen Integrationsproblems. Doch solange Europa das Problem nicht intensiv, unmissverständlich und ohne »Ja-aber«-Rhetorik anspricht, wird es Wurzeln schlagen, sprießen und wachsen. Und am Ende werden nicht nur Menschen, die Kippot tragen, von der europäischen Bildfläche verschwunden sein. »Ja, aber« ist die Spitze des Eisbergs »moralische Äquivalenz«. Wir werden in meiner nächsten E-Mail untersuchen, wohin dies unweigerlich führt.

Herzlich
DEL

Das Problem verpixeln

Lieber Joe, liebe Abigail,

im Jahr 2004 arbeitete Theo van Gogh, ein niederländischer Film- und Fernsehproduzent und Regisseur, mit Ayaan Hirsi Ali, einer aus Somalia stammenden Aktivistin, Autorin und Politikerin, zusammen. Sie produzierten den zwölfminütigen Kurzfilm *Submission*, der behauptete, das islamische Recht rechtfertige die Unterdrückung und den Missbrauch von Frauen. Im November desselben Jahres, nachdem der Film im niederländischen Fernsehen gezeigt worden war, wurde van Gogh von einem niederländisch-marokkanischen Muslim ermordet, der seine Tat mit van Goghs Film in Verbindung brachte. Auf der Website von *Index of Censorship*, einer Organisation mit gleichnamiger Vierteljahrsschrift, die 1972 gegründet wurde, um gegen die Zensur in der Sowjetunion und in rechtsgerichteten Diktaturen vorzugehen, nannte Rohan Jayasekera, zur Zeit der Ermordung Mitherausgeber des *Index*, van Gogh »einen fundamentalistischen Kämpfer für das Recht auf Meinungsfreiheit«. Van Gogh sei auf einer »Märtyrermission« gewesen und sein Film »aufreizend provokant«. Fast schon beschwingt beschrieb er den Mord an van Gogh als »herrliches Straßentheater«, das van Gogh sich selbst zuzuschreiben habe, und als wunderbare Werbung für seinen Film. »Bravo, Theo! Bravo!«, schrieb er.[1] Jayasekeras Stellungnahme war nicht nur herzlos, sie verstieß auch gegen die Gründungsprinzipien des *Index*.[2] Auf die Flut an Kritik antwortete die Chefredakteurin der Zeitschrift, Ursula Owen, mit der zweifelhaften Behauptung, »der Artikel hatte nicht die Absicht, dem Opfer die Schuld zu geben«, vielmehr habe er es sich zum Ziel gesetzt, »die

Frage zu erörtern, ob gewisse Rechte nicht auch eine entsprechende Verantwortung nach sich ziehen«.[3]

Ein ähnlich befremdender Vorfall ereignete sich im Herbst 2005, als die dänische Zeitung *Jyllands-Posten* vermeldete, ein beliebter Kinderbuchautor habe Probleme, einen Illustrator für ein Buch über den Propheten Mohammed zu finden; Künstler hätten Angst, den Zorn von Muslimen auf sich zu ziehen, da im Islam die Darstellung des Propheten verboten sei. Deshalb habe die Zeitung 42 Karikaturisten eingeladen, Mohammed-Zeichnungen zur Veröffentlichung einzureichen. Zwölf von ihnen stimmten zu, und ihre (zum Teil recht provokanten) Zeichnungen wurden in der Zeitung veröffentlicht. Vertreter islamischer Gruppen gründeten eine Protestgruppe, und wenige Wochen später fand in Dänemark eine friedliche Demonstration statt. Elf Botschafter aus Ländern mit muslimischer Mehrheit schickten Protestnoten an den dänischen Premierminister, der daraufhin erklärte, die dänische Presse habe die Freiheit zu drucken, was sie wolle. Mit der Zeit nahmen die Spannungen weltweit zu. Die dänischen Botschaften in Damaskus, Beirut und Teheran wurden von Demonstranten in Brand gesteckt, und in mehreren Ländern des Nahen Ostens wurde ein Käuferstreik gegen Dänemark initiiert. Eine politische Organisation in Pakistan setzte eine Belohnung auf die Köpfe der Karikaturisten aus, von denen einige daraufhin untertauchten. Vier Jahre später bemerkte einer der Karikaturisten, Kurt Westergaard, wie ein mit Axt und Messer bewaffneter Somali in sein Haus eindringen wollte. Während des Angriffs hatte er gerade auf seine fünfjährige Enkeltochter aufgepasst.[4]

Im Rahmen ihrer Berichterstattung zu den Ereignissen entschieden einige große Zeitungen (zumeist in Westeuropa), die Karikaturen nachzudrucken, andere jedoch –

unter anderem die *Washington Post*, die *New York Times*, die Londoner *Times* und *Le Monde* – entschieden sich dagegen. In Großbritannien zeigten die *Sun* und der *Telegraph* die Titelseite von *France-Soir*. Die überregionale französische Tageszeitung hatte eine der Karikaturen veröffentlicht, allerdings das eigentliche Bild verdunkelt. Die *Times* und der *Guardian* setzten in ihren Online-Ausgaben Links auf Websites, auf denen man die Karikaturen sehen konnte. Der *Independent*, der sich selbst als Verfechter der Meinungsfreiheit preist, argumentierte, obwohl es zwar »ein Recht auf unzensierte Berichterstattung gibt, ... haben die Medien neben ihren Rechten auch Verpflichtungen«. Der *Guardian* erklärte, »die Zurückhaltung eines Großteils der britischen Medien ist vielleicht der klügere Weg – zumindest zu diesem Zeitpunkt«.[5]

Einige Redaktionen veröffentlichten die Karikaturen, mussten aber feststellen, dass sie nicht die Unterstützung der Herausgeber hatten. Der Chefredakteur von *France-Soir* wurde gefeuert, und die Zeitung entschuldigte sich für die Veröffentlichung der Karikaturen.[6] Als eine Studentenzeitung in Cardiff drei der Karikaturen veröffentlichte, riefen die Verantwortlichen 8000 Exemplare zurück, entließen den Chefredakteur und entschuldigten sich dafür, die Bilder nachgedruckt zu haben. Der Leiter des Zentrums für Islamstudien bezeichnete die Entscheidung, die Karikaturen zu veröffentlichen, als »dumm«. Andere an der Universität verurteilten sie als »unverantwortlich«.[7] Als Christopher Hitchens von CNN eingeladen wurde, über die Karikaturen zu sprechen, war er darüber entsetzt, dass man sie für die Sendung verpixelt hatte. Die Zuschauer würden einer lebhaften Diskussion über die Zeichnungen beiwohnen, ohne sie je zu Gesicht zu bekommen.[8] Die BBC zeigte verschwommene Bilder von Zeitungen, in denen die Karikaturen erschienen waren.[9] Am enttäuschendsten war die Entscheidung des Universitätsverlags Yale University Press, keine der Zeichnungen in Jytte Klausens *The Cartoons That Shook the World* abzudrucken. Die minutiös recherchierte wissenschaftliche Studie zur Kontroverse erschien 2009. Im Vorwort des Buches gab der Verlagsleiter zu, das »ernst zu nehmende Risiko, zur Gewalt anzustiften«, gescheut zu haben.[10]

Einige westliche Regierungen versuchten, ein Gleichgewicht zwischen Verteidigung der Meinungsfreiheit und Verurteilung von religiösem Hass herzustellen. Das US-Außenministerium erklärte, die Karikaturen seien genauso »inakzeptabel wie antisemitische Bilder, antichristliche Bilder oder negative Darstellungen, die sich gegen jede andere Religion richten«. Gleichzeitig betonte man: »Dennoch ist es wichtig, Individuen das Recht zu garantieren, ihren Ansichten Ausdruck zu verleihen.«[11] Man fragt sich, was es mit diesem Sowohl-als-auch-Statement erreichen wollte.

Auch der britische Außenminister Jack Straw versuchte, unparteiisch zu sein. »Es gibt eine Meinungsfreiheit, die wir alle anerkennen«, sagte er, um jedoch anzufügen: »Wir müssen sehr darauf achten, [den Religionen] den nötigen Respekt zu erweisen.«[12] Er lobte ausdrücklich die britischen Zeitungen, die die Karikaturen nicht veröffentlicht hatten, und verurteilte die wenigen, die es getan hatten. »Ich glaube, der Abdruck dieser Karikaturen war unnötig, er war unsensibel, er war respektlos … und er war falsch.«[13] Nur so viel zur Anerkennung der Meinungsfreiheit.

Der französische Außenminister Philippe Douste-Blazy tat es seinen amerikanischen und britischen Amtskollegen gleich: »Meinungsfreiheit gewährt gewisse Rechte, das ist wahr – doch sie ruft auch jene zur Verantwortung, die sie äußern.«[14]

Schließlich, nach einer weltweiten Anschlagsserie auf

dänische Botschaften, verurteilten einige dieser Regierungen die Angriffe auf die Meinungsfreiheit etwas entschiedener. Doch Christopher Hitchens war das immer noch viel zu lahm. Er bemerkte, Regierungen »haben absolut kein Recht, ihre Meinung darüber kundzutun«, ob eine Zeitung den Islam oder jede andere Religion beleidigen darf. Wenn sie in dieser Frage überhaupt etwas zu sagen hätten, seien sie »verfassungsmäßig dazu verpflichtet, das Recht [auf Meinungsfreiheit] zu verteidigen, und zu sonst nichts«. Die Angst vor islamistischem Extremismus würde ganz klar viele der Entscheidungen steuern, die Karikaturen nicht zu veröffentlichen.[15]

Einige Medien gingen die Debatte frontal an. Die *Welt* etwa publizierte die Karikaturen, und ihr damaliger Chefredakteur Roger Köppel erklärte auch, warum: »Wir leben in einer säkularen Gesellschaft, in der selbst Religionen zum Gegenstand von Kritik und Satire werden können.« Dann fügte er noch etwas hinzu, das eindeutig anders war als die »unparteiischen« oder »Ja-aber«-Antworten, die für Kommentatoren und politische Führer so typisch sind. »In einem westlichen Land ist es nicht akzeptabel, dass sich die Zeitung, die Karikaturen wie diese veröffentlicht, entschuldigen muss oder dass sich sogar der Regierungschef entschuldigen muss.« Die konservative Studentenzeitung in Harvard *The Salient* veröffentlichte vier der Karikaturen. Darüber hinaus druckte die Zeitung »weitaus abscheulichere Karikaturen« aus nahöstlichen Publikationen, darunter solche, die Juden zeigten, wie sie Kinder töteten und ihr Blut tranken.[16]

Während viele Künstler und Journalisten Selbstzensur betrieben, bewegten sich einige auch in die entgegengesetzte Richtung. Im Jahr 2012 schuf der britische Choreograf Lloyd Newson ein Tanzstück, in dem er die Rushdie-Affäre, den Mord an van Gogh und die dänischen Karikaturen ebenso verarbeitete wie den »Ehrenmord«, also die von wenigen Muslimen vertretene Praxis, jene Frauen zu töten, die »Schande« über ihre Familie bringen. Wenn andere Künstler diese Themen im Gegensatz zu Newson nicht aufgriffen, liege dies, so vermutete ein Kritiker des *Telegraph*, entweder daran, dass »sie Angst haben, als Rassisten beschuldigt zu werden«, oder daran, dass »sie schon durch eine einfache Beschäftigung mit dem Thema einer echten Gefahr durch wütende Muslime ausgesetzt sein könnten«.[17] Newson sagte, er habe das Tanzstück kreiert, nachdem eine Gallup-Umfrage ergeben habe, dass null Prozent der britischen Muslime Homosexualität für akzeptabel hielten. Nicht das Umfrageergebnis selbst habe ihn dazu gebracht, sondern die Reaktionen seiner eindeutig linken Freunde. Als er ihnen davon erzählte, machten sich die meisten vor allem darüber Gedanken, dass er islamophob erschiene, würde er sich öffentlich auf die Umfrageergebnisse beziehen. »Ich habe immer nur gesagt: ›Moment mal – ich zitiere hier eine Statistik. Warum stürzt ihr euch nicht erst einmal auf die Statistik, sondern darauf, dass ich islamophob sein könnte, weil ich die Statistik erwähnt habe?‹« Newson beobachtete, dass dieselben »linken Freunde immer gerne den Katholizismus, das Christentum und das Judentum kritisieren, doch wenn es um den Islam geht, scheint es so, als würden sie alle ihre Prinzipien der Vorurteilsfreiheit missachten«.[18] Mehr dazu in meiner nächsten E-Mail.

Eure DEL

Pariser Tragödien

Lieber Joe, liebe Abigail,

die »Ja-aber«-Reaktionen waren auch nach dem schrecklichen Massaker in Paris allgegenwärtig, bei dem am 7. Januar 2015 zwölf Menschen, darunter acht Mitarbeiter von *Charlie Hebdo*, von islamistischen Terroristen getötet wurden. Das Satiremagazin hatte es sich zur Aufgabe gemacht, den Finger in die Wunden aller etablierten Institutionen zu legen, und machte auch vor Religionen nicht halt. Entgegen dem allgemeinen Eindruck hatte es *Charlie Hebdo* nicht speziell auf den Islam abgesehen. *Le Monde* zufolge machte es sich nur auf sieben von fünfhundert Titelseiten, die zwischen 2005 und 2015 erschienen waren, über den Islam lustig.[1] Seine Angriffe gegen Muslime waren zweifelsohne beleidigend, oft auch extrem beleidigend, doch, wie der *New Yorker* feststellte: »Das Magazin beleidigte Juden, es beleidigte Muslime, Katholiken, Feministinnen, die Linke wie die Rechte, ohne die Balance zu verlieren – indem es alle beleidigte, behandelte es alle gleich.«[2]

Doch das ließ die Kritiker nicht verstummen. Etwa einen Tag nach den *Charlie Hebdo*-Morden kritisierte Jacob Canfield, ein junger amerikanischer Karikaturist, die Vorstellung, die Opfer seien tapfere Seelen gewesen, die einen schrecklichen Tod hätten erleiden müssen. Er beschimpfte den Chefredakteur Stéphane Charbonnier als »rassistisches Arschloch«, wenngleich er zugab, jemanden am Tag nach seiner Ermordung so zu nennen sei »ein herzloser Akt«. Er verteidigte sich, indem er sagte, dies fiele ihm »nicht leicht«. Die Redakteure von *Charlie Hebdo* beschrieb er als »weiße Typen« (was sie nicht waren) und erklärte, die Fans des Magazins irrten, wenn sie glaubten, das Magazin und seine Angriffe auf den Islam verteidigen zu müssen.[3]

Mag es sich bei Canfields Tirade noch um den Wutausbruch einer Randfigur gehandelt haben, haben auch weithin respektierte Personen ähnlich reagiert. Mag sein, dass sie mit weniger geschmacklosen Ausdrücken auskamen, doch ihre Haltung war dieselbe. Im Mai 2015 verlieh der PEN, eine literarische Organisation, die lange Vorreiterin im Kampf gegen Zensur war, ihren jährlich vergebenen Preis für publizistischen Mut an *Charlie Hebdo*. Der Preis sollte von den beiden noch lebenden Redakteuren (beide waren am Morgen des Anschlags später zur Arbeit erschienen) entgegengenommen werden. Sechs Schriftsteller, allesamt PEN-Mitglieder, legten daraufhin Protest ein und kündigten an, sie würden sowohl der Preisverleihung als auch dem anschließenden Festbankett fernbleiben. Eine der Boykotteurinnen vermutete, Armut und Marginalisierung habe die Mörder animiert. Eine Protestnote richtete sich gegen »die scheinbare Blindheit des PEN gegenüber der kulturellen Arroganz der französischen Nation, die ihre moralische Verpflichtung einem großen, machtlosen Bevölkerungsanteil gegenüber verkennt«. Eine weitere Stimme warf *Charlie Hebdo* fälschlicherweise vor, für eine »Art erzwungener säkularer Weltsicht« einzustehen. Es überrascht nicht, dass ausgerechnet Salman Rushdie vehement widersprach. »Wenn der PEN als Organisation der Meinungsfreiheit nicht die Menschen verteidigen und feiern kann, die ermordet wurden, weil sie Bilder gezeichnet haben«, erklärte er, »dann ist er offen gesagt seinen Namen nicht wert.«[4] Einer der überlebenden Redakteure brachte es während der PEN-Gala auf den Punkt: »Schockiert zu sein ist ein Teil der demokratischen Debatte ... Erschossen zu werden gehört nicht dazu.«

Nur zwei Tage vor seinem Tod hatte Stéphane Charbonnier, der Chefredakteur von *Charlie Hebdo*, das Manuskript für ein Buch über den »unerträglichen weißen, linken, bourgeoisen Paternalismus« beendet, der dem islamistischen Terrorismus nur in die Hände spiele. Als die Medien entschieden, »der Abdruck der Mohammed-Karikaturen könnte die Wut der Muslime nur weiter entfachen«, so Charbonnier, »entfachten sie nur die Wut einiger weniger muslimischer Organisationen«.[5] Dadurch, dass sie Rushdie, van Gogh und die Karikaturisten von *Charlie Hebdo* beschuldigten, islamistische Extremisten zu provozieren, fabrizierten ihre Kritiker bereits die passenden Entschuldigungen für die nachfolgenden Gewaltausbrüche und Morde. Die Botschaft »Ja, aber« ist deshalb so schmerzlich, weil sie genau von denen verbreitet wird, die sich mit aller Macht für die Meinungsfreiheit hätten einsetzen sollen. Oder, wie Theodor Holman, ein Journalist, der zu van Goghs besten Freunden gehört hatte, meinte: »Toleranz ist zur Feigheit verkommen.« Er gab zu, dass er Angst gehabt habe, in seiner Kolumne in einer der führenden holländischen Zeitungen etwas über den Mord zu schreiben. »Ich habe Angst, weil ein Freund … für das, was er gesagt hatte, niedergemetzelt wurde.«[6]

Letztlich gibt es nur eine annehmbare Antwort, wenn die Meinungsfreiheit durch Terrorismus und Mord bedroht wird: eine deutliche und unmissverständliche Erklärung, dass dies falsch ist. Nichts – weder Armut noch Ärger, Marginalisierung, Glaube oder was auch immer – kann diese Reaktion auf Meinungsäußerungen rechtfertigen.

Aber zurück zu Joes ursprünglicher Frage: Wie hängt all das mit Antisemitismus zusammen? Eine linke Denkrichtung vertritt die Ansicht, die Wut der Muslime auf den Westen gründe im politischen Imperialismus des 19. und 20. Jahrhunderts. Und heutige westliche Kritiker des Islam (unabhängig davon, ob sie sich als »Kreuzritter« oder Säkularisten ausgäben) würden diesen Zorn nur weiter entfachen.

Von hier aus ist es für viele Linke nur noch ein kurzer Weg, um islamistische Extremisten als befreundete »Antiimperialisten« zu begrüßen. Und genauso schnell wird man Juden – die (abgesehen von ihrer Präsenz in islamischen Ländern, wo sie als zweitklassig behandelt wurden) jahrhundertelang vor allem in Europa gelebt hatten – als westliche Imperialisten betrachten, wenn sie versuchen, in ihre alte Heimat zurückzukehren. Islamistischer Antisemitismus und Antizionismus werden so zu legitimen Antworten auf den westlichen Imperialismus. Und schon haben wir ein weiteres, beschämendes »Ja-aber«-Argument.

Eure DEL

Lieber Joe, liebe Abigail,

nach den Anschlägen auf *Charlie Hebdo* und den koscheren Supermarkt *Hyper Cacher* habe ich mehrere E-Mails mit meinem Freund Jean ausgetauscht. Er ist Franzose, Ende vierzig. Er hat viele weitere jüdische Freunde und ist von der jüdischen Geschichte und ihren Traditionen fasziniert. Er ist Geschäftsmann und würde sich selbst wohl als gemäßigt links von der Mitte verorten. Angesichts unserer letzten E-Mails dachte ich, meine Korrespondenz mit Jean könnte auch euch interessieren.

Eure Deborah

Lieber Jean,

es war gut, gleich nach den Anschlägen auf *Charlie Hebdo* und zwei Tage später auf den *Hyper Cacher* mit dir zu sprechen. Der Kummer in deiner Stimme wegen dieser Ereignisse war beinahe greifbar. Als du mich nach den großen Trauermärschen, die am 10. und 11. Januar in ganz Frankreich stattgefunden hatten, erneut anriefst, hast du dich schon besser angehört. Es hat dir sicher gutgetan, zusammen mit Millionen von Menschen an diesen Märschen teilzunehmen.

Dein stiller Stolz, weil du auf dem Pariser Umzug als Nichtjude ein Schild mit der Aufschrift »Ich bin Jude« getragen hast, hat mich sehr berührt. Wie auf dem Marsch aller Opfer – Karikaturisten, Konsumenten und Polizisten – als einem gedacht wurde, hat dich ermutigt. Ich habe versucht, deine Begeisterung zu teilen, doch wie du wohl schon an meiner Stimme gemerkt hast, ist mir dies nicht gelungen. Dafür schulde ich dir eine Erklärung. Ich möchte nicht zu diesen Juden gehören, die »nie mit einem Ja antworten können«, die also scheinbar nicht akzeptieren können, dass auch gute Dinge geschehen. Doch als ich die Fernsehübertragungen von den Menschenmassen sah, die am Protestmarsch teilnahmen, störte mich vor allem eine Sache. Obwohl die Kundgebung allen Ermordeten ihre letzte Ehre erwies, gab es zwischen den einzelnen Opfern doch fundamentale Unterschiede. Die Belegschaft von *Charlie Hebdo* wurde ermordet, weil sie etwas *getan* hatte. (Was natürlich in keiner Weise ihren Tod rechtfertigt.) Die Polizisten (unter denen ein Muslim war) wurden in Ausübung ihrer Pflicht ermordet. (Was natürlich genauso unzumutbar ist.) Doch die Opfer im koscheren Supermarkt wurden für das getötet, was sie waren (oder was die Terroristen glaubten, dass sie gewesen seien). Es ist kaum zu fassen, dass Juden auf französischem Boden wieder ermordet werden, nur weil sie Juden sind. Dabei liegt der Zweite Weltkrieg gerade einmal ein Menschenleben zurück. Der erste gewalttätige Angriff auf eine jüdische Einrichtung in Frankreich seit dem Zweiten Weltkrieg geschah im Oktober 1980, als bei dem Bombenanschlag auf eine Synagoge in der Rue Copernic vier Menschen starben und 46 verletzt wurden. Die meisten von ihnen befanden sich auf den Straßen außerhalb der Synagoge. Der damalige französische Premierminister Raymond Barre ließ sich damals zu einem bis heute berüchtigten Kommentar verleiten. Er sagte, »dieses schreckliche Attentat war gegen Juden gerichtet, die zur Synagoge gingen, und traf unschuldige Franzosen, die nur die Rue Copernic überqueren wollten«. Seine Unterscheidung zwischen »Juden« und »unschuldigen Franzosen« blieb nicht unbemerkt und wurde schließlich im französischen Parlament heftig kritisiert.[7]

Juden bilden nicht mehr als ein Prozent der französischen Bevölkerung, und doch richtete sich in den letzten Jahren fast die Hälfte aller rassistischen Übergriffe gegen sie.[8] Der Vorsitzende einer französischen Synagoge sagte, dass er immer, wenn ein besonderes Ereignis in der Synagoge anstehe, die Polizei informiere. In einem solchen Verteidigungszustand zu leben ist für viele französische Juden längst zur Norm geworden. Eine Französin gestand mir: »Wenn ich meine Kinder in ihre jüdische Schule bringe und das Wachpersonal mit den Maschinenpistolen am Eingang sehe, fühle ich mich erst einmal erleichtert. Dann jedoch frage ich mich, warum ich meine Kinder überhaupt in eine Schule schicke, in der sie von bewaffneten Menschen beschützt werden müssen. Würde ich sie jedoch in eine ›französische‹ Schule geben, würden sie, vor allem von den muslimischen Schülern, gemobbt.«

Der anfängliche Unwille, antisemitische Angriffe als das zu sehen, was sie sind, bestürzt mich bis heute. Als Wolf Blitzer von CNN einen Reporter am Tatort *Hyper Cacher* fragte, ob »irgendetwas darauf hindeutet, dass dies ein antisemitischer Akt war«, antwortete der Reporter, dies müsse nicht notwendig der Fall sein, da auch Muslime in dem Laden einkauften. Erst die Erklärung des Mörders, er habe den koscheren Supermarkt ausgewählt, um Juden zu töten, beendete solche Spekulationen.[9] Als ähnlich kurzsichtig erwies sich der Versuch einiger Medienvertreter, die Rolle islamistischer Extremisten bei diesen Anschlägen herunterzuspielen. Am Tag nach dem Massaker im Supermarkt bat die Moderatorin Melissa Harris-Perry den *Forward*-Kolumnisten J. J. Goldberg in einem MSNBC-Interview, ihren Zuschauern zu versichern, dass das »Antisemitismusproblem in Frankreich nicht vorrangig ein Antisemitismusproblem französischer Muslime ist«.

»Ich fürchte, ich habe sie auflaufen lassen«, fasste Goldberg in seiner *Forward*-Kolumne den Auftritt zusammen. »Ich sprach von Ilan Malimi, von der Schule in Toulouse, dem Jüdischen Museum in Brüssel, dem Angriff durch den Mob auf eine Pariser Synagoge letzten Sommer – die Täter waren immer Muslime ... Dann wollte ich auf die Gründe für den Anstieg eines reinen, altmodischen Judenhasses eingehen, der in mehreren Strömungen des radikalen Islam zu finden ist, vor allem seit dem Zusammenschluss von al-Qaida mit Aiman az-Zawahiris ägyptischer Terrororganisation al-Dschihad. Doch unser Interview endete recht abrupt, und man sagte mir, ich sei fertig. Man gab mir also keine Gelegenheit, die Frage ganz zu beantworten.«[10]

Glücklicherweise gibt es in Frankreich auch jene, die zu begreifen scheinen. In einer hochemotionalen Rede vor der französischen Nationalversammlung im Anschluss an die Beerdigung von sieben Anschlagopfern verurteilte Premierminister Manuel Valls Frankreichs Versäumnis, den Antisemitismus ernst zu nehmen: »Ich sage es zu den Leuten im Allgemeinen, die bislang vielleicht noch nicht genügend reagiert haben, und zu unseren jüdischen Mitbürgern, dass [Antisemitismus] diesmal nicht akzeptiert werden kann ... Wie können wir es nur hinnehmen, dass man auf den Straßen ›Tod den Juden‹ hört? ... Die Geschichte hat uns gelehrt, dass das Erwachen des Antisemitismus ein Symptom für eine Krise der Demokratie und eine Krise der Republik darstellt. Deshalb müssen wir mit Nachdruck reagieren … Es gibt auch einen neuen Antisemitismus, der in unseren Vierteln entstanden ist, der über das Internet, über Satellitenschüsseln zu uns kommt, und mit dem Vorwand der Feindschaft gegen den Staat Israel den Hass auf die Juden, und zwar auf alle Juden, verteidigt … Es muss klar gesagt werden – man muss die richtigen Worte finden, um diesen inakzeptablen Antisemitismus zu bekämpfen. Wenn die Juden Frankreichs angegriffen werden, wird Frankreich angegriffen, wird das Gewissen der Menschheit angegriffen. Lasst uns das nie vergessen.«[11]

Doch auf der anderen Seite gibt es jene, die diese antisemitischen Angriffe relativieren, indem sie sie als Reaktionen auf Israels Vorgehen im Nahen Osten deuten. Genau das tat Tim Willcox von der BBC, als er während eines Interviews mit einer Jüdin auf dem Pariser Trauermarsch ihre Ausführungen zur Tragödie unterbrach und sagte, »viele Kritiker der israelischen Politik würden meinen, dass die Palästinenser durch jüdische Taten auch viel zu leiden haben«.[12] Der britische Regisseur Ken Loach behauptete, ein Anstieg von Antisemitismus sei »vollkommen verständlich, weil Israel antisemitische Gefühle geradezu provoziert«.[13] Man fragt sich, wie diese Leute auf eine Fernsehsendung für Kinder reagieren würden, die vom Hamas-nahen Fernsehsender al-Aqsa im Mai 2014 ausgestrahlt wurde und in der die jungen Zuschauer dazu aufgefordert wurden, jüdische Kinder zu töten. Als ein kleines Mädchen daraufhin ihre Absicht kundtat, »sie alle« umzubringen, antwortete der lächelnde Moderator: »Gut!«[14]

Dann gibt es noch diejenigen, die sich gegen jede Anschuldigung wegen Antisemitismus mit dem Hinweis verwahren, dass sie sich eigentlich gegen den Zionismus wendeten. Am

Vorabend zu Jom Kippur 2014 postete der Besitzer eines Cafés in Brooklyn auf Instagram eine hochgradig antisemitische Tirade gegen gierige Juden, die viral wurde.[15] Als man ihn dafür kritisierte, bestand er darauf, missverstanden worden zu sein, er sei kein Antisemit, sondern »Antizionist«. Daraufhin ergänzte er in einem ziemlich inkohärenten Kommentar (vielleicht war er auch ganz besonders kohärent): »Es dreht sich alles um Gier.«[16] Im Juni 2009 sagte Reverend Jeremiah Wright, emeritierter Pastor der Trinity United Church of Christ, einer Kirchengemeinde in Chicago, der Barack und Michelle Obama angehört hatten, der *Daily Press* aus Newport: »Diese Juden werden mich nicht mit ihm [Präsident Obama] reden lassen.« Als daraufhin ein Sturm der Entrüstung losbrach, beharrte er darauf, missverstanden worden zu sein. »Ich habe mich versprochen. Ich wollte Zionisten sagen … Ich spreche nicht von allen Juden, von allen Leuten jüdischen Glaubens, ich spreche von den Zionisten.«[17]

Hier halte ich es mit Premierminister Valls. Es gibt durchaus Möglichkeiten, die Politik der israelischen Regierung zu kritisieren, ohne antisemitisch zu handeln. Und alle Juden für alle missliebigen Entscheidungen Israels verantwortlich zu machen, ist nun einmal antisemitisch.

Niemand, der mit der »Ja-aber«-Relativierung operiert, beteiligt sich damit schon an rassistischer Gewalt. Er glaubt auch nicht, sie zu billigen. Doch tatsächlich garantiert er damit bereits ihr Fortleben, schließlich ermöglicht er sie.

Jean, ich weiß, ich habe mich etwas weit von unserem Thema, den Märschen im Januar, entfernt. Bitte verzeih mir, auch dafür, dass ich deine verletzten Gefühle neu aufgewühlt habe. Doch sollte es einen Moment geben, der dazu prädestiniert wäre, einige schmerzhafte Wahrheiten ans Licht zu bringen, dann ist er jetzt gekommen.

Deine DEL

Lieber Joe, liebe Abigail,

die vorhergehende E-Mail hatte ich direkt nach den Pariser Anschlägen vom Januar 2015 geschrieben. Seither gab es viele weitere Vorfälle. Zu den berüchtigtsten zählt sicher jener vom April 2017, als Sarah Halimi, eine pensionierte Ärztin, Mitte 60, in Paris von Kobili Traoré, ihrem 28-jährigen muslimischen Nachbarn, ermordet wurde. Er rief *Allahu Akbar* und sprach sie als Satan an, während er sie schlug und ihr mannigfache Knochenbrüche beibrachte. Dann warf er sie aus dem Fenster ihrer Wohnung im dritten Stock auf die Straße, wo man sie tot auffand. Französische Beamte weigerten sich zunächst, die Tat als antisemitischen Angriff einzuordnen, und hielten Traoré monatelang in einer psychiatrischen Klinik fest, obwohl bei ihm bislang keinerlei psychische Störungen festgestellt worden waren.[18] Fast ein Jahr nach dem Mord, nach einer Vielzahl öffentlicher Proteste und dem Einspruch der Pariser Staatsanwaltschaft wurde die Anklage gegen Traoré in »Mord mit antisemitischen Motiven als strafverschärfender Faktor« geändert.[19] Die anfängliche Reaktion der Polizei auf dieses entsetzliche Verbrechen nannten viele Menschen, unter ihnen eine Gruppe bekannter französischer Intellektueller, eine »Verleugnung der Realität«.[20]

In der Vergangenheit ignorierte die französische Polizei nur zu oft die antisemitische Natur von Verbrechen, die Muslime gegen Juden begangen hatten, und behandelte sie stattdessen als gewöhnliche strafbare Handlungen. So auch im Februar 2006 in Paris, als der 23-jährige Ilan Halimi entführt, grausam gefoltert und ermordet wurde. Wie einige französische Juden berichteten, hatte ihnen die Polizei damals mitgeteilt, solange sie in denselben Vierteln wie die Muslime lebten, könne man wenig gegen diese Angriffe ausrichten.

Doch langsam mehren sich auch hoffnungsvollere Signale. Am 1. März 2018 wurde ein kleiner Junge, der eine Kippa trug, vor einer Synagoge von vier Teenagern vermutlich nordafrikanischer Abstammung verprügelt. Sie beschimpften ihn und seine Schwester als »dreckige Juden«. Diesmal reagierte die Polizei, ohne zu zögern, und klassifizierte den Angriff unmittelbar als antisemitischen Vorfall.[21]

Im selben Monat wurde Mireille Knoll, eine 85-jährige Holocaust-Überlebende, die als Kind der berüchtigten Razzia des Wintervelodroms entkam, von einem muslimischen Nachbarn und einem seiner Freunde ermordet. Nachdem sie elfmal mit einem Messer auf sie eingestochen hatten, legten die beiden Feuer in ihrer Wohnung, um den Mord zu vertuschen. Nach Berichten rief einer der beiden Verdächtigen *Allahu Akbar*, als er auf Knoll einstach. Außerdem habe einer der Verdächtigen zum anderen gemeint: »Sie ist Jüdin, sie muss Geld haben.« Der Mord hatte zwar einige tragische Ähnlichkeiten mit der Ermordung Sarah Halimis, doch diesmal reagierten die französischen Behörden ganz anders. Die Pariser Staatsanwaltschaft beantragte sofort, gegen die Verdächtigen Anklage wegen »vorsätzlichen Mordes aus antisemitischen Motiven an einer verletzlichen Person« zu erheben.[22]

Wenige Tage nach dem Mord nahmen Tausende Pariser an einem Schweigemarsch teil, den der Dachverband der jüdischen Organisationen CRIF in Erinnerung an Mireille Knoll organisiert hatte.[23] Der französische Präsident Emmanuel Macron ging zu ihrem Begräbnis, nachdem er am selben Morgen noch einen Gendarmen geehrt hatte, der von einem islamistischen Extremisten während eines Überfalls auf einen Supermarkt in Südfrankreich zusammen mit zwei weiteren Geiseln ermordet worden war. Bei seiner Rede während der Trauerfeier stellte Macron eine Verbindung zwischen beiden Verbrechen her: Das eine sei von einem »Terroristen in Trèbes«, das andere von Männern begangen worden, »die eine unschuldige und wehrlose Frau ermordeten, weil sie Jüdin war«.[24]

Endlich war eine gewisse Einsicht zu erkennen, dass terroristische Akte sich vielleicht zunächst auf Juden richten, dass es aber nicht bei Juden bleibt.

Eure DEL

Holocaustleugnung: Von Hardcore bis Softcore

Es geht um Antisemitismus, nicht um Geschichte

Liebe Frau Professorin Lipstadt,

vielen Dank für Ihre letzten E-Mails. Ich würde unsere Unterhaltung gerne in eine etwas andere Richtung lenken. Ich weiß, dass der Kampf gegen Holocaustleugnung lange eine zentrale Rolle in Ihrem Berufsleben gespielt hat und Sie Leugnern und ihren historischen Verzerrungen immer beharrlich entgegengetreten sind.

Glauben Sie bitte nicht, ich würde Ihre Erfolge auf diesem Gebiet schmälern wollen – aber erinnern Holocaustleugner nicht an Leute, die völlig unhaltbare Theorien, wie »die Erde ist eine flache Scheibe«, vertreten? Gehen sie nicht mit einer völlig diskreditierten Version der Geschichte hausieren? Warum sollten wir sie ernst nehmen und sie mitsamt ihrem pervertierten und unbestritten falschen Geschichtsbild einer Antwort würdigen? Welche Wirkungen können sie denn überhaupt erzielen?

Ihre Abigail

Liebe Abigail, lieber Joe,

Abigail, Sie sind nicht die Erste, die mir diese Frage stellt. Bisweilen stelle ich sie mir selbst. Als ich anfing, zu diesem Thema zu forschen und zu schreiben, erzählten mir Kollegen des Öfteren, ich würde meine Zeit verschwenden. »Diese Leute sind wahre Tölpel«, sagten sie immer. »Vergiss sie.« Tatsächlich dachte ich genau dasselbe, als ich zuerst von Holocaustleugnern hörte. Auch ich ging lange davon aus, dass sie einer ernsthaften Analyse nicht wert sind. Doch als ich mir die Sache genauer ansah, musste ich meine Meinung ändern.

Holocaustleugnung entbehrt jeder grundlegenden Logik. Dem Holocaust kommt die zweifelhafte Auszeichnung zu, der weltweit am besten dokumentierte Genozid zu sein. Damit seine Leugner recht haben könnten, müssten alle Überlebenden irren.[1] Aber auch die Augenzeugen müssten sich irren, jene Nichtjuden, die in den Städten und Dörfern Ost- und Westeuropas lebten und sahen, wie ihre jüdischen Nachbarn aus ihren Häusern vertrieben wurden, wie sie in Züge, die in die Konzentrationslager fuhren, gepfercht wurden, wie sie in den Wäldern erschossen und in Gräben verscharrt wurden.[2] Und die Legion an Historikern, die in den letzten sechzig Jahren zum Holocaust geforscht hat, müsste entweder Teil einer umfassenden Verschwörung oder durch die Bank gelackmeiert worden sein.

Doch vor allem die Täter selbst – jene, die ihre Schuld tatsächlich zugegeben haben – müssten sich irren. Überlebende sagen, »dies wurde mir angetan«. Täter sagen, »ich habe es getan«.[3] In Strafprozessen hat das Schuldeingeständnis der Täter mehr Einfluss auf den Prozessausgang als die Anklage durch die Opfer. Wie erklären es sich die Leugner, dass seit Ende des Zweiten Weltkriegs kein einziger Täter, welcher Nation auch immer, leugnete, dass der Holocaust tatsächlich stattgefunden hat? Vielleicht haben sie gesagt, »ich wurde dazu gezwungen, zu töten«, doch nicht einer behauptete, die Tötungen hätten nicht stattgefunden. Und schließlich: Warum hätte Deutschland die enorme moralische und finanzielle Verantwortung für die Verbrechen des Holocaust übernehmen sollen, wenn sie gar nicht stattgefunden haben?[4] Natürlich ist die Antwort auf diese Frage den Leugnern zufolge sehr einfach: Deutsche Amtsträger wurden von Juden zu falschen Schuldeingeständnissen gezwungen. Sie drohten, Deutschlands Wiedereintritt in die Familie der Nationen zu verhindern. Doch auch das ergibt kaum Sinn. Deutsche Staatsmänner mussten wissen, dass mit dem Eingeständnis eines Genozids dem Land ein furchtbares Erbe eingeschrieben würde, das zu einem integralen Bestandteil seiner nationalen Identität werden würde. Warum würde ein Land eine derartige historische Last auf sich nehmen, wenn es in Wahrheit unschuldig wäre? Weiterhin ist Deutschland siebzig Jahre nach Ende des Krieges eine weltpolitische und wirtschaftliche Führungsmacht, die behaupten könnte: »Was wir damals gesagt haben, stimmt nicht; die Juden haben uns zwar 1945 gezwungen, es zu sagen, aber es stimmt dennoch nicht.« Stattdessen hat die deutsche Regierung in Berlin eine riesige Gedenkstätte für die ermordeten Juden Europas errichten lassen.

Aber damit nicht genug. Holocaustleugner verlangen, dass man ihnen das eine konkrete Beweisstück vorlegt, das allein den Holocaust beweisen könne: Hitlers schriftlicher Befehl, der den Mord an allen europäischen Juden autorisiert. Höchstwahrscheinlich begriff Hitler, welche Torheit es gewesen wäre, seine Unterschrift unter einen solchen Befehl zu setzen. Denn wäre er an die Öffentlichkeit gekommen, hätte es womöglich Vereinzelte gegeben, die gegen ihn aufbegehrt hätten. Was aber noch wichtiger ist: Historiker lassen sich vom Fehlen eines solchen Dokuments nicht irremachen. Sie verlassen sich ohnehin nie auf ein einzelnes Dokument, vor allem nicht in diesem Fall. Das »Dritte Reich« hinterließ eine gewaltige Ansammlung an Hinweisen, aus denen das Ziel des Regimes, das jüdische Volk zu vernichten, eindeutig abzuleiten ist. Leugner werden natürlich darauf bestehen, dass »die Juden« diese Dokumente gefälscht haben. Doch wenn dem wirklich so wäre, warum haben die Juden dann nicht auch das angeblich alles entscheidende Dokument, einen schriftlichen Vernichtungsbefehl Hitlers, gefälscht?

Die Liste unlogischer Argumente ließe sich endlos fortsetzen. Leugner behaupten etwa, hätte das »Dritte Reich«, ein Regime, das sie als Inbegriff an Effizienz und Macht beschreiben, wirklich vorgehabt, alle Juden zu ermorden, so hätte es sichergestellt, dass niemand überlebte, der von den Todeslagern hätte berichten können. Deshalb sei die Tatsache, dass es zu Kriegsende Überlebende gegeben habe, ein Beweis dafür, dass es keinen Genozid gegeben haben könne und die Zeugnisse der Überlebenden nichts als Lügen sein könnten. Man muss sich nicht einmal auf Dokumente berufen, um den Trugschluss dieses Arguments zu erkennen. Schließlich wollte das »Dritte Reich« auch den Krieg gewinnen und hat es nicht geschafft. Deshalb ist die Annahme, es habe alles erreicht, was es sich vorgenommen hatte, falsch. Und alles, was auf dieser Prämisse aufbaut, ist ebenfalls falsch.

Von der kompletten Abwesenheit jeder Logik in ihren Behauptungen erschüttert, lehnte ich Holocaustleugner und ihre Theorien zunächst ungesehen ab. Dann aber schlugen mir zwei renommierte Historiker vor, das Phänomen genauer und systematischer zu untersuchen. Sie wollten herausfinden, warum Leugner – angesichts der Implausibilität ihrer Argumente – auch nur einen einzigen Anhänger finden konnten. Obwohl ich immer noch skeptisch war, habe ich ihre Herausforderung angenommen und dachte, dies sei ein Projekt, das mich höchstens zwei Jahre beschäftigen würde, bevor ich mich neuen Aufgaben zuwenden würde. Ich habe mich getäuscht.

Bald schon war es für mich offensichtlich, dass es sich bei Holocaustleugnern um einen neuen Typus von Neonazi handelt. Anders als vorhergehende Generationen von Neonazis – Leute, die Hitlers Geburtstag feierten, SS-Uniformen trugen, sich mit »Sieg Heil« begrüßten und bei ihren Versammlungen die Reichskriegsflagge hissten – vermied diese Gruppe alle diese Rituale.[5] Sie waren Wölfe in Schafspelzen. Sie hielten sich nicht mit den äußerlichen Symbolen des Nationalsozialismus auf – mit Ritualen, Liedern und Fahnen –, sondern nannten sich selbst »Revisionisten«. Sie stilisierten sich zu ernst zu nehmenden Forschern, die sich ganz einfach noch einmal den »Fehlern« der Geschichtsschreibung widmen wollten. Zu diesem Zweck gründeten sie in den USA eine Organisation mit respekterheischendem Namen – das Institute for Historical Review (IHR) – und riefen eine harmlos klingende Zeitschrift ins Leben – das *Journal for Historical Review*.[6] Nichts in diesen Bezeichnungen wies auf ihre wahre Agenda hin. Sie hielten Konferenzen ab, die auf den ersten Blick wie banalste akademische Tagungen daherkamen. Doch ein genauerer Blick auf ihre Publikationen und Konferenzprogramme offenbarte denselben Extremismus, dieselbe Bewunderung für das »Dritte Reich«, denselben Antisemitismus und Rassismus, den die

Hakenkreuzfahnen schwenkenden Neonazis alter Schule zur Schau gestellt hatten. Das war Extremismus im Gewand der Vernunft.

Abigail, in Ihrer letzten E-Mail schreiben Sie, ich sei den Leugnern immer beharrlich entgegengetreten. Das stimmt nicht ganz. Zwar habe ich viel Zeit damit verbracht, die Lügen und Widersprüchlichkeiten der Holocaustleugner aufzudecken, doch habe ich keine Debatten mit ihnen geführt. Ich fürchte, genau das werden sie Ihnen auch sagen. Die Wahrheit lautet, sie sind Lügner, und mit Lügnern kann man nicht diskutieren. Es ist so, als würde man versuchen, Pudding an die Wand zu nageln. Allgemein unterscheiden Menschen zwischen Tatsachen und Meinungen – man kann seine eigenen Meinungen haben, aber nicht seine eigenen Tatsachen. Doch im Fall der Leugner gibt es Tatsachen, Meinungen und Lügen. Im Jahr 2000 stand ich wegen Verleumdung vor Gericht, weil ich von David Irving – zu dieser Zeit einer der weltweit bekanntesten Holocaustleugner – verklagt worden war. Damals verfolgten mein Verteidigungsteam und ich seine »Beweise« bis an ihre Quellen und fanden heraus, dass jede seiner Behauptungen über den Holocaust auf Fälschungen, Erfindungen, Verzerrungen, Datumsänderungen oder anderen Formen der Unwahrheit gründete. Sobald man seine Lügen freilegte, fielen auch seine Argumente in sich zusammen. Zu den eifrigsten Holocaustleugnern zählen Rechtsextreme, Neonazis und White-Power-Gruppen. Aufgrund ihrer Bewunderung für die NS-Ideologie, »arische« Überlegenheit und vor allem für Adolf Hitler sind sie perfekte Leugnungskandidaten. Sie sind wahre Meister des Widerspruchs. Sie argumentieren, dass das Töten von Juden zwar gänzlich gerechtfertigt gewesen wäre, es aber nie geschehen sei. Ich denke, hier wären wir bei einer »Nein-aber«-Rhetorik: »Nein, es ist nicht passiert. Aber es hätte passieren sollen.«

Holocaustleugnung: Von Hardcore bis Softcore

Es sollte nun deutlich werden, dass Holocaustleugnung einfach eine Form des Antisemitismus ist. Es geht nicht um Geschichte. Es geht darum, Juden anzugreifen, zu diskreditieren und zu dämonisieren. Die Behauptungen der Leugner – dass die Juden sämtliche Beweise selbst erst ausgeheckt hätten, dass sie deutsche Kriegsgefangene dazu gebracht hätten, Verbrechen einzugestehen, die sie nicht begangen hatten, und Deutschland dazu gezwungen hätten, nach dem Krieg gewaltige finanzielle und moralische Lasten zu schultern – werden von der Vorstellung einer mystischen Macht der Juden abgeleitet. Sie glauben fest daran, dass diese Macht stark genug sei, um diese allumfassende Verschwörung durchzuziehen. Gleichgültig gegenüber den Auswirkungen ihrer Taten auf Millionen von Menschen, nur auf ihren eigenen politischen und finanziellen Vorteil bedacht, hätten die Juden den Mythos Holocaust erschaffen, um einen eigenen Staat zu erhalten und Unsummen an Geld aus Deutschland herauszupressen. Dann, so diese »Theorie«, seien sie darangegangen, ein anderes Volk aus seinem Land zu verdrängen, um die eigene Souveränität zu erlangen. Diese Behauptungen stützen sich auf dieselben antisemitischen Tropen, die sich in zweitausendjähriger Geschichte antisemitischer Beschuldigungen immer wieder finden. Genauso wie die Juden einst das Römische Reich, die damaligen Herrscher über Palästina, dazu gebracht haben sollen, nach ihrer Pfeife zu tanzen und Jesus zu kreuzigen, genauso sollen sie die Alliierten überzeugt haben, zugunsten ihres persönlichen finanziellen und politischen Vorteils gefälschte Beweismittel für einen Genozid zu erbringen.

Aber zurück zu Ihrer Frage: Sollten uns diese Leute Sorgen bereiten? Ehrlich gesagt glaube ich zwar nicht, dass sie eine unmittelbare Bedrohung darstellen, doch gleichzeitig denke ich, dass es Grund zur Sorge gibt. Holocaustleugner haben gelernt, Social Media für ihre Zwecke zu gebrauchen. Am Tag des Gedenkens an die Opfer des Holocaust 2017 wurde ein Überlebender in einer Radiosendung der BBC interviewt. Die Produzenten der Sendung waren »schockiert« über die »überwältigende« Zahl an »dreister« Holocaustleugnung sowie antisemitischen Anrufen und Social-Media-Posts. Obwohl sie bereits davor Sendungen zum Holocaust übertragen und daraufhin antisemitische und den Holocaust leugnende Kommentare erhalten hatten, waren die Reaktionen auf diese Sendung, wie mir ein Produzent mitteilte, »beispiellos ... mit nichts zu vergleichen, was wir davor gesehen haben«. Sie waren so verunsichert, dass sie mich zu einer nachfolgenden Sendung über Holocaustleugnung einluden.[7] Doch nicht nur die extreme Rechte beschäftigt sich mit Holocaustleugnung. In vielen Segmenten der muslimischen Welt, auch unter europäischen Muslimen, gibt es ebenfalls eine Neigung, diese historische Realität zu leugnen. Es gibt in Europa Schulen, in denen Lehrer es schwierig finden, den Holocaust zu unterrichten, weil ihre Schüler darauf bestehen, dass er nicht stattgefunden habe, und sie deshalb das Lehrmaterial als falsch ablehnen.[8] Wie in den letzten Jahren immer deutlicher wurde, gibt es auch in der extremen Linken Personen, die mit der Holocaustleugnung liebäugeln. Im September 2017 etwa bat die BBC Ken Loach zu einem Interview über linken Antisemitismus in den Reihen der Labour Party. Über seine Meinung zu einem Parteimitglied gefragt, das auf der Jahreshauptversammlung allen Ernstes eine Diskussion darüber anregen wollte, ob der Holocaust stattgefunden habe oder nicht, antwortete Loach: »Ich meine, wir alle sollten über die Geschichte diskutieren.«[9]

Letztlich ist es schwer zu beurteilen, ob entweder die Zahl der Leugner gestiegen ist oder ob sie sich einfach nur sehr gut in den unterschiedlichsten sozialen Netzwerken bewegen und sich darüber ein überproportional hohes Maß an Aufmerksamkeit verschaffen. Beide Alternativen sind gleich schlimm; in jedem Fall fühlen die Leugner sich so stark wie nie zuvor.

Holocaustleugner sind nicht mit Leuten zu vergleichen, die glauben, wir lebten auf einer flachen Scheibe. Sie sind auch nicht völlig durchgeknallt. Ihr Fehler ist kein Erkenntnisfehler, der berichtigt werden könnte, wenn man ihnen Beweisstücke vorlegte. Sie sind ganz einfach Antisemiten, und ihre Agenda besteht darin, genau den Antisemitismus zu stärken und zu verbreiten, der den Holocaust erzeugte. Man kann sie nicht völlig ignorieren.

Eure DEL

Täter-Opfer-Umkehr

Liebe Frau Professorin Lipstadt,

zwar wurde ich noch nie mit jener Sorte von Holocaustleugnung konfrontiert, die Sie in Ihrer letzten E-Mail beschrieben haben oder mit der Sie sich vor Gericht auseinandersetzen mussten. Doch bin ich etwas anderem begegnet, das mir zu denken gibt. Es passt in keine der Kategorien von Holocaustleugnung, die Sie gerade beschrieben haben. Diese Leute leugnen nicht, dass der Holocaust passiert ist; stattdessen dient er ihnen dazu, eine moralische Äquivalenz zu anderen Ereignissen herzustellen. Ist das noch eine legitime politische Ausdrucksform? Verringert es die Bedeutung des Holocaust, wenn er immer wieder als Vergleich herangezogen wird? Oder hängt es davon ab, mit welchem speziellen Ereignis er verglichen wird?

Hier ein paar Beispiele. Ich höre oft, wie man Israelis mit Nazis gleichsetzt. Ich habe Demonstranten in London und New York gesehen, die Plakate trugen, auf denen israelische Führer in Nazikleidung gezeigt wurden. Manchmal liest man auf den Schildern auch »Israelis = Nazis«. Oder jene »Juden ins Gas«-Rufe auf einer Kundgebung in Berlin im Juli 2014, als Israel in Gaza gegen die Hamas Krieg führte. Während einer Tagung im Sicherheitsrat der Vereinten Nationen fragte der venezolanische Botschafter: »Was hat Israel mit den Palästinensern vor? Sollen sie alle verschwinden? Versucht Israel plötzlich, eine Endlösung herbeizuführen? Dieselbe Art von Lösung, die gegen die Juden verübt wurde?«

Die Gleichsetzung zwischen Israel und den Nazis bereitet mir extreme Kopfschmerzen. Offen gesagt hört sich so etwas für mich wie eine Form von Holocaustleugnung an. Oder, genauer, wie eine besonders bösartige Form von Antisemitismus. Oder liege ich da falsch?

Ihre Abigail

Liebe Abigail, lieber Joe,

Abigail, Sie täuschen sich nicht. Was Sie beschreiben, nennen viele Wissenschaftler »Umkehrung von Genozid«, also die Verwandlung von Opfern eines Genozids in Täter. In den meisten Fällen werden Israelis und nicht Juden im Allgemeinen mit den Nazis gleichgesetzt. Diese Taktik kann bis in die Sowjetunion zurückverfolgt werden, die eine Woche nach Beendigung des Sechstagekriegs Israels damaligen Verteidigungsminister Moshe Dayan als »Schüler Hitlers und Liebling aller Nazis der Welt« bezeichnete.[1] Diese Umkehrung des Holocaust ist eine Art Softcore-Holocaustleugnung: Das Ereignis, mit dem der Holocaust verglichen wird, unterscheidet sich in allen seinen Eigenschaften von ihm. Sie zeigt sich, wie Sie bemerkt haben, oft in »Ja-aber«-Zusammenhängen. »Ja, was den Juden zugestoßen ist, war schrecklich. Aber schau dir nur an, was die Israelis (d. i. die Juden) heute den Palästinensern antun.« Softcore-Leugner sprechen von einem »Genozid gegen die Palästinenser« oder von »nazimäßigen Taktiken der israelischen Armee«. Sie haben die Bemerkungen des venezolanischen Botschafters vor den Vereinten Nationen erwähnt. Er hat sich, nach mehrfacher Kritik, entschuldigt, »*falls* er das jüdische Volk beleidigt haben sollte«.[2] (Es ist schwer vorstellbar, wie er auch nur auf die Idee kommen konnte, seine Bemerkungen würden Juden nicht beleidigen, waren sie doch geradezu darauf angelegt.) Im Jahr 2013 nutzte ein Mitglied des britischen Unterhauses den Tag des Gedenkens an die Opfer des Holocaust als Gelegenheit, Israel mit den Nazis zu vergleichen. Nachdem er im Gedenkbuch des Unterhauses unterzeichnet hatte, sagte er: »Nachdem ich Auschwitz zweimal besucht habe ... bin ich sehr betrübt darüber, dass die Juden, die während des Holocaust unglaubliche Formen der Verfolgung erleiden mussten, nur wenige Jahre nach Befreiung aus den Todeslagern im neuen Staat Israel Gräueltaten gegen Palästinenser begehen konnten und dass sie dies bis heute im Westjordanland und in Gaza täglich wiederholen.« Als man ihn der Holocaust-Umkehrung und des Antisemitismus beschuldigte, verteidigte er sich, indem er sagte, er greife nur jene Juden an, die solche Dinge täten. »Wenn Sie also ein Jude sind und das nicht getan haben, beschuldige ich Sie auch nicht. Ich sage nur, dass die Juden, die das getan haben und weiterhin tun, ihre Lektion nicht gelernt haben.«[3] Dabei hat er natürlich immer noch das, was die Nazis getan haben, mit dem gleichgesetzt, was die Israelis tun. Wie ich bereits mehrfach betont habe, kann man durchaus *gänzlich* im Widerspruch zu Israels Palästinapolitik stehen, doch diese mit einem Genozid gleichzusetzen, ist völlig inakzeptabel.

Einen ähnlichen Angriff startete der Oxford-Professor Tom Paulin in einem Interview mit der ägyptischen Tageszeitung *Al-Ahram*. Er nannte die jüdischen Siedler im Westjordanland »Nazis und Rassisten«, empfahl, dass man sie erschieße, und bekannte: »Ich habe nur Hass für sie übrig.« Obwohl er seine Bemerkungen am selben Tag machte, an dem ein Selbstmordattentäter in Jerusalem sechs Menschen tötete und sechzig weitere verletzte, blieb er nicht nur bei seinen Aussagen, sondern zeigte zusätzlich Verständnis für den palästinensischen Selbstmordattentäter. Das Einzige, was er an den Attentätern kritisierte, war die zweifelhafte Wirksamkeit ihrer Taten. »Ich verstehe ganz gut, wie ein Selbstmordattentäter sich fühlen muss«, sagte er. »Ich denke jedoch, es wäre besser, eine konventionelle Guerilla-Taktik zu wählen. Ich glaube, Anschläge auf Zivilisten heben tatsächlich die Moral.«[4] Einige seiner Kollegen taten seine Bemerkungen mit »Tom halt« ab: »Eine tickende Zeitbombe, dessen Denken so sprunghaft ist, dass man am besten gar nicht darauf eingeht.«[5] Ich frage mich, ob sie ähnlich viel Verständnis für ihn aufgebracht hätten, hätte er seine Bemerkungen über jemanden gemacht, der das Feuer auf eine Abtreibungsklinik eröffnet, weil er aufrichtig glaubt, die da drin würden Babys ermorden.

Viele der Menschen, die derartige Anschuldigungen machen, behaupten, ihre Bemerkungen seien nicht antisemitisch, weil sie speziell gegen Israel gerichtet seien und nicht gegen Juden im Allgemeinen. Doch in ihren Anschuldigungen gegen Israelis klingen klassische antisemitische Vorwürfe aus dem Mittelalter an – etwa die Ermordung von Nichtjuden, um die Weltherrschaft zu erringen. Einige Beobachter behaupten, diese Vergleiche würden genau deshalb angestellt, weil sie Menschen – im Speziellen Juden – verärgerten und deshalb unmittelbare Aufmerksamkeit erzeugten. Mit anderen Worten, sie veranstalten eine Art »Judenhetze«.[6]

Das Verlangen nach Aufmerksamkeit mag auch das Motiv von Jasbir Puar gewesen sein. Die Professorin der Rutgers-Universität in New Jersey beschuldigte Israel in einem Vortrag am Vassar College, einen Staat zu errichten, der »Körper und Lebenswelten der Palästinenser durch biopolitische Kontrolle schwächt«, »Körperteile« für medizinische »Experimente« sammle und palästinensische Körper »auseinandernehme und zergliedere«, um sie »zu gendern«, »zu ungendern« und »epigenetisch zu verschlechtern«. Sie behauptete weiterhin, dass Israel aufgrund seines Interesses an Biohacking beschlossen habe, Palästinenser nicht zu töten, sondern zu »verstümmeln«, um sie für medizinische Experimente zu verwenden. Laut Puar kontrolliere Israel die »Infrastruktur« der Palästinenser und »reguliere ihre Kalorienzufuhr … auf ein Überlebensminimum«, was zu deren »Hemmung« führe.[7] Puar behauptete, Israel führe mit Palästinensern medizinische »Experimente« durch, indem es ihnen lediglich »das bloße Überlebensminimum« zur Verfügung stelle und tote Palästinenser als »Organquelle für wissenschaftliche Forschungen« nutze. Jeder, der auch nur das Mindeste über die Verbrechen der Nazis an den Juden weiß, wird in Puars unbelegten Anschuldigungen bewusste Anklänge an die Behandlung von Juden in den Gettos, Konzentrations- und Vernichtungslagern erkennen. Im Auditorium verstand man auf jeden Fall sofort, worauf sie hinauswollte. Als man sie ausdrücklich fragte, ob Israels Behandlung der Palästinenser einem Genozid gleichkomme, stimmte sie zu. Dann fügte sie an, sie wehre sich gegen den Gebrauch des Begriffs Genozid, da er zu sehr »an den Holocaust gebunden« sei.[8]

Puars Vortrag löste einen wahren Sturm der Entrüstung aus. Doch die Präsidentin des Vassar College reagierte darauf eher lauwarm. Obwohl sie den Vortrag als »kritikwürdig« beschrieb, verlieh sie ihm nachträglich Glaubwürdigkeit, indem sie ankündigte, das College würde eine Vortragsreihe ins Leben rufen, in der auch »andere Sichtweisen« auf Israel gehört würden – als ob Puars eine legitime Sichtweise wäre und nicht einfach eine Ansammlung antisemitischer Unwahrheiten. In einem Leitartikel des *Wall Street Journals* riefen der ehemalige Präsident der University of California, Mark Yudof, und Kenneth Waltzer, ein emeritierter Geschichtsprofessor der Michigan State University, die College-Präsidentin »mit allem Respekt dazu auf«, sich »angesichts dieses Gifts« zu empören, und ermahnten die Professorenschaft und die Verwaltung des Vassar College, »sich dieser Welle des Antisemitismus mit den wichtigsten ihnen zur Verfügung stehenden Werkzeugen entgegenzustellen: freie Rede und strenge akademische Prüfung«.[9]

Ihre Kritik löste wiederum heftige Gegenwehr vonseiten der Anhänger Puars aus. Sie klagten, sie werde »zum Schweigen gebracht« und sehe sich einer rechtsextremen Schmierenkampagne ausgesetzt. Lehrende, die mit der United States Campaign for the Academic and Cultural Boycott of Israel (USACBI) in Verbindung stehen, beschrieben den Artikel Yudofs und Waltzers als Teil einer »Einschüchterungs- und Störkampagne« gegen Puar. Obwohl ihr Artikel keinen Hinweis auf politisch linke oder rechte Orientierung enthielt, behauptete Jason Stanley, Philosophieprofessor in Yale, sie hätten Vassars Leitung dazu gedrängt, »linke Ideologien« zu verurteilen. Stanley beschuldigte Yudof und Waltzer, eine »Botschaft gegen die Meinungsfreiheit« zu verkünden, weil sie darauf pochten, dass »Hass gegen Israel und Juden nicht einfach implizit als eine andere Perspektive, die diskutiert werden kann, gekennzeichnet werden kann«.[10] Wenn ich es richtig verstanden habe, will Stanley damit sagen, dass Judenhass ein legitimes Debattenthema ist, weil im Interesse der Meinungsfreiheit Argumente für und gegen ihn gefunden werden sollten.

Abigail, Sie haben den Antisemitismus erkannt, als Sie ihn gesehen haben, und traurigerweise hatten Sie absolut recht.

Eure DEL

Aus Opfern Kollaborateure machen

Liebe Frau Professorin Lipstadt,

gestatten Sie mir eine Frage, die daran anschließt? Als ich letztes Jahr in England war, waren die Zeitungen voll mit Berichten über Ken Livingstone, den ehemaligen Bürgermeister von London, der kurz davor behauptet hatte:

> *In den 1930er-Jahren kollaborierte Hitler mit den Zionisten und unterstützte sie, weil er glaubte, eine mögliche Lösung für sein Problem – die Juden – sei es, wenn sie alle nach Palästina auswandern würden. Erst in den 1940er-Jahren änderte er seine Meinung und entschied sich für den Genozid.*[1]

Anders als Vertreter von White Supremacy, die Hitler möglicherweise verteidigen würden, nannte Livingstone ihn »ein Monster von Anfang bis Ende«. Trotzdem deutete er mit seinen Worten an, Zionisten und Hitler hätten unter einer Decke gesteckt. »Es ist ganz einfach eine historische Tatsache. Seine Politik zielte ursprünglich darauf, alle deutschen

Juden nach Israel zu schicken, und es gab private Verabredungen zwischen Vertretern der zionistischen Bewegung und Hitlers Regime. Sie wurden alle vertraulich behandelt und kamen erst nach dem Krieg ans Licht.«[2]

Livingstones Aussagen bestimmten an diesem Tag die Schlagzeilen fast aller englischen Nachrichtensendungen. Mich hinterließ das Ganze ziemlich ratlos. Lügt er einfach nur? Oder steckt dahinter irgendein Körnchen Wahrheit?

Ihre Abigail

Liebe Abigail, lieber Joe,

man könnte Ken Livingstone als Softcore-Leugner oder als Steigbügelhalter für Softcore-Leugner bezeichnen – als jemanden, der Leugner mit der nötigen Munition versorgt. Livingstone hat sich eine eingeschränkte Vereinbarung zwischen einer Organisation deutscher Zionisten und dem »Dritten Reich« herausgepickt und sie so verdreht, dass sie in seine eigene politische Agenda passt. Die Faktenlage sieht allerdings wie folgt aus: Im August 1933 trafen die Zionistische Vereinigung für Deutschland und das Wirtschaftsministerium der deutschen Regierung eine Vereinbarung, die als Havaara-Transfer-Abkommen bekannt wurde und es deutschen Juden, die nach Palästina auswandern wollten, erlaubte, einen Teil ihres Vermögens in Fonds anzulegen. Damit konnten sie in Deutschland Güter kaufen, die sie anschließend ausschließlich in ihre neue Heimat, nach Palästina, exportieren durften. Andernfalls würden diese Fonds von den Nazis konfisziert. Es dauerte drei Monate, das Abkommen auszuhandeln, doch es war *kein* geheimer Deal, der »erst nach dem Krieg ans Licht« kam. Weil es zu dieser Zeit einen inoffiziellen internationalen, von Juden außerhalb Deutschlands ausgerufenen Boykott deutscher Waren gab, wurde die Vereinbarung sehr kontrovers diskutiert, und sowohl von der Regierung der USA als auch vom Zionistischen Weltkongress und vom Revisionistischen Zionismus verurteilt. Auch unter den Nazis gab es Gegner des Abkommens. Es war von 1933 bis zur deutschen Invasion Polens 1939 in Kraft.

Livingstone behauptete zudem fälschlicherweise: »Die SS errichtete Trainingslager, damit die deutschen Juden, die dorthin [nach Palästina] gehen würden, lernten, in einem völlig anderen Land zurechtzukommen.« Tatsächlich wurden solche Lager, die Juden auf ein Leben in Palästina vorbereiten sollten, jedoch noch vor der Machtergreifung der Nazis von deutschen Juden errichtet. Livingstone hatte allerdings in einem Punkt recht, wenn es um die Beteiligung der Nazis an den Zionistenlagern geht: Als die Nazis 1933 an die Macht kamen, verboten sie alle Formen von Tanz und Gesang in den Lagern.

Das beste Gegenargument für Livingstones Behauptungen, dass Hitler dachte, sein »jüdisches Problem« würde gelöst, wenn alle Juden nach Palästina zögen, kommt von Hitler selbst. Folgendes Zitat stammt aus Hitlers Buch *Mein Kampf*, das er 1925 geschrieben hatte, also fünfzehn Jahre bevor er laut Livingstone »verrückt wurde« und beschlossen habe, die Juden der ganzen Welt auszulöschen.

> *Denn indem der Zionismus der anderen Welt weiszumachen versucht, daß die völkische Selbstbesinnung des Juden in der Schaffung eines palästinensischen Staates seine Befriedigung fände, betölpeln die Juden abermals die dummen Gojim auf das gerissenste. Sie denken gar nicht daran, in Palästina einen jüdischen Staat aufzubauen, um den dann etwa zu bewohnen, sondern sie wünschen nur eine mit eigenen Hoheitsrechten ausge-*

stattete, dem Zugriff anderer Staaten entzogene Organisationszentrale ihrer internationalen Weltbegaunerei; einen Zufluchtsort überwiesener Lumpen und eine Hochschule werdender Gauner.[3]

Hitlers Pläne für die Juden Palästinas gingen während seines Treffens mit dem Großmufti von Jerusalem, Haj Amin al-Husseini, in die Geschichtsschreibung ein, als er dem Mufti den »Kampf gegen die jüdische Heimstätte in Palästina« zusicherte. »Deutschland sei entschlossen, Zug um Zug eine europäische Nation nach der anderen zur Lösung des Judenproblems aufzufordern und sich im gegebenen Augenblick mit einem gleichen Appell auch an außereuropäische Völker zu wenden.« Und sobald die deutsche Armee vom Kaukasus aus den Nahen Osten erreichen würde, würde das deutsche Ziel »dann lediglich die Vernichtung des im arabischen Raum unter der Protektion der britischen Macht lebenden Judentums sein«.[4]

Kritiker wie Livingstone, die behaupten, es habe eine Kollaboration zwischen Nazis und Zionisten gegeben, tun dies aus einem einzigen abstoßenden Grund: um anzudeuten, dass die Juden selbst Komplizen der schrecklichen Naziverbrechen gewesen seien. Livingstones Argumentation wurzelt in einer amoralischen Äquivalenz, die Nazis und Zionisten als »ideologische Seelenverwandte« behandelt.[5]

Obwohl er kein Antisemit ist, der für die Auslöschung der Juden eintritt, ist Livingstone doch ein antisemitischer Steigbügelhalter, der in anderen Verachtung gegenüber Juden provoziert.[6] Als er wegen seiner antisemitischen Bemerkungen kritisiert wurde, stilisierte er sich instinktiv als Opfer einer proisraelischen Journaille. »Es gibt da eine sehr fein abgestimmte Kampagne der Israellobby, die jeden, der Israels Politik kritisiert, als antisemitisch anschwärzt. Damit muss ich seit fünfunddreißig Jahren leben.«[7] Er kommt auf diese rhetorische Figur so oft zurück, dass der Soziologe David Hirsh sie die Livingstone-Formel taufte: »Beschuldige mich des Antisemitismus, und ich werde dich meiner Verleumdung im Namen Israels beschuldigen.«[8] Mit der Täter-Opfer-Umkehr und der »zionistischen Holocaust-Kollaboration« schlägt man Vorteile aus dem Holocaust, indem man Juden beschuldigt, Vorteile aus dem Holocaust zu schlagen. »Man macht sich des Opfer-Wettbewerbs schuldig, wenn man Juden vorwirft, sich des Opfer-Wettbewerbs schuldig zu machen. Die tatsächliche Beziehung zwischen Israel und dem Holocaust wird verdunkelt, wenn man alle möglichen flüchtigen, übertriebenen und erfundenen Beziehungen zwischen Israel und dem Holocaust ins Rennen bringt.«[9]

Abigail, was Sie auf Ihrer Englandreise erlebt haben, zählt zu den komplexeren und schwer greifbaren Formen der Holocaustleugnung. Um ehrlich zu sein, habe ich vor dieser Art von Leugnung weitaus mehr Angst als vor derjenigen, die ich vor Gericht vorgefunden habe, als ich mich gegen David Irving verteidigen musste.

Eure DEL

Entjudaisierung des Holocaust

Liebe Frau Professorin Lipstadt,

ich habe bemerkt, dass in letzter Zeit einige osteuropäische Länder (vor allem ehemalige Ostblockstaaten) versuchen, ihre Geschichte des Zweiten Weltkriegs neu zu schreiben. Dabei scheint es jedoch eher um Politik als um Geschichte zu gehen. Gilt das als Leugnung? Dieser Vorgang scheint zudem mit einem latenten Antisemitismus einherzugehen. Ist das korrekt, oder fange ich schon an, an allen Ecken und Enden Judenhass zu sehen?

Danke

Abigail

Liebe Deborah,

auch ich habe die Ereignisse in Osteuropa mit einiger Beklemmung verfolgt. Ich sorge mich nicht nur wegen dieser Umschreibung von Geschichte, sondern auch wegen der parallel stattfindenden Angriffe auf die Demokratie. Auch die gegenwärtige Explosion antisemitischer Ressentiments betrachte ich mit Sorge. Ist die Gleichzeitigkeit dieser Ereignisse nur zufällig, oder handelt es sich einmal mehr um eine Art ineinandergreifender Handlungsmaximen: Tritt die historische Genauigkeit mit Füßen, schüre antisemitische Ressentiments und greife die Demokratie samt ihrer Institutionen an?

Dein Joe

Liebe Abigail, lieber Joe,

ihr habt beide recht. Was wir heute in Osteuropa zu sehen bekommen, ist Softcore-Leugnung auf Staatsebene. Was in einer Reihe ehemaliger Ostblockstaaten stattfindet – vor allem in jenen, die von Parteien mit starken nationalistischen Orientierungen regiert werden –, ist ernst. Diese Länder ergreifen gerade eklatante und gezielte Maßnahmen, um ihre Geschichte umzuschreiben. Vielleicht treibt sie nicht unbedingt Antisemitismus an, doch ist er ein Endprodukt dessen, was sie gerade tun.

Als ausgeprägte Antikommunisten sind diese Regierungen

oft die ideologischen und politischen Erben jener nationalistischen Gruppierungen, die während des Zweiten Weltkriegs mit den Nazis gegen die verhassten Sowjetkommunisten kollaborierten. Auch dreißig Jahre nach dem Kollaps der Sowjetunion hält ihr Hass gegen sie und den Kommunismus im Allgemeinen an. Und wer stand hinter den Kommunisten? Niemand anderer als die Juden! Einige dieser Länder sind mittlerweile sogar dazu übergegangen, Soldaten, die mit den Nazis kollaborierten und, in einigen Fällen, an der Ermordung von Juden beteiligt waren, als Nationalhelden zu feiern. Gleichzeitig bezeichnen dieselben Regierungen jene als Verräter, die in den von den Sowjets unterstützten Partisanengruppen gekämpft haben, darunter viele Juden. Eine der ersten Maßnahmen der postkommunistischen Regierung in Litauen Anfang der 1990er-Jahre war die Rehabilitierung litauischer Nationalisten, die am Holocaust beteiligt waren. Noch 2004, Litauen war gerade Mitglied sowohl der EU als auch der NATO geworden, begann die Regierung, jüdische Partisanen als prosowjetische Kollaborateure zu verfolgen, die »den Weg in einen sowjetischen ›Genozid‹ nach dem Krieg ebneten«.[1] Eine wissenschaftliche Arbeit, die auf der Website der litauischen Kommission zur Aufarbeitung von Kriegsverbrechen veröffentlicht wurde, bezweifelte, ob der Holocaust überhaupt einen Genozid darstelle. Untermauert wurde dies mit dem »Argument«, dass »zwar ein sehr hoher Anteil der jüdischen Bevölkerung von den Nazis getötet wurde, ihre ethnische Gruppe jedoch überlebte« und in den nachfolgenden Jahren aufgeblüht sei. Im Gegensatz dazu sei die litauische Intelligenzija, die unter Stalin vernichtet worden sei, nie ersetzt worden.[2]

In Polen hat die rechte nationalistische Partei Recht und Gerechtigkeit (PiS) versucht, Polens Geschichte im Zweiten Weltkrieg neu zu schreiben. Jede Person oder Einrichtung, die an Polens Mythos von einer Nation kratzt, die mutig gegen die Nazis gekämpft habe, wird angegriffen. Museumskuratoren, die versucht haben, ein akkurates Bild von Polens Verhalten während des Kriegs zu präsentieren, wurden gefeuert.[3] Ausstellungen in mehreren von der Regierung unterstützten Museen wurden umgestaltet, um polnische Heldentaten auf dem Schlachtfeld hervorzuheben und jeden Hinweis auf eine mögliche Komplizenschaft mit den Deutschen zu löschen.[4] Die Situation eskalierte im Winter 2018, als beide Häuser des polnischen Parlaments nach ausgedehnten Beratungen einem Gesetzentwurf zustimmten, der ein bestehendes Gesetz abänderte: Von nun an galt es als Verbrechen, öffentlich zu behaupten, die polnische Nation trage auch nur die geringste Verantwortung für die Verbrechen, die das »Dritte Reich« während des Holocaust verübte. Das Gesetz wurde im Februar 2018 vom polnischen Präsidenten verabschiedet. Norman Davies, ein Professor mit dem Spezialgebiet polnische Geschichte, beschrieb den Versuch, die Polen ausschließlich als Opfer zu zeichnen, als »Teil des Versuchs der gegenwärtigen Regierung, die Geschichte umzuschreiben. Es gehört zu den Grundfesten aller autoritären oder totalitären Regime, die Vergangenheit nach eigenem Gutdünken neu zu ordnen.«[5] Sicher gab es Polen, die Juden während des Krieges geholfen haben. (Mehr als 6700 von ihnen werden in der Liste der Gerechten unter den Völkern in Yad Vashem geehrt.) Doch gab es auch Polen – wahrscheinlich waren sie um ein Vielfaches mehr als die Gerechten –, die Juden verraten haben. Und es gab Polen, die Juden selbst und ohne Aufforderung durch die Deutschen ermordet haben.[6]

Zwar wurde – nach einem internationalen Aufschrei – das Gesetz insoweit abgeändert, als dass ein Verstoß dagegen statt als Verbrechen nun als Vergehen geahndet wird. Dennoch ist dieses Gesetz mehr als ein Schlag ins Gesicht historischer Genauigkeit und wissenschaftlicher Freiheit. Es stellt den Versuch dar, Polens lange Geschichte von Antisemitismus zu verschleiern, einer Geschichte, die über den Zweiten Weltkrieg hinaus andauerte. Ein kürzlich freigegebener Bericht des US-Außenministeriums von 1946 bewertete die Situation der überlebenden Juden im Nachkriegspolen. Darin wurde beschrieben, wie Juden »in Panik« aus Polen »flüchten«. Sie waren Angriffen ausgesetzt, von denen einige erst durch die polnische Polizei ermöglicht wurden. Der Bericht vermerkte explizit, dass Juden – die die Deutschen auszulöschen versucht hatten – nun lieber in Deutschland als in Polen leben wollten. Polnische Juden waren, so der Bericht, wie bereits vor dem Krieg einem virulenten polnischen Antisemitismus ausgesetzt.[7]

Mit dem Gesetz von 2018 beabsichtigte die PiS, ihre ländliche und nationalistische Wählerbasis zufriedenzustellen und gleichzeitig zu zeigen, »dass Polen sich erhoben hat und nicht mehr gedemütigt werden wird«.[8] Mochte dies auch die Absicht des Gesetzgebers gewesen sein, so wurde durch das Gesetz noch etwas anderes erreicht: Es half, schlummernde antisemitische Ressentiments zu wecken. Plötzlich schien der Antisemitismus überall zu sein: auf allen Social-Media-Plattformen, im Fernsehen und in regierungsfreundlichen Presseerzeugnissen. Die von der PiS kontrollierten Medien behaupteten, äußere Kräfte – »insbesondere Juden – wollen verhindern, dass Polen zur eigenen Geschichte die Wahrheit sagen darf«.[9]

Als Antwort auf massive internationale Kritik rechtfertigte der polnische Premierminister Mateusz Morawiecki das Gesetz mit dem Argument, dass »es polnische Täter gab, wie es auch jüdische Täter gab, wie es auch russische Täter gab, wie es auch Ukrainer gab, nicht nur deutsche Täter«.

Zwar gab es tatsächlich Juden, die als Polizeikräfte in den Gettos fungierten oder Mitglieder der *Judenräte* waren, der von den Deutschen errichteten Zwangskörperschaften in den Gettos. Doch dürfen ihre Handlungen in keiner Weise mit den genozidalen Handlungen der Deutschen und ihrer Kollaborateure – zu denen auch viele Polen gehörten – gleichgesetzt werden. Juden, die zustimmten, für die Gettopolizei zu arbeiten oder Führungspositionen in den Gettos einzunehmen, taten dies im Allgemeinen, um sich und ihre Familien vor dem sicheren Tod zu bewahren. Polen, die mit den Nazis kollaborierten, taten dies im Großen und Ganzen entweder aus antisemitischen oder finanziellen Gründen.[10]

Leider ließen die Vereinigten Staaten die Gelegenheit verstreichen, Polens Regierung rechtzeitig mit diesem Gesetz zu konfrontieren. Als Trump im Juli 2017 Warschau besuchte, wurde die Gesetzesänderung zwar diskutiert, sie war jedoch noch nicht beschlossen. Trump hielt eine nationalistische Rede am Warschauer Kriegsdenkmal, rief zum Schutz der Grenzen auf und beschwor Polen, im Verbund mit Amerika jene Kräfte zu bekämpfen, die, »ob von innen oder von außen«, die gemeinsamen »Werte ... Kultur, Glaube und Tradition« bedrohten.[11] Viele in Polen sahen darin eine klare Parteinahme für die nationalistischen Bestrebungen der PiS. Die polnische Regierung war von Trumps Rede begeistert. Er sprach weder öffentlich noch privat über die damals sich in der Schwebe befindliche Gesetzesänderung. Zudem war er der erste amerikanische Präsident seit dem Fall der Sowjetunion 1989, der Warschau besuchte, ohne dem Ehrenmal im Warschauer Getto, Schauplatz des europaweit ersten bewaffneten Aufstands gegen die Deutschen während des Zweiten Weltkriegs, die Ehre zu erweisen. Obwohl die Republican Jewish Coalition versuchte, dieses Versehen auf den engen Zeitplan Trumps zurückzuführen, waren Polens jüdische Gemeinden nicht besänftigt und brachten ihr »tiefes Bedauern« über diesen »Bruch mit einer löblichen Tradition« zum Ausdruck.

In Ungarn wurde unter der Regierung von Premier Viktor Orbán ein erheblicher Aufwand betrieben, die Rolle der Ungarn beim Mord an den Juden während des Kriegs zu relativieren, wenn nicht zu leugnen. Als Kriegsverbündete Deutschlands verfolgten die Ungarn ihre Juden massiv, widerstanden jedoch den Versuchen der Deutschen, sie zur Deportation von Juden zu überreden. Als Deutschland im März 1944 herausfand, dass die ungarische Regierung Waffenstillstandsverhandlungen mit Großbritannien und den Vereinigten Staaten führte, marschierte die deutsche Armee in Ungarn ein und errichtete eine Marionettenregierung. Die meisten der ungarischen Regierungsbeamten behielten ihre Posten und führten von nun an begeistert die Befehle der Deutschen aus. Das bedeutete für die ungarischen Juden das Ende. Adolf Eichmann, der die Verantwortung für die Deportation in die Todeslager trug, hatte lediglich über einige wenige Hundert SS-Angehörige Befehlsgewalt – kaum genug, um die große Gemeinschaft der ungarischen Juden zu vernichten. Doch wurde er tatkräftig von ungarischen Polizisten, Milizionären, Bahnbeamten und Privatpersonen unterstützt. Mit ihrer Hilfe organisierte Eichmann im Laufe von etwa sieben Wochen die Deportation von mehr als einer halben Million Juden nach Auschwitz-Birkenau, wo mehr als 400 000 ermordet wurden.

In dem Bemühen, den ungarischen Nationalismus zu stärken und eine unbequeme Geschichte der Kollaboration und Komplizenschaft auszuradieren, stellt Orbán Ungarn als Opfer von Kriegsverbrechen während des Zweiten Weltkriegs dar und keineswegs als Täter.[12] Alle Bestrebungen, dieser Sichtweise entgegenzutreten und darauf zu bestehen, dass Ungarn seine vergangenen Verbrechen anerkenne, werden von der Regierung und ihren Anhängern als Versuch gesehen, den guten Namen und das Ansehen des Landes zu verunglimpfen.

Aber auch Westeuropa ist nicht immun gegen diese Form der historischen Rekonfiguration. Am 9. April 2017 behauptete Marine Le Pen, Vorsitzende des rechtsextremen Front National und Mitglied der französischen Nationalversammlung, Frankreich trage keine Verantwortung an der berüchtigten Razzia des Wintervelodroms, als im Juli 1942 mehr als 13 000 Juden (davon etwa 4000 Kinder) zusammengepfercht wurden. Die Juden wurden fünf Tage bei sengender Hitze und unter unerträglichen Bedingungen – so gut wie ohne Nahrung, Wasser oder hygienische Einrichtungen – in einem Stadion in der Nähe des Eiffelturms festgehalten. Danach wurden sie nach Auschwitz deportiert und ermordet.[13] Die Razzia war von der Gestapo und Mitgliedern des Vichy-Regimes geplant, von der französischen Polizei durchgeführt und von französischen Beamten beaufsichtigt worden. Doch nach dem Krieg leugnete die französische Regierung jahrzehntelang eisern jede Beteiligung. Das änderte sich erst 1995, als Präsident Jacques Chirac unmissverständlich erklärte: »Frankreich, die Heimat der Aufklärung und der Menschenrechte, ein Land des Willkommens und des Asyls – Frankreich beging an diesem Tag das nicht Wiedergutzumachende. Es brach sein Wort und übergab jene, die unter seinem Schutz standen, ihren Henkern.« Alle ihm nachfolgenden Präsidenten und führenden Politiker haben dieses Bekenntnis bestätigt. Doch im Jahr 2017 griff Le Pen Frankreichs Willen an, die Verantwortung für seine dunklen Seiten seiner Geschichte zu übernehmen. Sie empörte sich darüber, dass die Razzia vom Juli 1942 zum Lehrplan französischer Schulen gehört. »Ich möchte, dass sie wieder stolz darauf sind, Franzosen zu sein«, bekundete sie. Im Juli 2017 erinnerte Jean-Luc Mélenchon, ein linksextremer Abgeordneter der Nationalversammlung und zweimaliger Präsidentschaftskandidat, mit seinen Worten doch sehr an Le Pen, als er erklärte, es sei »völlig inakzeptabel« zu behaupten, Frankreich sei »als Volk, als Nation verantwortlich für dieses Verbrechen [die Deportation der Juden]«.[14]

Doch nicht nur Vertreter der politischen Extreme greifen auf diese Form der historischen Verschleierung zurück. In der 2018-er Ausgabe des jährlich erscheinenden Buchs der Nationalen Gedenktage, einer von der französischen Regierung herausgegebenen Publikation zur Erinnerung an denkwürdige Ereignisse und Menschen, die französischen Bürgern, mit den Worten der Kulturministerin, »große Freude und wunderschöne Gefühle« bereiten soll, wurde auf den 150. Geburtstag von Charles Maurras hingewiesen. Maurras, Autor, Politiker, Dichter und Kritiker, war Chefredakteur der antisemitischen und antidemokratischen Zeitung *L'Action française* und schrieb viele ätzende Artikel über Juden. Als Anhänger von Vichy während des Zweiten Weltkriegs nannte er die Kollaboration mit den Nazis eine »göttliche Überraschung«. Nach dem Krieg wurde er wegen seiner Kollaboration mit den Nazis und wegen des »Verrats französischer Résistance-Kämpfer an die Nazis« zu lebenslanger Haft verurteilt.[15] Als Antwort auf den öffentlichen Aufschrei, den Maurras' Aufnahme in das Buch der nationalen Gedenktage auslöste, wurden alle Exemplare zurückgezogen und das Buch ohne diesen Eintrag neu gedruckt. Viele fragten sich allerdings, wie ein Mann, der vor allem wegen seiner Verachtung gegen die Französische Revolution, seines Antisemitismus und seiner Sympathien für die Nazis Berühmtheit erlangte, dort überhaupt erst Eingang finden konnte.

Wir werden auch in Zukunft Zeugen von Softcore-Leugnung werden. Bis zu einem gewissen Grad ist sie viel schwieriger zu bekämpfen als Hardcore-Leugnung, doch bekämpfen muss man sie nichtsdestotrotz. Du hast recht, Joe, dass es Zusammenhänge zwischen dem Umschreiben von Geschichte, Angriffen gegen die Demokratie und Ausbrüchen von Antisemitismus gibt. Wie ich bereits früher bemerkt habe, geschehen solche Dinge nicht einfach völlig abgelöst voneinander. Und was mit Angriffen auf Juden beginnt, endet selten damit.

Eure DEL

Auf dem Campus und darüber hinaus

Verteufelung Israels

Liebe Frau Professorin Lipstadt,

ich hatte gar nicht geplant, Ihnen so schnell nach unserem Austausch über Holocaustleugnung erneut zu schreiben. Doch kürzlich ist mir etwas widerfahren, das vieles von dem, was Sie gesagt haben, veranschaulicht. Nur dass es mich ganz persönlich betrifft und mir sehr nahegeht. Ich will nicht allzu dramatisch erscheinen, doch was ich kürzlich erlebt habe, hat mich ziemlich erschüttert.

Als ich eine Freundin an einer großen staatlichen Universität besuchte, herrschte auf dem Campusgelände gerade helle Aufregung. Am Abend zuvor war eine Vorlesung über Israel unterbrochen, oder besser gesagt, unterbunden worden. Der israelische Dozent – ein Professor von der Hebräischen Universität Jerusalem – kam gar nicht dazu, zu sprechen. Er wurde von mehreren Studentengruppen niedergebrüllt, darunter auch von den Students for Justice in Palestine (SJP;

» Studenten für Gerechtigkeit in Palästina «). Dabei konnten diese Studenten doch überhaupt nicht gegen das sein, was er zu sagen hatte, denn er kam ja überhaupt nicht zum Sprechen. Er war Israeli, und das war Grund genug, ihm das Wort zu verweigern. Am darauffolgenden Abend ging ich mit meiner Freundin auf eine Party, wir hatten uns schon den ganzen Tag darauf gefreut. Die meisten der Leute dort waren Aktivisten, die sich für unterschiedliche progressive Ziele einsetzten, die auch mir sehr wichtig sind – etwa Umweltschutz und Frauenrechte. Ich hing mit einer kleinen Gruppe Juden und Nichtjuden herum, alles Studenten, die ich bereits von meinen früheren Besuchen an der Universität kannte. Ich war wahrscheinlich diejenige, die sich am stärksten mit dem Judentum identifizierte, doch eigentlich hatten wir alle recht ähnliche Einstellungen und sprachen begeistert über viele interessante Themen.

Als jemand auf den Vorfall mit dem israelischen Dozenten zu sprechen kam, kritisierte ich das Verhalten der Demonstranten und meinte, sie hätten sich nicht an die Grundregeln eines zivilen Diskurses gehalten. Vielleicht hätten Leute in einer Demokratie das » Recht «, Redner anzuschreien, dennoch sollte die Universität, so meine Argumentation, doch ein Ort des freien Meinungsaustauschs bleiben. Diese Demonstranten, so schloss ich, seien nicht an einem Austausch interessiert. Die anderen Studenten schienen bestürzt, dass ich Partei für den Israeli ergriff. Sie kritisierten nicht nur Israels Behandlung der Palästinenser scharf, was sicher ihr gutes Recht ist, sondern sagten auch einige sehr verstörende Dinge, wie: » Israel ist ein illegitimer Staat, ein undemokratisches Land. Ein Staat sollte nicht auf Basis einer religiösen Identität gegründet werden. Das ist rassistisch. « Doch dann geschah etwas, was mich noch mehr schockierte. Der Lauteste unter ihnen, ein Typ, den ich kaum kannte, begann, seine Hasstiraden auf die israelische Politik auf *mich* zu beziehen. »Ihr Juden gehört hier nicht her, ihr bestimmt einfach alles. Der Zionismus ist doch das Grundproblem. Ihr Zionisten müsst einfach mal kapieren, dass Israel eine Kolonialmacht ist.« Am schwersten traf mich, als er sagte: »Wenn du die Wahrheit über Israel und den Zionismus nicht akzeptieren willst, kannst du auch auf keinen Fall progressiv sein.«

Seiner Meinung nach war ich als Jüdin direkt für alles verantwortlich, was Israel tat. Er verwendete die Begriffe Israelis, Juden und Zionisten austauschbar. Zudem schien er nicht den blassesten Schimmer davon zu haben, was Zionismus überhaupt bedeutet und wie die Geschichte der Juden in dieser Region verlaufen war. Er folgerte aus der Tatsache, dass Israel ein jüdischer Staat sei, dass der Staat Israel *ipso facto* rassistisch und kolonialistisch sei. Ich war so bestürzt von seinen Worten, dass ich nicht imstande war, meine Gedanken zusammenzunehmen und ihm zu antworten. Danach wurde alles nur noch schlimmer. Einige der anderen Studenten stimmten ihm zu: »Ist doch klar, warum wir in diesem Land nie echte Gespräche über Israel führen. Ihr alle habt doch die ganze Macht in den Medien, im Kongress und in der amerikanischen Außenpolitik. Die jüdische Lobby entscheidet, was sie will, und bekommt das dann auch.« So ging es noch eine ganze Weile weiter. Sie erwähnten noch das American Israel Public Affair Committee (AIPAC; »Amerikanisch-israelischer Ausschuss für öffentliche Angelegenheiten«) und wohlhabende amerikanische Juden, die für Israel Partei ergriffen. Die Leute auf der Party waren nicht in der extremen Linken des politischen Spektrums angesiedelt, dort hätten mich solche Aussagen nicht so sehr gewundert. Das waren ganz normale Studenten, die das nachzusprechen schienen, was sie anderswo aufgeschnappt hatten.

Doch genau das machte ihre Aussagen umso bedrohlicher. Was hätte ich tun sollen?

Ihre Abigail

Liebe Abigail, lieber Joe,

es scheint, als hätten Sie, Abigail, innerhalb weniger Tage vieles von dem erlebt, worüber wir uns seit mehreren Wochen in unseren E-Mails austauschen. Ich wünschte, ich könnte Ihnen etwas schreiben, das Ihr Unbehagen mildert, doch sind Sie einer Reihe von Einstellungen begegnet, die sehr real und sehr verstörend sind. Und leider ist die dazugehörige Rhetorik kein Phänomen, das auf Universitäten begrenzt wäre.

Der verbale Angriff auf den israelischen Dozenten ist nicht einzigartig. Im Jahr 2016 unterbrachen Protestierende am Londoner King's College einen Vortrag von Ami Ayalon, dem früheren Chef von Shin Bet, Israels Gegenstück zum FBI. Studenten einer propalästinensischen Vereinigung riefen dazwischen, schleuderten Stühle, warfen Fenster ein und lösten wiederholt den Brandmelder aus. Und das in einem Raum, in dem Ayalon über die Zweistaatenlösung für Israel und Palästina sprach, die er übrigens leidenschaftlich unterstützt. Im Jahr 2015 stürmten Vertreter eines Solidaritätsgremiums für Palästina an der University of Texas-Austin eine Veranstaltung, die vom Institut für Israelstudien der Universität unterstützt wurde. Sie weigerten sich, sich zu setzen, zuzuhören oder auch wieder zu gehen, und sangen im Stehen »Lang lebe die Intifada«.[1] Im selben Jahr war Moshe Halbertal, ein angesehener israelischer Juraprofessor und international bekannter Philosoph, von der University of Minnesota eingeladen, über die moralischen Herausforderungen von Armeen zu sprechen, die »asymmetrische Kriege«

führen, also Konflikte zwischen Berufsarmeen und Widerstandsbewegungen. Halbertal ist für seine Position bekannt, wonach Armeen zivile Aufständische immer zu schützen haben, selbst wenn dies das Wohl der eigenen Soldaten gefährden sollte. Als er seine Vorlesung begann, standen Protestierende auf und buhten ihn aus. Als die Polizei sie aus dem Raum entfernte, ließen sie sich außerhalb des Gebäudes nieder. Da von dort aus ihre Gesänge deutlich gehört werden konnten, blieb es für die Leute im Vorlesungsraum schwierig, der Vorlesung zu folgen.[2]

Diese Taktik ist nicht neu. Sie wurde schon in der Vergangenheit gegen israelische Sprecher eingesetzt und ist Teil einer größeren, transnationalen Protestkampagne, die als Boycott, Divestment, and Sanctions Movement (BDS; »Boykott-Desinvestition-und-Sanktionen-Bewegung«) bekannt ist. Im Jahr 2005 von palästinensischen Organisationen gegründet, setzt sich die Kampagne für folgende Maßnahmen ein: 1) Boykott von Produkten und Dienstleistungen, die aus Israel stammen, und von öffentlichen Veranstaltungen, an denen Israelis teilnehmen; 2) Regierungen und private Anlagefirmen, die in israelische Firmen investiert haben, sollen diese Investitionen veräußern, also desinvestieren; 3) Verhängung internationaler Sanktionen gegen Israel. Ziel der Bewegung ist es, Israel für das zu bestrafen, was sie als »Apartheid«-Politik gegen israelische und palästinensische Araber bezeichnet. Doch von Arabern unterstützte Boykotte gegen Israel gab es bereits vor Jahrzehnten, sie trafen die jüdische Gemeinde in Palästina vor der Staatsgründung ebenso wie internationale Unterstützer der zionistischen Bewegung und Juden im Allgemeinen. Schon 1945, also vor der Abstimmung der Vereinten Nationen über den Teilungsplan für Palästina und vor Gründung des jüdischen Staates, verbot die Arabische Liga ihren Mitgliedern, sowohl

Geschäfte mit »Zionisten/Juden« zu machen als auch den Handel mit Firmen, die dies taten. Schließlich weiteten sie den Boykott auf »alles Jüdische« aus. In den 1950er-Jahren rief die saudische Regierung zu einem Boykott aller Firmen weltweit auf, die von Juden geführt wurden, mit Juden Geschäfte betrieben oder Juden beschäftigten.[3] Nach Gründung des Staates Israel 1948 verweigerte die Arabische Liga jedem, der einen israelischen Stempel im Pass hatte, die Einreise in die meisten Länder mit arabischer und muslimischer Mehrheit. Als ich 1967 an der Hebräischen Universität Jerusalem studierte, benötigte ich einen »sauberen« amerikanischen Reisepass – einen ohne israelische Visastempel –, um in den Libanon, nach Syrien und Jordanien zu reisen. Als ich dem Angestellten der amerikanischen Botschaft in Athen zögerlich erklärte, was ich benötigte, antwortete er recht nüchtern: »Ach ja, diese Anfrage bekommen wir ständig.«

Der gegenwärtige Boykott gegenüber Israel innerhalb der akademischen Welt geht bis zu einem gewissen Grad auf die von den Vereinten Nationen geförderte Weltkonferenz gegen Rassismus, Rassendiskriminierung, Fremdenfeindlichkeit und damit zusammenhängende Intoleranz von 2001 in Durban zurück. In Durban fanden damals im Grunde genommen zwei Veranstaltungen statt – die offizielle Konferenz der Vereinten Nationen und eine weitere, die von etwa 3000 NGOs finanziert wurde. Die Debatte über Israel nahm auf beiden Veranstaltungen heftige Züge an und überschattete alle anderen Themengebiete auf der jeweiligen Tagesordnung. Indem sie Zionismus mit Rassismus gleichsetzte und zum Boykott gegen Israel aufrief, legte die vom NGO-Forum verabschiedete Schlusserklärung den Grundstein für die BDS-Bewegung.

Eines der erklärten Ziele der BDS-Bewegung ist das Recht aller Palästinenser weltweit auf Rückkehr, was in der Praxis dazu führen würde, dass Juden in Israel in der Minderheit wären. Dies käme dem Ende Israels als jüdischem Staat gleich.[4] Die Stellungnahmen, die der Gründung der BDS-Bewegung vorangingen, sind, wie einige Kritiker bemerkt haben, »die Antithese zum Friedens- und Versöhnungsaufruf an zwei Völker, die sich in einer schwierigen Situation befinden«.[5] Einer der Gründer der BDS-Bewegung, Omar Barghouti, erklärte ausdrücklich: »Wir sind ganz klar gegen einen jüdischen Staat in welchem Teil Palästinas auch immer.«[6] Er versicherte der in Chicago erscheinenden Online-Publikation *Electronic Intifada*: »Ich bin völlig und kategorisch gegen Zweistaatlichkeit, weil dies zwei Nationen mit gleichen moralischen Ansprüchen auf das Land voraussetzen würde.«[7] Ohne auf diese Aussagen und seine Forderung nach einem »Recht auf Rückkehr in die Länder von 1948« einzugehen, behauptete er an anderer Stelle, die BDS-Bewegung habe es »durchgängig vermieden, eine eindeutige Position zur Ein- oder Zweistaaten-Debatte einzunehmen«.[8] Und doch fordern einige Organisatoren der BDS-Bewegung vehement die Schaffung »eines säkularen und demokratischen Staates für alle, die im historischen Palästina leben«.[9]

Akademische und kulturelle Boykotts, die sich von BDS-Positionen leiten lassen, können schnell widersprüchlich und unberechenbar werden. Einige BDS-Vertreter setzen sich dafür ein, dass nur israelische akademische Einrichtungen boykottiert werden sollten und nicht einzelne israelische Wissenschaftler.[10] Israelische Akademiker sind nach dieser Lesart willkommen, an Konferenzen teilzunehmen, solange sie nicht von israelischen akademischen Einrichtungen unterstützt werden und sie ihre Forschungsarbeit unabhängig von diesen Einrichtungen betreiben. Doch diese Unterscheidung ist unaufrichtig. Sie wurde getroffen, um die BDS-

Bewegung vernünftig erscheinen zu lassen und den Vorwurf zu entschärfen, es handle sich hier um eine schwarze Liste. Wenn Wissenschaftler an Konferenzen teilnehmen, nehmen sie normalerweise immer die finanzielle Unterstützung ihrer Universitäten in Anspruch. Und selbst wenn sie die Ausgaben auf eigene Kosten tragen, ist ihre Forschung dennoch ein Teil ihrer Universitätsarbeit. Restriktionen gegen Wissenschaftler, die von israelischen Einrichtungen gefördert werden, würden a priori etwa alle Naturwissenschaftler ausschließen, die Laborforschung in Israel betreiben. Sie würden auch jene Wissenschaftler ausschließen, die Universitätsbibliotheken oder universitätseigene Computer benutzen. Und was wäre mit israelischen Muslimen, Christen oder Druden, die an israelischen Unis unterrichten? Oder mit Israelis, die an amerikanischen Universitäten mit Zweigstellen in Israel, wie etwa die New York University, unterrichten?

Im Jahr 2006 schlugen einige BDS-Organisatoren vor, nur jene israelischen Akademiker zu boykottieren, die die »Apartheid«-Politik ihrer Regierung unterstützen. Es ist keine Überraschung, dass es nie zur offiziellen Umsetzung eines derartigen Loyalitätstests kam. Doch hielt dies einzelne Akademiker nicht davon ab, diese Strategie auf eigene Faust zu verfolgen. So wurde etwa während der Tagung der südafrikanischen soziologischen Gesellschaft ein israelischer Wissenschaftler von einem südafrikanischen Kollegen gebeten, »die israelische Apartheid zu verurteilen« – als Vorbedingung für seine Teilnahme an einer Podiumsdiskussion. Als der Israeli sich weigerte, forderte ein Vorstandsmitglied der Gesellschaft die Diskussionsteilnehmer und das Publikum auf, den Saal zu verlassen und sich in einem anderen Raum zusammenzufinden, um dem Israeli die Gelegenheit zu geben, in aller Ruhe seine Meinungsfreiheit auszuüben und seine Rede zu halten – in einem leeren Raum.[11]

Auf dem Campus und darüber hinaus

Im Jahr 2015 wurde der jüdisch-amerikanische Popstar Matisyahu vom Rototom Sunsplash ausgeladen, einem jährlich stattfindenden, internationalen Reggaefestival in Spanien, das sich ironischerweise »die Förderung von Frieden, Gleichheit, Menschenrechten und sozialer Gerechtigkeit« auf die Fahnen geschrieben hat.[12] Von der Festivalleitung erfuhr er, dass vonseiten der BDS-Bewegung Druck ausgeübt worden sei, ihn wieder auszuladen. Würde er allerdings eine öffentliche Erklärung abgeben, in dem er sich für die palästinensische Souveränität und gegen israelische »Kriegsverbrechen« aussprechen müsse, könne er auftreten.[13]

Als er sich weigerte, dies zu tun, wurde sein Auftritt abgesagt und Rototom Sunsplash veröffentlichte folgendes Statement:

> *Nachdem wir von Rototom Sunsplash wiederholt und vergeblich den Dialog mit dem Künstler gesucht haben und er bis heute nicht bereit ist, ein klares Statement gegen Krieg und für das Recht des palästinensischen Volkes auf seinen eigenen Staat abzugeben, haben wir beschlossen, [sein] Konzert abzusagen.*

Zwar hatte Rototom Sunsplash angekündigt, während des Festivals auf die »grassierende Islamophobie in westlichen Ländern und die Situation der Gefangenen in Guantanamo« eingehen zu wollen, doch wurden weder europäische Künstler dazu aufgefordert, islamophobe Äußerungen in ihren Ländern zu verurteilen, noch mussten amerikanische Musiker ihre Sicht auf die Regierungspolitik gegenüber den Gefangenen von Guantanamo darlegen. Als die Erklärung des Festivals, wonach ein jüdisch-amerikanischer Musiker für die Politik der israelischen Regierung einzustehen habe, internationale Proteste nach sich zog, bat man Matisyahu, doch noch aufzutreten. Rototom Sunsplash entschuldigte sich für die Ausladung und versicherte, dass es »Antisemitismus und jede andere Form von Diskriminierung der jüdischen Gemeinschaft« ablehne.[14]

Doch nicht nur jüdische Künstler sehen sich solchem Druck ausgesetzt. Als Taylor Swift ihr Interesse bekundete, in Israel aufzutreten, beschuldigte sie die Aktivistin Ramah Kudaimi gegenüber der Zeitschrift *The Daily Beast*, der »Schönfärberei«. Sie unterstütze Israel dabei, den Palästinensern ihre Rechte zu verweigern und würde deshalb ihre eigene Karriere aufs Spiel setzen. Andere Künstler sahen sich ähnlichen Drohungen ausgesetzt.[15]

Im Jahr 2002 entließ Mona Baker, Professorin für Übersetzungsstudien am Institut für Wissenschaft und Technik der University of Manchester und Herausgeberin zweier wissenschaftlicher Zeitschriften – *Translator* und *Translation Studies Abstract* –, Gideon Toury, Professor an der Universität von Tel Aviv, aus dem Redaktionsbeirat des *Translator*. Gleichzeitig entließ sie Miriam Schlesinger, eine Dozentin für Übersetzungsstudien an der Bar-Ilan-Universität, aus dem Beirat der *Translation Studies Abstracts*. Ironischerweise sind sowohl Toury als auch Schlesinger Gegner der gegenwärtigen israelischen Palästina-Politik.[16] Der kürzlich verstorbene britische Physiker Stephen Hawking, der Israel bereits mehrmals besucht hatte, sagte seinen geplanten Auftritt bei der Zukunftskonferenz *Facing Tomorrow* 2013 ab. Er sei »von Aktivisten gehörig unter Druck gesetzt worden, die sich für einen akademischen Boykott Israels in Großbritannien und anderswo einsetzen … [Er] entschied sich, auf seine palästinensischen Kollegen zu hören und zu Hause zu bleiben.«[17]

Doch die BDS-Bewegung hat es nicht nur auf Wissenschaftler und Kulturschaffende abgesehen, die Israel besuchen. Im Jahr 2009 stand beim Filmfestival in Melbourne

Ken Loachs neuer Film *Looking for Eric* auf dem Programm. Als Loach erfuhr, dass die israelische Botschaft zu den Sponsoren des Festivals gehörte, ließ er die Vorführung aus Protest gegen Israels »illegale Besetzung palästinensischen Landes, sowie die Zerstörung von Wohnraum und Lebensgrundlagen« platzen.[18] 2012 weigerte sich die US-amerikanische Schriftstellerin Alice Walker, der Veröffentlichung einer hebräischen Neuübersetzung ihres Romans *Die Farbe Lila* zuzustimmen. Israel habe sich der Apartheid und der Verfolgung des palästinensischen Volkes schuldig gemacht.[19]

Es gibt selbstverständlich Akademiker, Filmemacher, Künstler und Intellektuelle, die auch weiterhin zu Veranstaltungen nach Israel reisen. Dennoch stimmt die wachsende Anzahl an Menschen, die dem Boykott beitreten, nachdenklich. Es gibt Künstler und Wissenschaftler, die Einladungen nach Israel ohne Nennung von Gründen ablehnen. In der Welt der Wissenschaft operiert die BDS-Bewegung oft verdeckt. Dieser Doktorand erhält das erhoffte Stipendium nicht, jener Bewerber auf die Dozentenstelle kommt gar nicht erst in die engere Auswahl, eine wissenschaftliche Arbeit wird abgelehnt, eine Einladung zu einer Konferenz wird nicht ausgesprochen, weil die fragliche Person aus Israel stammt.

Dabei lehnt eine überdurchschnittlich hohe Zahl an israelischen Akademikern, Künstlern und Intellektuellen, die von dem Boykott betroffen sind, Israels Siedlungspolitik ab. Statt diese Leute moralisch zu unterstützen, wirft die BDS-Bewegung sie mit genau den Leuten und ihrer Politik in einen Topf, die sie ablehnen. Damit wird nichts anderes erreicht, als Israelis zu isolieren, die für offene Gespräche mit gleichgesinnten Palästinensern eintreten. Stattdessen werden Extremisten sowohl von links als auch von rechts gestärkt. Der britische Soziologe David Hirsh hat richtig erkannt, dass »viele wichtige Gespräche zwischen Palästinensern und

Israelis über akademische Engagements geführt wurden«. Wenn man diese politische Situation wirklich lösen wolle, dürfe man nicht davor zurückscheuen, »die Gesprächsbereitschaft, und nicht die Ausgrenzung zu fördern; zuzuhören, nicht Andersdenkende zum Schweigen bringen«.[20]

Letztendlich sind die persönlichen politischen Einstellungen der von BDS Betroffenen irrelevant. Die Juraprofessorin Martha Nussbaum fordert, dass niemand für seine politischen Einstellungen entlassen werden sollte, egal ob er linken oder rechten Ideen anhängt. Boykotts seien »stumpfe Instrumente«. Ihre Vertreter gingen davon aus, dass alle, die mit einer bestimmten Einrichtung verbunden sind, dieselbe Sichtweise einnehmen müssten.[21] Ein zentraler Grundsatz akademischer Freiheit besteht darin, die akademische Arbeit eines Wissenschaftlers und seine politischen Einstellungen getrennt voneinander zu betrachten. Im Amerika der 1940er- und 1950er-Jahre wurden Männer und Frauen, die ihre Jobs im Universitäts- oder Unterhaltungsbetrieb verloren und auf eine schwarze Liste gesetzt wurden, weil sie in der Vergangenheit Mitglieder der kommunistischen Partei waren, zu Opfern derselben Art von Diskriminierung. Es ist schon bitter, dass ausgerechnet linksgerichtete BDS-Anhänger die Taktik rechter McCarthyaner übernommen haben.

Ein Boykott unterbricht den freien Austausch von Ideen, weshalb die AAUP (die amerikanische Vereinigung der Universitätsprofessoren) ihn vehement ablehnt.[22] Die BDS-Bewegung ist eine direkte Erbin des marxistischen Antisemitismus und Antizionismus. Der BDS-Aktivismus im Universitätsbetrieb stellt für liberale Juden – die womöglich vehement gegen die Politik der israelischen Regierung einstehen, dennoch aber die Idee eines Boykotts aus ethischen und politischen Gründen ablehnen – eine extreme Herausforderung dar. Oft glauben sie, ihre einzige Möglichkeit bestehe darin, zu schweigen. Ich hoffe sehr, ihr findet darauf eine andere Antwort.

Eure DEL

BDS: Antisemitismus oder Politik?

Liebe Deborah,

das ist alles sehr erhellend – und gleichzeitig sehr alarmierend. Eine Frage habe ich allerdings noch. Mag die BDS-Bewegung auch im Gegensatz zur akademischen Freiheit stehen – darf man sie deshalb wirklich gleich als antisemitisch bezeichnen? Dabei ist es zweitranging, ob ihre Protagonisten öffentlich für eine »Zweistaatenlösung« oder einen einzigen »binationalen« jüdisch-arabischen Staat Partei ergreifen (ungeachtet dessen, wie durchführbar diese Option auch sein mag). Ich frage mich vor allem, ob sie mit ihren Positionen tatsächlich einem der von dir bereits vorgestellten Typen von Antisemiten entsprechen.

Dein Joe

Lieber Joe, liebe Abigail,

zunächst will ich eine sehr unbefriedigende Antwort auf Joes Frage geben: Es kommt darauf an.

Zum einen muss man die BDS-Bewegung von ihren vielen Anhängern unterscheiden. Obwohl dies im Allgemeinen eine falsche Dichotomie ist, glaube ich, dass dieser Unterschied in diesem Fall der Wahrheit am nächsten kommt. BDS-Anhänger, die speziellen politischen Entscheidungen der israelischen Regierung kritisch gegenüberstehen, glauben, ihre Protestbewegung werde Israel zur Aufgabe der Kontrolle über das Westjordanland bewegen, das dann (zusammen mit Gaza) zum palästinensischen Staat werden würde, der an der Seite Israels friedlich existieren könnte, worüber von da an alle sehr glücklich wären. Würden sie jedoch die Gründungsdokumente der BDS-Bewegung oder einige der Aussagen seiner Gründer (etwa jene von Omar Barghouti, die ich in der letzten E-Mail zitiert habe) gründlich prüfen, müssten sie feststellen, dass ihr Ziel tatsächlich die Auflösung Israels als jüdischer Staat ist. Denn genau das würde geschehen, würde man den mehr als sieben Millionen Palästinensern, die derzeit außerhalb von Israel leben, die israelische Staatsbürgerschaft erteilen und ihnen erlauben, ihr »Recht auf Rückkehr« auszuüben.[1]

Es gibt antiisraelische Aktivisten, die noch weitergehen und die arabische und marxistische Behauptung propagieren, wonach Zionismus eine Form von Rassismus sei. Dabei ist der Zionismus doch eigentlich die nationale Befreiungsbewegung der Juden. Zu behaupten, dass unter allen Völkern der Welt nur das jüdische kein Recht habe, eine nationale Heimat zu haben (oder genauer, in ihre nationale Heimat zurückzukehren), hieße, ihm sein Existenzrecht abzusprechen. Die Negation einer jüdischen Nation ist eine Form von Antisemitismus, wenn auch nicht unbedingt in seiner Absicht, so doch in seiner Wirkung. Und das ist sie gerade heute, da der Staat Israel, der 1947 durch eine Resolution der Vereinten Nationen gegründet wurde, existiert. Über die Chancen eines jüdischen Staates vor seiner Errichtung diskutiert zu haben, ist das eine. Doch für die Auflösung eines Staates einzutreten, der heute die Heimat von sieben Millionen Menschen ist, ist etwas völlig anderes. Strategien, die das Ende Israels als jüdischem Staat vorsehen, bedeuten, mit den Worten der progressiven Essayistin Ellen Willis, »einen beispiellosen Aufruf« an eine existierende Demokratie, »die eine vom Volk gewählte Regierung besitzt, nicht nur ihre Politik zu ändern, sondern gleich ganz zu verschwinden«.[2] Das erklärt vielleicht, warum Leute wie Ken Livingstone immer von ihrem Widerstand gegen den Zionismus und nicht gegen die Existenz Israels sprechen: Es ist einfacher, eine Bewegung zu bekämpfen, als das Ende eines Nationalstaats zu fordern.

Viele Gegner Israels behaupten, die Tatsache, dass Israel ein Land mit einer offiziellen Staatsreligion sei, mache es archaisch und rechtfertige seine Auflösung. Dieselben Leute sind erstaunlich still, wenn es um die Rechtmäßigkeit der nichtdemokratischen islamischen Theokratien seiner Nachbarländer geht. Und die Tatsache, dass Großbritannien, Dänemark, Griechenland und Monaco offizielle Staatsreligionen haben, scheint sie auch nicht zu stören.

Letzten Endes geht es der BDS-Kampagne aber auch gar nicht um Desinvestition. Wie ein Professor aus Stanford bemerkte, als das Thema an seiner Universität im Jahr 2015 diskutiert wurde, wüssten selbst die Befürworter der Maßnahmen, dass diese nicht erfolgreich sein würden. Doch warum sollten sie dann dafür kämpfen? Weil das »eigentliche Ziel« nicht das »ausgegebene Ziel« sei.[3] BDS-Anhänger versuchen, Studenten davon zu überzeugen, dass Israel das wichtigste Hindernis auf dem Weg zu Frieden im Nahen Osten, wenn nicht in der Welt, sei. Nussbaum beschreibt BDS als »symbolischen« Boykott, der dazu dient, den Widerstand gegen Israels Politik als öffentliches Statement zu formulieren.[4] Das ist ein weiteres Beispiel für den Versuch, Israel zu verteufeln.

Als Reaktion auf einen Versuch der American Anthropological Association, sich der BDS-Bewegung anzuschließen, antwortete der Harvard-Professor Steven Pinker mit einem öffentlichen Statement, in dem er die Situation beredt zusammenfasst:

> *[Ist Israels] Politik wirklich so entsetzlich, so sehr jenseits der Grenze vertretbaren Verhaltens für Nationalstaaten, dass ein beispielloses, symbolisches Statement notwendig wäre, mit dem die persönliche Fairness und akademische Freiheit außer Kraft gesetzt werden? Es hilft, den israelisch-palästinensischen Konflikt unter globalen und historischen Gesichtspunkten zu betrachten – etwas, das man gerade von Anthropologen erwarten sollte … Warum kein Boykott gegen Akademiker aus China, Indien, Russland oder Pakistan, um nur wenige Beispiele von Ländern zu nennen, die andere Länder besetzt halten oder in gewalttätige Konflikte verwickelt waren? Und ich spreche von Ländern, die, anders als Israel, keine existenzielle Bedrohung und auch keine Feinde fürchten müssen, die in ihren Chartas genozidale Tendenzen verlautbaren lassen. Hat es nicht etwas sehr Unappetitliches, sich in einer Welt voller repressiver Regierungen und anhaltender Konflikte die Bürger eines einzigen Landes herauszugreifen und sie als Einzige der Verunglimpfung und Strafe auszusetzen?*[5]

Zudem gibt keiner dieser Kritiker Israels zu, dass es praktisch keinen muslimischen Staat gibt, der seine Minderheiten – Christen, Buddhisten, Jesiden oder jede andere religiöse Gruppe – gleichbehandelt.[6]

Als Stanford-Studenten heftig über BDS debattierten, haben mehr als einhundertfünfzig Mitglieder des Lehrkörpers eine Stellungnahme veröffentlicht, in der sie die »einseitige Verurteilung Israels« und die »unbeirrbare Wut« der BDS-Sympathisanten anprangerten. (Nur äußerst selten kritisiert die Professorenschaft die Beschlüsse der Studentenschaft.) Der Geschichtsprofessor Steven Zipperstein bemerkte, in seinen dreißig Jahren in Stanford habe keine andere »Frage so viel Aufmerksamkeit erregt« wie diese. Zipperstein hat es ganz unverblümt formuliert: »Das ist grotesk.«[7] Es bleibt so lange grotesk, solange man nicht anerkennt, dass darunter etwas anderes brodelt. Genauso grotesk waren die Antworten jener Professoren, die für die Unterstützung von BDS durch ihre Fachbereiche eintraten. Nachdem die amerikanische Studentenvereinigung ASA 2013 dafür gestimmt hatte, die Sache der BDS-Bewegung zu übernehmen und israelische akademische Einrichtungen zu boykottieren, wurde der Präsident dieser Organisation gefragt, warum man diese Entscheidung gefällt habe. Schließlich habe man doch noch nie zuvor einen akademischen Boykott gegen ein anderes Land ausgesprochen, »auch nicht gegen viele der Nachbarn Israels, deren Liste an Menschenrechtsverletzungen mindestens genauso lang ist wie jene Israels«. Seine erstaunlich simple Antwort lautete: »Irgendwo muss man schließlich anfangen.« Genauso seltsam war die Antwort von Barbara Harlow, Professorin der University of Texas, als man sie fragte, warum sie einen akademischen Boykott Israels verteidige, aber keinen gegen andere Länder, denen die Verletzung von Menschenrechten vorgeworfen wird. Ihre Antwort: »Warum nicht?«[8]

Die Befürworter dieser Kampagnen bestreiten natürlich immer wieder aufs Schärfste, dass ihre Ausgrenzung Israels antisemitisch sei. Und doch ist ihr kurzsichtiger Blick auf Israel, wenn nicht in seiner Absicht, so doch in seiner Konsequenz antisemitisch. Denn in diesem Umfeld findet man jene, die traditionell antisemitische Stereotypen benutzen, um Israel zu dämonisieren. Der Ehrenpräsident der University of California beschreibt sie wie folgt:

> *[I]hre Rhetorik korrumpiert die Sprache der Menschenrechte und enteignet die Worte, mit denen historisch der Jude erniedrigt wurde, um sie stattdessen gegen den jüdischen Staat in Stellung zu bringen … Zum Beispiel berichtete mir ein Professor der University of California, der an einer BDS-Debatte teilgenommen hatte, dass man israelische Soldaten beschuldige, gezielt Frauen zu töten und Brunnen zu vergiften. In Zeiten, da an so mancher Universität höchste Empfindlichkeit herrscht, wenn es um Mikroaggressionen oder Sprechweisen geht, die unterrepräsentierte Gruppen subtil beleidigen könnten, wird der Tolerierung von Mikroaggressionen gegen Juden oft nicht widersprochen.*[9]

Doch mir scheint, diese Antwort trifft nicht die Mehrheit, die sich in dieser Debatte engagiert. Es gibt Unterstützer der palästinensischen Sache, die es nicht auf die Zerstörung Israels abgesehen haben und die glauben, ihre Beteiligung an Kampagnen wie BDS könnte dazu führen, dass Israel seine Politik in jenen Punkten ändert, die negative Folgen für die Palästinenser haben. Es scheint nicht notwendig zu betonen, dass auch viele israelische Bürger diese Politik ablehnen. Zwar mag es einige BDS-Anhänger geben, die sich nicht *wissentlich* an der oben beschriebenen Dämonisierung Israels beteiligen. Doch die Bewegung, die sie unterstützen, mit ihrem eingeschränkten und unausgewogenen Blick auf Israel, mit ihrem Streben nach Auflösung eines jüdischen Staates, tut genau das.[10]

Die Folgen von BDS für jüdische Studenten sind ziemlich real. Bewerben sie sich etwa für Ämter in Studierendenparlamenten, geraten sie häufig ins Visier von Israelkritikern. Sie werden zum Beispiel von anderen Studenten angehalten, nicht nach Israel zu reisen und sich keinen proisraelischen Studentengruppen anzuschließen. Eine Kandidatin für die

Studierendenvertretung in Stanford, eine Jüdin aus Lateinamerika, kämpfte für eine Wahlempfehlung der Students for Color Coalition (SOCC). Während eines Gesprächs hatte sie bereits eine Vielzahl an Fragen beantwortet, die mit dem universitären Alltag zu tun hatten. Doch dann kam die Frage: »Wie denkst du in Anbetracht deiner jüdischen Identität über Desinvestition?« Die Studentin, »sprachlos angesichts dieser Frage«, wollte genauer wissen, was die Studenten »wirklich fragen« wollten. Laut der Bewerberin glaubten die Fragesteller, »dass ich eine ausgeprägte jüdische Identität habe und [fragten sich], inwiefern dies meine Entscheidungen beeinflussen würde«. Als die Studentin sagte, sie sei gegen Desinvestition, herrschte erst einmal »peinliches Schweigen, bevor das Bewerbungsgespräch innerhalb einer Minute beendet wurde«. Sie erhielt keine Unterstützung. (Vertreter von SOCC behaupteten, es sei nie zu diesem Meinungsaustausch gekommen, doch ist es kaum glaubhaft, dass die Studentin sich diesen Wortwechsel ausgedacht haben könnte.) Auch dass diese Kandidatin sich bereits im Vorfeld ihrer Bewerbung genötigt sah, alle proisraelischen Posts von ihrem Facebook-Profil zu löschen, verrät viel über die Stimmung auf dem Campus. Ihre Wahlkampfmanagerin erklärte, »wir taten es, nicht, weil sie nicht stolz darauf wäre [Israel zu unterstützen] – das ist sie –, sondern weil das Klima an der Universität ziemlich feindselig war und es politisch unklug gewesen wäre, öffentlich Stellung zu beziehen. Sie wollte nicht, dass dies als das wichtigste Segment ihres Profils wahrgenommen würde. Doch natürlich würde sie ehrlich antworten, wenn man sie über ihren Standpunkt zur Desinvestition befragt hätte.«[11]

Ich stoße oft auf das Argument, die BDS-Bewegung könne gar nicht antisemitisch sein, da viele ihrer Anhänger selbst Juden seien. Und genauso oft höre ich das Gegenargument, dass diese Leute einfach »sich selbst hassende« Juden seien –

eine Formulierung, die ich für nicht hilfreich und falsch halte. Es ist leider wahr, dass es zu den schlimmsten Folgen von Vorurteilen gehört, wenn Mitglieder einer verfolgten Gruppe genau diese Vorurteile, mit denen sie charakterisiert werden, annehmen. Wie Anthony Julius bemerkte, »Hass *gegen* Juden kann, wenn er nur umfassend genug ist, Selbsthass *unter* Juden befördern«. Er kann Juden davon überzeugen, dass grundlose und falsche Beschuldigungen, die gegen sie, oder im weiteren Sinne gegen den jüdischen Staat, vorgebracht werden, wahr sind.[12] Antizionistische Juden, die gegen die Existenz Israels sind, glauben, sie bekundeten damit allgemeingültige jüdische »Werte« wie etwa die Unterstützung der Geknechteten oder der Opfer von Ungerechtigkeit. Bedauernswerterweise sitzen sie damit einem antiisraelischen Narrativ auf und brüsten sich mit dem Mut, dem entgegenzutreten, was sie als verblendetes und allmächtiges organisiertes Judentum wahrnehmen. Es stimmt mich traurig und frustriert mich, dass diese Leute antisemitische Motive verinnerlicht haben. Sie mögen persönlich keine Antisemiten sein, aber sie fördern Antisemitismus. Hingegen sind Organisationen, die wie viele BDS-Gruppen die Existenz eines jüdischen Staates infrage stellen, ganz eindeutig antisemitisch.

Eure DEL

Universitäres Gruppendenken: Nicht ganz so sichere Zonen

Liebe Deborah,

da wir gerade über Vorfälle an Universitäten reden: Es gibt eine weitere Entwicklung, die ich für besorgniserregend halte und mit euch diskutieren will. Sie scheint nicht ganz zum Thema zu gehören, doch mein Bauchgefühl sagt mir, dass sie irgendwie doch damit zu tun hat.

In einer Rede, die Salman Rushdie 2015 an der Emory University hielt, bemerkte er, »es ist keine gute Zeit für die Freiheit ... Freiheit scheint überall auf dem Rückzug zu sein«.[1] In Anbetracht seiner persönlichen Erfahrungen hätte man denken können, er beziehe sich auf den islamistischen Extremismus. Das tat er auch, doch gleichzeitig wies er auf die nordamerikanische Universitätslandschaft hin, die er als »kränkungsfreie Zone« beschrieb. Er verurteilte die Tatsache, dass die Bedrohung der Meinungsfreiheit in Amerika

> *dort am heftigsten ist, wo sie am leidenschaftlichsten verteidigt werden sollte, also innerhalb der Hochschulmauern ... Und die Menschen, die am willigsten sind, dieses fundamentale Recht zu opfern oder zumindest einzuschränken, sind junge Menschen ... Wer gute Manieren, die Art und Weise, wie wir miteinander umgehen, gleichstellt mit der Freiheit, sagen zu können, was man denkt, auch wenn andere dies vielleicht nicht gerne hören, stellt einen schiefen Vergleich an ... Ideen sind nicht Menschen. Mit einer Idee grob umzugehen ist nicht dasselbe, wie die eigene Tante grob zu behandeln ... Wir haben kein Recht, unser angebliches Gekränktsein als Grund anzubringen, um andere Menschen am Sprechen zu hindern.*

Studenten an amerikanischen Universitäten scheinen ihre Vorstellung von politischer Korrektheit, aber auch Ideen wie »Inklusion«, »Exklusion« und »Safe Spaces« so weit zu treiben, dass sie dafür sogar die Meinungsfreiheit hintenanstellen würden. Im Jahr 2015 sagte eine Theatergruppe am Mount Holyoke College (für Frauen) nach Rücksprache mit den Studentinnen ihre jährliche Inszenierung von Eve Enslers bahnbrechendem Stück *Die Vagina-Monologe* ab, da Transgender-Frauen keine Vaginen hätten und das Stück deshalb »eine extrem enge Perspektive darauf, was es heißt, eine Frau zu sein«, anbiete. In einer Replik im *Time Magazine* wies Ensler darauf hin, »Inklusion bedeutet nicht, unseren unterschiedlichen Erfahrungen jede Anerkennung zu verweigern, sie ist kein Versuch, diese Erfahrungen zu tilgen, oder so zu tun, als gebe es sie überhaupt nicht. Inklusion bedeutet vielmehr, auf unsere Unterschiede zu hören und das Recht aller anzuerkennen, über ihre Wirklichkeit zu sprechen, frei von Unterdrückung und Doppelmoral und Maulkörben.«[2] (Sie merkte außerdem an, dass sie vor einigen Jahren einen optionalen Monolog zugänglich gemacht habe, der auf Interviews basiere, die sie mit Transgender-Frauen geführt habe.)

Täusche ich mich, oder gibt es tatsächlich eine Verbindung zwischen diesen Trends und den Maulkörben für proisraelische Sprecher an Universitäten?

Dein Joe

Lieber Joe, liebe Abigail,

nein, Joe, du täuschst dich nicht. Vor der Free-Speech-Bewegung, die Mitte der 1960er-Jahre ihren Anfang nahm, entschieden in den Vereinigten Staaten allein die Hochschulleiter, wie »annehmbare« öffentliche Auftritte von Studenten und Lehrern auszusehen hatten. Es hat eine gewisse Tragik, dass heute ausgerechnet linke Studentengruppen Regeln einzuführen versuchen, die bestimmen sollen, welche Art von öffentlicher Rede »zulässig« ist.[3] Wie die neue Kanzlerin der University of California in Berkeley bemerkte: »Meinungsfreiheit ist heute umstritten.«[4] Als im Jahr 2017 Milo Yiannopoulos und Ann Coulter, die beide eine eindeutig rechte Perspektive auf das Weltgeschehen vertreten, nach

Berkeley eingeladen waren, kam es zu Studentenprotesten. Die Studenten – unterstützt von Antifa-Gruppen außerhalb des Universitätskontexts – randalierten so lange, bis die Veranstaltungen abgesagt wurden, angeblich, weil die Sicherheit der Gäste nicht garantiert werden könne. Dieses Verhalten war nicht richtig. Wie verwerflich auch immer ihre Behauptungen sind, wenn Yiannopoulos und/oder Coulter eingeladen werden, in Berkeley zu sprechen, dann muss ihr Recht, der Einladung nachzukommen, geachtet werden (es sei denn natürlich, sie rufen selbst zu Gewalt auf). Wie der Berkeley-Professor Robert Reich bemerkte: »Wie sollen die Studenten die Geistlosigkeit in Coulters Gedankengängen überhaupt erfassen, wenn sie ihr nicht erlauben, sie auszusprechen, und sich so selbst der Gelegenheit berauben, sie darüber kritisch zu befragen?«[5] Ein Dozent meinte zu mir, als dies die Runde machte: »Studenten lehnen Coulters sogenannte ›Ideologie‹ ab. Würden sie ihr nur zwei Minuten zuhören, würden sie verstehen, dass sie überhaupt keine hat, nur eine Reihe wohlformulierter Beleidigungen.«

Noch bedenklicher ist es, wie einige Hochschullehrer auf Kontroversen über die Meinungsfreiheit reagieren. Nach dem Auftritt einer Wissenschaftlerin, die eine kontroverse Meinung zur sexuellen Gewalt auf dem Campus vertritt, gaben Professoren am Wellesley, die der Kommission für Hautfarbe, Ethnizität und Gleichberechtigung angehörten, im Jahr 2017 eine Stellungnahme ab, in der sie ihre Besorgnis über »die Wirkung von Vorträgen auf Wellesley-Studenten« zum Ausdruck brachten, »die die Verletzung oft am intensivsten zu spüren bekämen und viel Zeit und Energie darauf verwenden, die Argumente der Redner zu entkräften«.[6] Studenten, schienen sie damit anzudeuten, sollten sich nicht mit Ideen auseinandersetzen, die ihre Komfortzonen beeinträchtigen könnten. Aber geht es an einer Universität nicht vor allem darum, die eigenen Komfortzonen zu sprengen? Und wie lange würde es dauern, bis ein Vortrag über technologische Entwicklungen in Israel von Israel-Gegnern als Eingriff in ebenjene Komfortzonen beurteilt würde?

Seit Jahrzehnten fand im Evergreen College in Olympia, Washington, ein »Day of Absence« statt, ein Tag im Jahr, an dem farbige Studenten und Professoren nicht auf dem Campus erschienen, um zu zeigen, wie eine völlig weiße Gesellschaft aussähe. Als die Organisatoren 2017 entschieden, dass stattdessen »weiße Studenten, Mitarbeiter und Professoren eingeladen [waren], für einen Tag dem Campus fernzubleiben«,[7] brachte der Biologieprofessor Bret Weinstein seine Bedenken in einer E-Mail an das Kollegium und die Angestellten zum Ausdruck:

> *Es gibt einen Riesenunterschied zwischen einer Gruppe oder einer Vereinigung, die freiwillig einem gemeinsamen Raum fernbleibt, um auf ihre unverzichtbare und doch unterschätzte Rolle aufmerksam zu machen, und einer Gruppe oder Vereinigung, die eine andere dazu auffordert, dem gemeinsamen Raum fernzubleiben … An einem College darf die Freiheit der Meinung – oder die Freiheit anwesend zu sein – niemals von der Hautfarbe abhängen.*[8]

Während der darauffolgenden Studentenproteste wurde Weinstein von Studenten vor seinem Kursraum umzingelt und verbal angegriffen. Als man ihm physische Gewalt androhte, teilte ihm die Universitätsleitung mit, die Campus-Polizei könne ihn nicht beschützen. Er und seine Frau legten im September desselben Jahres ihre Lehraufträge nieder und verließen die Region.[9]

Es gibt jedoch auch die Fälle, in denen die Universitätsleitung in solchen Situationen die notwendigen und angemessenen Maßnahmen ergreift. Im Jahr 2017 lud eine konservative Studentenvereinigung am Middlebury College, der American Enterprise Club, Charles Murray ein, einen Vortrag an ihrer Universität zu halten. In seinem kontrovers diskutierten Buch von 1994, *The Bell Curve*, vertrat Murray unter anderem die These, dass es angeborene Intelligenzunterschiede zwischen ethnischen Gruppen seien und nicht Diskriminierung, die das Missverhältnis in den sozioökonomischen Errungenschaften zwischen Weißen und Schwarzen in Amerika erklärten. Als das Buch erschien, haben viele Menschen gegen seinen impliziten Rassismus protestiert, auch ich. Aller Wahrscheinlichkeit nach wäre ich nie auf die Idee gekommen, Murray zu einem Gastvortrag an meine Universität einzuladen. Doch der American Enterprise Club hat es nun einmal getan, und, das sei ihm zugestanden, ein Programm entworfen, dem zufolge Murray nach seinem Vortrag von einem linksorientierten Professor mit kritischen Fragen konfrontiert werden sollte. Nichtsdestotrotz schafften es einige Studenten mithilfe von nichtstudentischen Randalierern, die Veranstaltung zu sabotieren.

Auf diese Eventualität vorbereitet, stellte das Middlebury College einen zweiten Raum zur Verfügung, in dem das Gespräch zwischen Murray und dem Professor stattfinden und übertragen werden sollte. Als die Protestierenden herausfanden, wo sich der Raum befand, griffen sie Murray und den Professor (er musste in die Notaufnahme gebracht werden) tätlich an. Doch in diesem Fall verurteilte die Universitätspräsidentin Laurie Patton die Protestierenden unmissverständlich und rief im Anschluss dazu auf, für »die Meinungs- und Recherchefreiheit als erzieherischen Wert für jeden, unabhängig von seinem Hintergrund und seinen politischen Ansichten«, einzutreten. Sie gab zu, dass gerade

»kontroverse Vorträge eine besondere Schwierigkeit« darstellten, betrachtete es jedoch als unabdingbar, »die falsche Dichotomie zwischen Meinungsfreiheit und Inklusivität« hinter uns zu lassen. Ihrer Ansicht nach wird »eine Bildungsanstalt nicht inklusiver, indem sie die Meinungsfreiheit einschränkt. Genauso wenig erreicht sie einen größeren Grad an Freiheit, wenn sie ihr Engagement zur Errichtung eines inklusiven, robusten, mutigen öffentlichen Raumes verringert, in dem alle Studenten gleich willkommen sind und gleich geschätzt werden.[10]

Die University of Chicago bezog auf ähnlich beeindruckende Weise Stellung. Im Jahr 2014 gaben der Universitätspräsident Robert J. Zimmer und sein Verwaltungsdirektor Eric D. Isaacs eine Erklärung in Auftrag, in der die »allumfassende Verpflichtung der Universität zu einer freien, robusten und unbefangenen Debatte und Meinungsbildung« zum Ausdruck gebracht werden sollte. Das zuständige Gremium räumte ein, dass es immer Ideen geben werde, die einzelne Mitglieder der Universitätsgemeinde bedenklich finden könnten; dennoch sei es die Verantwortung der Universität, eine offene und freie Forschung zu ermöglichen. Das Gremium zitierte die Bemerkung einer früheren Präsidentin der Universität, Hanna Holborn Gray: »Erziehung sollte nicht darauf abzielen, es den Menschen angenehm zu machen, sie soll sie zum Denken bringen. Von Universitäten sollte man erwarten, die Bedingungen zu schaffen, innerhalb derer schwierige Gedanken in einer Umgebung größter Freiheit gedeihen können – und dazu gehören auch Meinungsverschiedenheiten, unabhängige Urteile und die Hinterfragung starrer Annahmen.«[11] (Als ich diese Erklärung las, musste ich einfach daran denken, dass Grays Familie 1934 aus Nazideutschland geflohen war.) Jay Ellison, Studentendekan am College der University of Chicago, setzte diesen

Standpunkt daraufhin 2016 in einem Willkommensgruß an die Klasse von 2020 in die Tat um. Er kam auf die berüchtigten Triggerwarnungen zu sprechen, die heute an vielen amerikanischen Hochschulen so verbreitet sind. Viele Hochschulen halten ihre Professorenschaft dazu an, Studenten im Voraus darauf hinzuweisen, dass ihre Vorlesungen Aspekte beinhalten könnten, die bei Studenten ein Gefühl der »Unsicherheit« oder der »Ausgegrenztheit« auslösen könnten. Ellison schrieb hingegen: »Unsere Verpflichtung zur akademischen Freiheit lautet, dass wir sogenannte Triggerwarnungen nicht unterstützen. Wir sagen die Veranstaltungen eingeladener Sprecher nicht ab, weil ihre Themen sich als kontrovers herausstellen könnten, und wir billigen nicht die Schaffung intellektueller ›Safe Spaces‹, in denen sich Individuen von Ideen und Perspektiven fernhalten können, die ihren eigenen widersprechen.«[12]

Um also auf deine Frage zurückzukommen, Joe, wie verhält sich all dies zu den von uns besprochenen Dingen? Zunächst einmal ging es Juden im Verlauf der Geschichte immer dann am besten, wenn sie sich in einem Umfeld bewegten, das von einer stabilen Meinungsfreiheit und starken demokratischen Institutionen geprägt war. Sie sahen sich weitaus schlechteren Bedingungen in Gesellschaften ausgesetzt, die die Meinungsfreiheit einschränkten. Das trifft sowohl auf rechts- als auch auf linksextreme Systeme zu – Nazideutschland und die Sowjetunion sind hierfür die besten Beispiele. Zudem ist es gefährlich, irgendeiner Institution oder einer Gruppe von Menschen – seien sie Regierungsvertreter oder Wissenschaftskollegen – die Entscheidungsbefugnis darüber zu übertragen, was ein annehmbarer Vortrag ist und was nicht. Und zwar unabhängig davon, ob es sich nun um einen antisemitischen, antimuslimischen, rassistischen, homophoben, sexistischen oder sonstigen Vortrag handelt. Mir bereitet es allerdings noch größere Sorgen, dass es heute einige jüdische Organisationen gibt, die glauben, Gesetzgebungsorgane, selbst der US-Kongress, sollten Gesetze erlassen, die Antisemitismus definieren und festlegen, wann genau eine antiisraelische Rede die rote Linie zum Antisemitismus überschreitet. Sollten tatsächlich solche Gesetze erlassen werden, würden proisraelische Studenten nur noch weiter marginalisiert, da man sie nun als Gruppe ansehen würde, die ihnen missliebige Beiträge lieber verbieten lässt, als sich ihnen zu stellen.

Das Paradoxe daran ist natürlich, dass die meisten proisraelischen Studenten wahrscheinlich gar nicht daran denken würden, einem Ansatz zu folgen, der die Meinungsfreiheit einschränkt. Doch proisraelische Studenten schwingen weniger große Reden als ihre »verbündeten« jüdischen Gruppen außerhalb der Universitäten.[13] Würde man jene, die Israels Recht auf Existenz ablehnen, als Antisemiten bezeichnen, hieße das, dass auch jüdische antizionistische ultraorthodoxe Gruppen wie Satmar Hasidim dieser Definition entsprächen? Solche Vorschläge öffnen nur eine Kiste der Pandora voller Absurditäten und Orthodoxien. Einiges von dem, was wir gegenwärtig erleben – Niederbrüllen von Rednern an Universitäten, Einladungen nur für Redner, die Studenten nicht aus ihrer Komfortzone reißen, und tätliche Übergriffe gegen Redner –, ist genauso zu bewerten wie die Angriffe auf israelische Redner, mit denen wir uns in früheren E-Mails befasst haben.[14] Ich habe überhaupt keinen Zweifel daran: Sollten diese Beschränkungen für »beleidigende« Reden an unseren Universitäten förmlich verankert werden, würden jene, die für Israel sprechen, schon bald ausgeladen, da sich einige Studenten durch ihre Vorträge »unbehaglich« fühlen könnten.

Das Gesetz als Mittel zu gebrauchen, um jene, mit denen wir nicht übereinstimmen, zum Schweigen zu bringen, ist töricht und gefährlich. Ich sage dies nicht nur aus einer beruflichen, sondern auch aus einer privaten Perspektive heraus. Als ich von David Irving wegen angeblicher Verleumdung vor ein britisches Gericht gebracht wurde, versuchte er das Gesetz zu benutzen, um mich zum Schweigen zu bringen. Antisemitismus muss bekämpft werden, doch muss dieser Kampf strategisch geführt werden. Viele der militanteren Lobbygruppen jenseits der Universitäten, die den Kampf gegen »beleidigende« Rede aufgenommen haben, verlangen die Niederwerfung der »anderen Seite« und bestehen darauf, dass es zwischen ihnen keinen Austausch an Ideen geben könne. Für sie ist es ein Nullsummenspiel. Sicher gibt es Gruppen, mit denen jeder Ideenaustausch unmöglich ist. (Zu dieser Kategorie würde ich Holocaustleugner zählen, die, wie gerichtlich bewiesen, Lügner und Geschichtsfälscher sind.) Doch gerade im freien Austausch der Ideen erweisen sich die Extremisten als das, was sie sind. Und nur in diesem freien Austausch kommt die Wahrheit ans Licht, während Vorurteile und Intoleranz als das entlarvt werden, was sie sind. Es ist wirklich traurig, dass an einigen Universitäten heute kein Raum mehr für diese Form des Austauschs zu sein scheint.

Eure DEL

Progressivismus und Zionismus: Arglistiger Antisemitismus?

Liebe Frau Professorin Lipstadt,

ich hoffe, Sie genießen Ihre Ferien! Ich bin gerade für ein paar Tage zu Hause und letzten Freitagabend war ich mit Freunden unterwegs, die ich aus dem Cheder kenne. Einige von ihnen gehen auf kleine private Colleges, andere besuchen große staatliche Universitäten. Als wir anfingen, die jüdischen Aspekte unserer Universitätserfahrungen zu vergleichen, stießen wir auf einen weit verbreiteten und beunruhigenden Gesichtspunkt, den ich gerne mit Ihnen zusammen weiter untersuchen möchte.

Doch zuvor noch ein paar Worte über uns. Meine Kindheits- und Jugendfreunde kommen wie ich aus jüdischen Mittelschichtsfamilien aus Vorortsiedlungen. Die Lehrer in unserem Cheder und unsere Eltern flößten uns einen starken Sinn für jüdische Identität und jüdische Werte ein. Dazu zählen die Hingabe an Familie und Gemeinde, die Liebe zu Israel und der Einsatz für soziale Gerechtigkeit und Gleichheit. Aufgrund dieser Erziehung fühlten sich viele von uns bei ihrer Ankunft am College von progressiven Themen angezogen, so etwa ethnische Gerechtigkeit, Frauen- und LGBTQ-Rechte.

Und genau hierin liegt das Problem. Immer deutlicher zeichnet sich ab, dass bei Treffen dieser progressiven Gruppen – ganz gleich, was bei den Treffen auf der Tagesordnung steht – so gut wie immer der Widerstand gegen die israelische Regierungspolitik oder sogar die Existenz des Staates Israel zum Thema wird. Wir sind nicht naiv. Wir wurden gewarnt und wussten, dass einige der Seminare über die Geschichte des Nahen Ostens antiisraelische Tendenzen haben würden. Einige der Seminare sind so strukturiert, dass beide Seiten der Israel-Palästina-Frage betrachtet werden, doch in anderen wird einfach geradewegs erklärt, der Staat Israel sei eine rassistische und kolonialistische Besatzungsmacht in einem Land, auf das er keinen legitimen Anspruch hat. Was uns aber überrascht und bestürzt, ist, wenn auch in Seminaren und Sitzungen, in denen der Nahe Osten eigentlich keine Rolle spielen sollte, darüber gestritten wird.

Doch manchmal geht es gar nicht um das, was über Israel

gesagt wird; was uns wirklich alarmiert, sind die Mutmaßungen, die über Juden im Allgemeinen angestellt werden. In Gesprächen über Fanatismus und Vorurteile werden unsere Versuche, den Antisemitismus mit einzubeziehen, von einigen Professoren und Studenten mit der Begründung unterbunden, Juden stellten eine privilegierte Gruppe dar, und die Beziehungen, die wir herzustellen versuchen, seien irrelevant und ungültig – ähnlich wie ich das früher schon beschrieben habe. Sie behaupten, etwas könne nur dann rassistisch oder diskriminierend sein, wenn es aus den Komponenten »Vorurteil plus Macht« bestehe. Dieser Gleichung zufolge können jene ohne Macht oder Privilegien sich überhaupt nie des Rassismus oder anderer Diskriminierung schuldig machen, und jene mit Macht können nie zur Zielscheibe von Diskriminierung werden.

Diese Probleme sehen wir auch auf der Verwaltungsebene. Einige von uns, die sich in der Hillel-Studentenorganisation engagieren, suchen bisweilen Partnerorganisationen, mit denen sie Veranstaltungen zu verschiedenen Aspekten sozialer Gerechtigkeit organisieren wollen. Wir wissen, dass viele Mitglieder der Black Student Union, Selbsthilfegruppen gegen sexuelle Gewalt, LGBTQ-Gruppen und viele weitere fortschrittliche Campusorganisationen BDS- und Anti-Israel-Kampagnen unterstützen. Und dennoch würden wir uns zu Themen wie Rassismus, Sexismus, Hunger, Ökologie oder Schwulenrechte gerne mit diesen Organisationen austauschen. Wir glauben, unsere unterschiedlichen Standpunkte gegenüber Israel sollten uns nicht davon abhalten, auf anderen Sachgebieten, die nichts mit dem Nahen Osten zu tun haben, zusammenzuarbeiten. Sie sind für uns alle von höchster Wichtigkeit. Doch viele dieser Gruppen weigern sich, mit Hillel-Gruppen zu kooperieren, weil Hillel Israel unterstützt.

An der University of Illinois (UIUC) verkündete einer der Sprecher einer Demo, die von den Students for Justice in Palestine (SJP) organisiert wurde, es gebe keinen Platz für »Faschisten, White-Supremacy-Anhänger und Zionisten an der UIUC«. Mehrere Redner sprachen von einer »Vereinigung von Faschismus und Zionismus«. Beide wurden als »rassistische Ideologien der Überlegenheit« beschrieben, die sich »nahtlos« verbinden ließen. Während der Proteste riefen die Teilnehmer: »Ohne Gerechtigkeit kein Frieden! Kein Krieg im Nahen Osten! Keine Zionisten, kein KKK, wir widerstehen Faschisten überall.«[1] Im April 2017 klebte eine Gruppe Studenten, die zur Black-Lives-Matter-Bewegung gehörte, an der University of Michigan Plakate, auf denen sie eine lange Reihe von Ungerechtigkeiten beklagten. Antisemitismus fand jedoch keine Erwähnung. Das blieb unter jüdischen Studenten nicht unbemerkt. Sie waren im selben Jahr bereits das Ziel antisemitischer Vorfälle gewesen. Umso trauriger war es, als in dieser Nacht (wahrscheinlich nichtstudentische) Anhänger des White Nationalism und der Alt-Right-Bewegung die Plakate mit Stickern vom gierigen jüdischen Kaufmann taggten. Sie wollten damit andeuten, dass liberale Juden hinter diesen Plakaten, die sich gegen Vorurteile richteten, steckten. Die jüdischen Studenten mussten also auf ein- und demselben Plakat nicht nur die Weigerung, antisemitische Vorurteile anzuerkennen, von links ertragen, sondern auch noch antisemitische Vorurteile von rechts.[2]

Ursprünglich dachten wir, wir könnten an den Versammlungen dieser progressiven Gruppen teilnehmen, solange wir unsere proisraelische Einstellung für uns behielten. Doch einige dieser Gruppen sind mittlerweile so aggressiv israelfeindlich eingestellt, dass sie von jüdischen Teilnehmern etwas verlangen, was wir den »Illoyalitätseid« nennen, eine Beteuerung, dass wir gegen den »israelischen Rassismus«

oder »israelischen Faschismus« oder »die Besatzung arabischen Landes durch Israel« sind. (Sie sagen nur selten, was sie unter »arabischem Land« verstehen.)

Wir sind darüber alle traurig und frustriert. Als wir zu studieren anfingen, waren wir alle begierig auf eine intellektuelle und soziale Terra incognita. Wir wollten neue Dinge ausprobieren, neue Freundschaften knüpfen und uns auf neue Ideen und Ziele einlassen. Wir hätten nie gedacht, dass wir stattdessen wichtige Aspekte unserer Identität selbst zensieren würden. Ich will überhaupt nicht sagen, dass dies die Gesamtheit unserer College-Erfahrungen spiegelt. Das ist nicht der Fall. Und doch ist es beunruhigend. Ich habe meinen Freunden von unserer Korrespondenz erzählt, und sie haben mich ermutigt, Ihnen von unseren Erfahrungen zu berichten.

Ihre Abigail

Liebe Abigail und Freunde, lieber Joe,

ich weiß nicht, ob es euch tröstet, aber ihr sollt wissen, dass auch andere unter demselben Problem leiden – auf dem Universitätscampus und darüber hinaus. Viele Juden, die sich progressiven Zielen verschrieben haben, spüren diesen Widerspruch, diesen offenen Konflikt zwischen ihrer jüdischen und ihrer politischen Identität. Sowohl der Protest gegen Israel im Allgemeinen als auch die BDS-Bewegung im Speziellen finden bei progressiven Gruppen, deren Anliegen in keinerlei Beziehung zu Israel und Palästina stehen, zunehmend Gehör. Indem sie eine Sprache gemeinsamer Unterdrückung verwenden, haben progressive Gruppen Israel in die Matrix ihrer Bedenken aufgenommen.

Nirgends wird dies deutlicher als an den Universitäten. Im Jahr 2015 traten Studenten an der University of Massachusetts in Amherst im Rahmen eines landesweiten Protestmarschs gegen hohe Studiengebühren, für ethnische Vielfalt und die Unterstützung von Opfern sexueller Übergriffe auf dem Campus ein – und riefen die Universität dazu auf, ihre Investitionen in israelische Firmen zurückzunehmen, um die Besatzung in den palästinensischen Gebieten zu beenden.[3]

Im November 2015 war Assi Azar, ein israelischer Fernsehstar und LGBTQ-Aktivist, bei der Vorführung seines Films über israelische Eltern, die mit dem Coming-out ihrer Kinder klarkommen müssen, anwesend. Der Film wurde vom Hillel des Goucher College gefördert. Mitglieder der Queer-Bewegung am Goucher College ließen eine Petition herumgehen, in der gefordert wurde, die Veranstaltung »platzen zu lassen«, um gegen »Israels Beteiligung an Apartheid, Kolonialismus und Genozid, die queere Palästinenser beeinträchtigt«, zu protestieren.[4] Fünfzehn Protestierende kamen schließlich zur Aufführung und störten das Publikumsgespräch, an dem Azar nach dem Film teilnahm.

An der Columbia University hat sich die Interessen- und Selbsthilfegruppe für Opfer sexueller Übergriffe, No Red Tape (NRT), mit den Students for Justice in Palestine (SJP) zusammengetan. Sie unterstützten 2015 gemeinsam eine Veranstaltung, in der »die Überschneidungen zwischen einem Aktivismus gegen sexuelle Gewalt und der Solidarität mit Palästina« diskutiert wurden. »Wir untersuchen die Art und Weise, wie der Kolonialismus der Siedler zu einer Invasion und Vergewaltigung palästinensischer Körper geführt hat. Wir erforschen den gegenwärtigen und historischen Gebrauch von sexueller Gewalt bei den ethnischen Säuberungen Palästinas seit 1948, sowohl als Werkzeug der Enteignung, Herrschaft und Brutalität gegen Frauen als auch als Versuch, die Stimmen der Palästinenser zum Schweigen zu bringen.«[5]

Eine Studentin an der Columbia, die selbst eine Vergewaltigung erleben musste [um die negativen Konnotationen des Wortes »victim« (Opfer), das Schwäche und Hilflosigkeit suggeriert, zu vermeiden, hat sich stattdessen das Wort »survivor« (Überlebende) eingebürgert], merkte dazu an:

> *Ich spürte, das hier [bei NRT] ein sicherer Ort ist, um über sexuelle Übergriffe auf dem Campus zu sprechen. An dieser Uni geht es immer nur um Israel und Palästina, und endlich fand ich diesen Ort hier, an dem dies nicht der Fall zu sein schien. Und dann wurde er genau das. Würde ich bei Hillel über mich als Überlebende [einer Vergewaltigung] sprechen, würde daraus niemals ein Gespräch über Israel, Palästina oder andere politische Themen entstehen. Es würde einzig allein dazu führen, dass jemand mit mir darüber spricht, was es heißt, eine Überlebende zu sein.*[6]

Im Herbst 2017 veröffentlichten Studenten der Tufts University in Anlehnung an die offizielle Infobroschüre der Universität eine »Desorientierungshilfe« und beschrieben darin den Hillel-Campus als einen »zionistischen Ort in Tufts ... an dem ein White-Supremacy-Staat angestrebt wird«. Als besonders verabscheuungswürdige Aktion scheint man dabei die Einladung an die Eltern Trayvon Martins gesehen zu haben, die 2015 auf dem Campus über Waffengewalt und Rassismus gesprochen hatten, wodurch Hillel »schwarze Stimmen für ihre eigene Pro-Israel-Agenda missbraucht habe«, wie es in der »Desorientierungshilfe« heißt.[7]

Im November 2015 protestierten mehrere Ortsverbände der Students for Justice in Palestine (SJP) innerhalb des Hochschulverbands City University of New York (CUNY) gegen die geplante Erhöhung der Studiengebühren. Sie richteten sich gegen eine »zionistische Universitätsverwaltung, [die] in israelische Firmen investiert (wie auch in solche, die die israelische Besatzung befürworten), die das Birthright-Programm[8] unterstützt, Auslandssemester im besetzten Palästina organisiert und über zionistische Studieninhalte die Ideologien von Siedlern und Kolonialisten im gesamten CUNY-Verband reproduziert. Während CUNY plant, die nächste Generation professioneller Zionisten auszubilden, versucht SJP, die Universität dazu zu bewegen, sich für die Befreiung aller Völker einzusetzen.«[9] Studentinnen am Oberlin College beschwerten sich, dass man als Zionistin an dieser Hochschule, die sich doch »für ihre Tolanz rühmt«, mit seinen Meinungen automatisch zur »Illegitimität verdammt« sei.[10] Winston Shi, studentischer Herausgeber des *Stanford Daily* und Nichtjude, stimmt mit dieser Sichtweise überein. »Es gibt dieser Tage die Erwartung, dass Universitäten Häfen für antiisraelische Stimmungen sein müssten.« Als im Juli 2016 zwei unbewaffnete schwarze Männer von der Polizei getötet wurden, war Israel in den Augen des SJP-Ortsverbands der New York University dafür mitverantwortlich, denn: »Wir dürfen nicht vergessen, dass viele US-amerikanische Polizeibehörden mit den #IsraeliDefenceForces trainieren. Dieselben Einsatzkräfte, die hinter dem Genozid an schwarzen Menschen in Amerika stehen, stehen auch hinter dem Genozid an den Palästinensern.«[11]

Abigail, es kann Sie und Ihre Freunde wohl kaum trösten, dass sich auch immer mehr Professoren genötigt fühlen, ihre jüdische Identität und/oder ihre Unterstützung Israels kleinzureden, selbst in Fällen, in denen diese Unterstützung absolut berechtigt ist. Manche spüren fast eine Verpflichtung, Israel öffentlich zu kritisieren, um nicht ihren guten Ruf als »progressive Juden« zu verspielen. Nachdem im Herbst 2015 die National Women's Studies Association

(NWSA) dafür gestimmt hatte, BDS zu unterstützen, vertrat eine Professorin eine Meinung, die man seitdem immer öfter hört: »Ich bin seit langer Zeit in der NWSA ... Während ich innerhalb jüdischer Gruppen meine progressiven Ziele bis heute verfolgen kann, spüre ich zunehmend, wie meine jüdische Stimme innerhalb der progressiven Community immer weiter an Kraft verliert.«[12] Dies gilt insbesondere für Dozenten am Anfang ihrer Karriere, die fürchten müssen, ihre Unterstützung Israels könne ihre Karrierechancen gefährden. Viele aus dem Lehrkörper scheinen sich dazu entschlossen zu haben, stillzuhalten, da »Antizionismus zur notwendigen Bedingung für alle weiteren progressiven Verpflichtungen wird«.[13]

In meiner nächsten E-Mail werde ich darauf noch etwas genauer eingehen.

Eure DEL

Liebe Abigail, lieber Joe,

während des Chicago Dyke March von 2017, bei dem es um die Rechte und die Erhöhung der Sichtbarkeit von Lesben geht, war die Wut einiger progressiver Gruppen gegen alle, die sich einer proisraelischen Haltung »verdächtig« machten, frappierend. Bei der Kundgebung und dem anschließenden Picknick wurden etwa drei Frauen, auf deren Regenbogenfahnen zusätzlich ein Davidstern gedruckt war, von den Organisatorinnen gebeten, die Veranstaltung zu verlassen. Ihre Flaggen sähen der israelischen zu ähnlich und könnten deshalb nicht akzeptiert werden. Als die Frauen darauf antworteten, dass sie damit lediglich jüdischen Stolz zur Schau tragen wollten und ihre Fahnen nichts mit Israel oder Zionismus zu tun hätten, antworte man ihnen, der Davidstern löse zu viele Emotionen aus und führe dazu, dass sich andere Teilnehmerinnen nicht mehr »sicher« fühlten. Einer weiteren Frau, die den Organisatoren erklärte, sie sei eine Zionistin, die sowohl die israelische als auch die palästinensische Souveränität befürworte, wurde gesagt, sie könne »nicht an beides glauben«.[14]

Auf der Creating-Change-Konferenz eines landesweiten LGBTQ-Arbeitkreises 2016 in Chicago plante *A Wider Bridge* eine Sabbatfeier mit Abendessen. *A Wider Bridge* setzt sich für die Stärkung der Beziehungen zwischen LGBTQ-Communities in Nordamerika und Israel ein. Die Organisatoren der Konferenz hatten die Veranstaltung zwar nicht genehmigt, doch nach heftiger öffentlicher Kritik durfte sie doch stattfinden. Die Sabbatfeier hatte gerade begonnen, als eine Menge Protestierender mit Schildern wie »Zionismus ist scheiße« und Gesängen wie »Ohne Gerechtigkeit kein Frieden« den Raum stürmte. Die Israelis, die dem Mahl beiwohnten, wurden durch die Hintertür hinausgedrängt. Einige der Teilnehmer wurden geschoben und gestoßen, als sie den Raum verlassen wollten. Einige Antizionisten gebrauchen den Begriff »Pinkwashing«, um die Bestrebungen der israelischen Regierung und proisraelischer LGBTQ-Aktivisten zu verurteilen, ein Bild Israels als ausgesprochen schwulenfreundliches Land zu zeichnen. Besonders tragisch war der Umstand, dass die Israelis zu großen Teilen vor allem deshalb an der Konferenz teilnahmen, um darüber zu diskutieren, welche Schlussfolgerungen aus dem Mord eines ultraorthodoxen Juden an einer Sechzehnjährigen während der Jerusalemer Schwulen- und Lesbenparade 2015 gezogen werden müssten.

Auch ein ehemaliger Student von mir hatte versucht, an der Sabbatfeier teilzunehmen. Er ist heute Ende dreißig, Geschäftsmann, und nimmt sowohl seine jüdische als auch seine schwule Identität sehr ernst. Er beschreibt seine Erlebnisse an diesem Abend wie folgt: »Ich konnte den Raum nicht finden, da die Veranstaltung aus Sicherheitsgründen verlegt worden war. Die Stimmung war dermaßen aufgeladen, dass ich mich nicht traute, nach dem Weg zu fragen.« Auch diese Aussage halte ich für tragisch. Er hatte überhaupt kein Problem damit, sich als Schwuler zu outen – etwas, was vor nicht allzu langer Zeit undenkbar gewesen wäre –, doch er hatte Angst, sich als Jude zu erkennen zu geben.[15]

Es gibt aber auch Studenten, die keine Angst davor haben, sich antisemitischen Diskursen zu stellen. Als im April 2016 die Studierendenvertretung der Stanford University über eine Resolution debattierte, mit der sie sich dazu verpflichten wollte, gegen Antisemitismus aufzustehen, meldete sich ein studentischer Vertreter, der Probleme mit der Resolution zu haben schien, und stellte infrage, ob die Aussage: »Juden kontrollieren die Medien, Wirtschaft, Regierung und andere gesellschaftlichen Einrichtungen« als antisemitisch zu betrachten sei. Vielmehr sei dies Gegenstand einer »mehr als berechtigten Diskussion«.[16] Angesichts dieser Aussagen entschied sich die studentische Tageszeitung *The Stanford Daily*, diesem Studierendenvertreter ihre Unterstützung zu entziehen. Einer der Herausgeber der Zeitung, Winston Shi, begann seinen Artikel mit der Bemerkung, »Antisemitismus, so dumm er auch sein mag, ist nicht die einzige Provenienz dummer Leute«. Shi ergänzte:

> *Menschen, die dem Tod ins Auge sehen mussten, weil sie Juden sind, werden einem sicher bereitwillig erklären, dass »Juden regieren die Welt« der älteste Trick ist, den es überhaupt gibt ... Seit die Juden in aller Welt eine Minderheit darstellen, mussten sie mit diesem Müll leben. Ich kann das nicht genug betonen. Was Mr Knight als »mehr als berechtigte Diskussion« bezeichnet, sind genau die Worte, die Pogrome und*

Genozide ins Rollen brachten, die über Generationen Gemeinden zerstörten und im menschlichen Bewusstsein tragische Flecken hinterließen. Glaube ich, Mr Knight hat vor, den Holocaust zu wiederholen? Nein. Glaube ich, Mr Knight ist für seine Worte verantwortlich? Ganz bestimmt … Aufgrund seiner palästinensischen Abstammung wäre es nicht allzu überraschend, hätte Mr Knight eine eher schlechte Meinung über den israelischen Staat; doch vom Streit über die palästinensische Krise überzuleiten zu »Juden kontrollieren die Medien« spottet jeder Logik. Ignoranz ist keine Entschuldigung. Offensichtlich hat Mr Knight etwas nicht ganz verstanden.[17]

Ein bekanntes Argument ist in diesem Rahmen die Behauptung, die Angst der Juden vor Antisemitismus sei nur ein Mittel, um von Israels Verfehlungen abzulenken. Der britische Regisseur Loach etwa beteuerte, mit Berichten über den Anstieg von Antisemitismus in ganz Europa werde nur versucht, die Aufmerksamkeit von den Verbrechen der israelischen Armee »abzulenken«.[18] David Clark, ein ehemaliges Unterhausmitglied der Labour Party, verglich Antisemitismusvorwürfe mit einem »böswilligen intellektuellen Rowdytum« und nannte sie eine Form der »Erpressung«.[19] Der britisch-pakistanische Schriftsteller Tariq Ali charakterisierte Meldungen über Antisemitismus als »zynische Strategie vonseiten der israelischen Regierung, um den zionistischen Staat vor jeder Kritik an seiner alltäglichen und konsequenten Brutalität gegen die Palästinenser zu schützen«.[20] Indem sie Juden beschuldigen, den Antisemitismus zu instrumentalisieren, verweigern sie ihnen etwas, das sie anderen Minderheitengruppen nur zu gern zugestehen. Der *Guardian*-Journalist Jonathan Freedland beschreibt dies wie folgt:

Wenn Juden etwas als antisemitisch kennzeichnen, fühlen sich linke Nichtjuden merkwürdigerweise berufen, ihnen zu sagen, dass sie sich irren, dass sie übertreiben, dass sie lügen, dass sie mit Ablenkungsmanövern hantieren – um ihnen im Anschluss eine lange Predigt darüber zu halten, was antijüdischer Rassismus wirklich ist. Würde ein Mann so mit einer Frau reden, die Linke würde genau dieses Verhalten als frauenfeindliches »Mansplaining« bezeichnen. Sie würden sich in Grund und Boden schämen, würde man sie dabei ertappen, wie sie so mit LGBT-Leuten oder Muslimen umgingen. Doch Juden gegenüber fühlen sie sich frei von solchen Zwängen.[21]

Doch linker Antisemitismus hält sich hartnäckig. Linda Sarsour, eine amerikanisch-palästinensische Aktivistin und ehemalige Generaldirektorin der Arab American Association of New York, die auch den New Yorker Women's March 2017 mitorganisiert hat, tweetete 2012: »Nichts ist gruseliger als Zionismus«, und setzte ein »Nein zu Rassismus« hinzu, womit sie Zionismus mit Rassismus gleichsetzte. Im April 2017 mahnte sie alle, die »sich selbst Zionisten nennen … wir werden uns nicht ändern, nur damit sich irgendjemand hier wohlfühlt. Wenn ihr nicht mit Leib und Seele dabei seid, dann ist das hier nicht die richtige Bewegung für euch.« Sie bestätigte ihren Standpunkt im Herbst 2017, als sie Teilnehmer am March for Racial Justice angriff, die sich auf ihren Schildern dazu bekannten, sowohl Zionisten als auch Progressive zu sein. Sie erklärte, sie seien hier nicht willkommen, weil sie einer rassistischen Ideologie anhingen. Obwohl sie zahlenmäßig nur einen kleinen Teil der Demonstranten bildeten, erklärte Sarsour, aufgrund ihrer Anwesenheit würde sie sich »nicht sicher« fühlen.[22]

Während Sarsour sich aufgrund der Anwesenheit von Frauen mit proisraelischen Symbolen unwohl fühlte, scheinen sie und einige ihrer Kolleginnen sich von den offen rassistischen und homophoben Äußerungen eines Louis Farrakhan nicht aus der Ruhe bringen zu lassen. Der Prediger ist der US-amerikanische Führer der Nation of Islam (NOI), die vom Southern Poverty Law Center (SPLC), einer gemeinnützigen Organisation zur Bekämpfung von Rassismus und Förderung von Bürgerrechten, als »zutiefst rassistisch und Anti-LGBT« eingestuft wird.[23] Im März 2018 wohnte Tamika D. Mallory, eine der Mitorganisatorinnen des Women's March, dem jährlichen Rettungstag der Nation of Islam bei, an dem Farrakhan die »mächtigen Juden« als »meine Feinde« und die »Mütter und Väter der Apartheid« bezeichnete. Er erklärte, »die Juden« kontrollierten die Regierung und seien verantwortlich für das »entartete Verhalten in Hollywood, wo man Männer in Frauen und Frauen in Männer verwandelt«. Nach dieser Rede postete Mallory Videos und Bilder von sich mit Farrakhan. Während seiner Rede hatte er sich sogar mit einem Willkommensgruß an Mallory persönlich gewandt. Als man sie kritisierte, nicht nur weil sie an diesem Treffen teilgenommen hatte, sondern es zudem versäumte, Farrakhans offen antisemitische Aussagen zu verurteilen, tweetete sie: »Wenn euer Führer nicht dieselben Feinde hat wie Jesus, ist er vielleicht nicht DER Führer! Lest mal in der Bibel und ihr werdet die Parallelen schon noch entdecken.« Diese Anspielung auf die Feinde Jesu (»die Juden«) empörte viele Menschen, die sie als unverkennbar antisemitische Anspielung verurteilten.[24] Als die Kritik nicht abebbte, suchte Mallory Zuflucht bei einer wohlbekannten Taktik: Sie griff ihre Kritiker an und tweetete, dass sie »gemobbt« werde.[25]

Carmen Perez, auch sie eine Initiatorin des Frauenmarsches, postete Fotos, auf denen sie Farrakhans Hand hält, und schwärmte von ihrer Begegnung: »Oft sitze ich mit älteren oder inspirierenden Persönlichkeiten zusammen und wünschte, ich könnte diesen Augenblick festhalten und mit anderen teilen.«[26] Auch Sarsour hat an NOI-Veranstaltungen teilgenommen. Im Jahr 2015 erklärte sie auf einer großen NOI-Versammlung, »die Leute, die die Massaker an palästinensischen Menschen als Kollateralschäden rechtfertigen, sind dieselben, die den Mord an jungen schwarzen Männern und Frauen rechtfertigen«. Sie bestand weiterhin darauf, dass »White Supremacy« der »gemeinsame Feind« sei, dem Schwarze und Palästinenser gegenüberstünden.[27]

Infolge dieser Kontroverse veröffentlichten die Organisatorinnen des Frauenmarsches eine Erklärung, wonach sie »Antisemitismus, Rassismus, Frauenfeindlichkeit, Homophobie und Transphobie nicht tolerieren und diese Formen des Hasses in aller Form verurteilen … Prediger Farrakhans Aussagen über Juden, Queers und Transgender widersprechen den Prinzipien des Frauenmarsches«. Statt Farrakhan und die NOI eindeutig zu verurteilen, erklärten sie, »die Bildung intersektionaler Bewegungen« sei »schwierig und oftmals schmerzhaft«.[28] Ich glaube, so ist es tatsächlich – vor allem, wenn man versucht, sich mit antisemitischen Homophoben zusammenzutun, die Transmenschen stigmatisieren.

Es gibt bis heute keine Anzeichen, dass sich diese Situation ändern könnte. Im April 2018 betraten zwei Afroamerikaner in Philadelphia eine Starbucks-Filiale und warteten auf einen Bekannten. Als sie die Toilette benutzen wollten, antwortete man ihnen, sie sei zahlenden Gästen vorbehalten (die Männer hatten nichts bestellt). Kurze Zeit später fuhr eine Polizeieinheit vor, eine Mitarbeiterin von Starbucks hatte zuvor den Notruf gewählt. Sie verhafteten die Männer wegen unbefugten Betretens und führten sie in Handschellen ab. Ein Video dieses Vorfalls wurde auf Twitter viral, man konnte hören, wie andere Kunden im Hintergrund deutlich »Die haben doch nichts getan!« riefen. Die Männer wurden etwa acht Stunden später freigelassen, und Starbucks formulierte fünf Tage später eine öffentliche Entschuldigung. In seiner Pressemitteilung wies Starbucks zudem darauf hin, am 29. Mai alle 8000 Filialen in den Vereinigten Staaten schließen zu wollen, um für seine fast 175 000 Mitarbeiter Schulungen zur Vermeidung rassistischer Vorurteile durchzuführen. So wolle man Diskriminierung in den Cafés verhindern. Der Lehrplan sollte unter der Leitung von Experten in Fragen von Rassendiskriminierung erarbeitet werden, zu denen auch der ehemalige Generalstaatsanwalt Eric Holder und der Präsident der Anti-Defamation-League (ADL) gehören sollten. Tamika Mallory griff daraufhin via Twitter Starbucks an, weil das Unternehmen mit der ADL zusammenarbeiten wollte, einer Organisation, die »UNUNTERBROCHEN farbige Menschen« angreife. (Die ADL hatte sich mehrfach kritisch zu Farrakhans Rassismus, Homophobie und Antisemitismus geäußert.) Linda Sarsour schloss sich Mallorys Kritik an.[29]

Abigail, was Sie und Ihre Freunde gerade durchleben, ist sehr real, und leider seid ihr nicht die Einzigen. In meiner nächsten E-Mail, werde ich versuchen, einige Vorschläge zu machen, wie man darauf reagieren könnte.

Eure DEL

Antworten auf die progressive »Kritik«

Liebe Abigail, lieber Joe,

wie kann man den subtilen – und manchmal gar nicht so subtilen – antisemitischen Einstellungen und Verhaltensweisen in progressiv eingestellten Gruppierungen möglichst effektiv begegnen?

So interessant eine Antwort auch wäre, es bringt wahrscheinlich nichts, diese Gruppen zu fragen, wo ihre Proteste gegen den Missbrauch der Menschenrechte in Ländern wie Russland, China, Syrien, Saudi-Arabien, Türkei, Nordkorea, Sudan und Simbabwe bleiben.

Doch wir können etwas anderes tun, auch wenn es viele Juden aus der proisraelischen Community verärgern dürfte. Man darf durchaus anerkennen, dass die gegenwärtige Situation im Westjordanland unhaltbar ist, und erklären, die vernünftigste Lösung des Problems wären zwei Staaten – ein jüdischer Staat und ein palästinensischer Staat – Seite an Seite, mit sicheren und wehrhaften Grenzen. Diese Idee wird von all jenen ebenso abgelehnt, die die Legitimität eines jüdischen Staates auf dem gesamten Mandatsgebiet Palästina leugnen, wie von jenen, die behaupten, Israel werde niemals ein vertrauenswürdiger Verhandlungspartner sein – mit diesen Leuten zu diskutieren ist tatsächlich sinnlos. Gleichzeitig müssen wir genau zwischen Bewegungen unterscheiden, die nicht mit Israels Politik übereinstimmen, und solchen, die zur Vernichtung des jüdischen Staates aufrufen. Es ist ein gewaltiger Unterschied, ob man gegen die Politik der israelischen Regierung ist oder ob man Antisemit ist. Wir alle, die wir diese Plage bekämpfen wollen, tun uns keinen Gefallen damit, automatisch alle Ideen, mit denen wir nicht übereinstimmen, als antisemitisch zu brandmarken. Zu oft fallen einige jüdische Organisationen und ihre Anführer reflexhaft auf diese Anschuldigung zurück.

Für den Kampf gegen Antisemitismus und Israelfeindlichkeit gibt es kein allgemeingültiges Rezept. Eine Taktik, die im Kongress gut funktioniert, könnte im Universitätsmilieu scheitern, wenn nicht sogar neue Gegenkräfte freisetzen.

Amerikanisch-jüdische Gemeindevorsteher prahlen damit, dass seit Frühjahr 2017 siebzehn Staaten ein Gesetz verabschiedet haben, dass sich gegen den Boykott Israels richtet. Sie haben auch die Tatsache erwähnt, dass »der Kongress auf Bundesebene ein Gesetz verabschiedet hat, das politisch motivierte Handlungen verbietet, die wirtschaftliche Beziehungen zu Israel unter Strafe stellen oder anderweitig begrenzen wollen, wie etwa BDS«. Und sie wiesen auf den Verlust an Zustimmung hin, den BDS in Ländern wie Kanada, Großbritannien, Frankreich und Spanien erlitten hat.[1] Mögen die Versuche, kommerzielle Boykotts einzudämmen, durchaus erfolgreich sein (was auch durchaus zu begrüßen wäre), ist dieselbe Antiboykott-Taktik an Universitäten zum Scheitern verurteilt. Es gibt außeruniversitäre Gruppen, die Hochschulverwaltungen gedrängt haben, BDS-Gruppen und ihre Verbündeten, etwa die SJP, zu verbieten. Sie haben von den Hochschulen und ihren Repräsentanten gefordert, alle von den Studenten unterstützten Resolutionen zugunsten von BDS aufs Entschiedenste zurückzuweisen. Doch alle Versuche, antiisraelische Gruppen vom Campus zu vertreiben, werden nicht nur sicher scheitern, sondern sie werden, und das ist entscheidend, die Pro-BDS-Kräfte stärken. Eine Universitätsleitung kann keine Studentenorganisationen verbieten, die von der Studierendenvertretung zugelassen wurde. So funktionieren Hochschulen nicht. Sie dürfen nicht kontrollieren, welche Redner Studenten an die Universitäten einladen. Darüber hinaus spielen solche Handlungen den BDS-Befürwortern direkt in die Hände. Wie ich bereits gesagt habe, sind weder Boykotts noch Desinvestition die wahren Ziele von BDS, sondern die Verteufelung Israels. Und genau das wird erreicht, wenn israelische Dozenten während ihrer Vorträge gestört werden – unabhängig davon, welche Politik sie im Einzelnen vertreten. Was wir natürlich nicht einschätzen können, ist, wie viele israelische Dozenten einfach gar nicht erst eingeladen werden, weil die daraus resultierenden Probleme zu massiv sind. Antiisraelische oder propalästinensische Gruppen von den Universitäten fernzuhalten würde diese Verteufelung nur noch verstärken und das Narrativ vieler progressiver Gruppen stützen, wonach Israels Verbrechen von »weißen, privilegierten und mächtigen« Juden verteidigt werden.

Es gibt jüdische Organisationen, die Listen mit den Namen von Professoren erstellen, die BDS-Resolutionen unterschrieben haben. Sie drängen jüdische Studenten dazu, die Kurse dieser Lehrer zu boykottieren. Diese undifferenzierten und oft fehlerbehafteten Bemühungen gehen davon aus, dass Professoren nicht fähig sind, ihren Unterrichtsstoff von dem zu unterscheiden, was sie persönlich glauben.[2] (Einige können es tatsächlich nicht. Viele jedoch schon.) Diese Organisationen führen in ihren Listen die Namen und Fotos jener Professoren, die sie als pro-BDS oder antiisraelisch erachten. Indem sie schwarze Listen befürworten, ahmen diese jüdischen Organisationen die Taktik der BDS-Kampagne nach. Solche Listen sind zudem sehr fehleranfällig. Vor ein paar Jahren kursierte eine Liste von »antiisraelischen« Dozenten am Emory College. Sie war voller Mängel und falscher Anschuldigungen. Sogar Leute, die Emory schon Jahre zuvor verlassen hatten, befanden sich darauf. Selbst Professoren, die sich für Israel einsetzen und BDS ablehnen, empfanden sowohl die Idee als auch die Liste selbst beschämend und kontraproduktiv. Einige jüdische Gemeindeorganisationen haben sogar Israelis verfolgt, die selbst Opfer von BDS wurden. Dies widerfuhr etwa der Sängerin Achinoam Nini, bekannt als Noa. Einige jüdische Organisationen forderten von ihren Gemeinden, sie nicht auftreten zu lassen, weil sie, wie fälschlich behauptet wurde,

BDS unterstütze. Ironischerweise haben sich aber auch BDS-Anhänger gegen Auftritte in den Vereinigten Staaten von Noa, die eine vehemente Gegnerin der gegenwärtigen israelischen Regierung ist, gewehrt. Zu allem Überfluss haben sich dann noch proisraelische Kräfte, die selbst nicht in Israel leben, gegen Auftritte Noas ausgesprochen. Denn obzwar sie keine BDS-Anhängerin sei, sei sie doch eine strenge Kritikerin der israelischen Außenpolitik. So viel zu der Kunst, sich selbst das Wasser abzugraben.[3]

Ähnlich unverhältnismäßige, wenn nicht absurde Reaktionen löste die Entscheidung der Schauspielerin Natalie Portman aus, nicht nach Israel zu reisen, um den Genesis-Preis 2018 in Empfang zu nehmen. Die jährlich verliehene Auszeichnung, die von privaten Philanthropen und der israelischen Regierung vergeben wird, ehrt Individuen, die es auf ihrem Gebiet zu Meisterschaft und internationaler Berühmtheit gebracht haben und andere aufgrund ihres Engagements für die jüdische Gemeinschaft und jüdische Werte inspirieren. Ihre Agentin sagte, Portman sei durch jüngste Ereignisse in Israel beunruhigt gewesen und fühle sich nicht allzu wohl bei der Vorstellung, dort an öffentlichen Veranstaltungen teilzunehmen, vor allem an solchen, bei denen Premier Netanyahu (den sie bereits in der Vergangenheit kritisiert hatte) eine Rede halten würde. Daraufhin beschuldigte sie ein Mitglied des israelischen Kabinetts, BDS zu unterstützen (was Portman sofort bestritt). Ein weiterer warf ihr eine Handlungsweise vor, die an Antisemitismus grenze.[4] Das war ein lächerlicher und unfairer Angriff, noch dazu kontraproduktiv. Nicht nur war er bar jeder Realität, er stützte sogar die Argumente jener, die behaupten, jede Kritik an Israel werde unfairerweise als Antisemitismus gerügt.

Israel hat im Kampf gegen BDS schon des Öfteren kontraproduktive Schritte unternommen. So etwa, als 2017 ein

Gesetz in der Knesset verabschiedet wurde, das jedem die Einreise verweigert, »der bewusst und öffentlich zum Boykott Israels aufruft«.[5] Zu den schärfsten Kritikern dieser Maßnahme gehörten führende Köpfe an israelischen Universitäten und Vertreter der Anti-BDS-Bewegung außerhalb Israels. Sie beschrieben das Gesetz als »klare Erosion der Prinzipien akademischer Freiheit und des freien wissenschaftlichen Austauschs« und argumentierten, dass es besser sei, die BDS-Anhänger direkt zu konfrontieren, statt sie zum Schweigen zu bringen oder von den Universitäten fernzuhalten. Schließlich glaube man, »ein zwingenderes Narrativ« zu besitzen, das man teilen wolle. Dieses Gesetz verletzt nicht nur die Prinzipien der akademischen Freiheit, es ist – wie die Listen mit Pro-BDS-Professoren – ein klassisches Eigentor.[6]

Apropos Eigentor: Im Sommer 2018 wurden mehrere langjährige Israel-Unterstützer bei der Einreise ins Land festgehalten, weil sie sich gegen die israelische Präsenz im Westjordanland ausgesprochen hatten. Einige sahen sich Befragungen durch den israelischen Inlandsgeheimdienst Schin Bet ausgesetzt. Ihnen wurde nichts anderes vorgeworfen, als dass sie Organisationen angehörten, die der gegenwärtigen israelischen Politik kritisch gegenüberstehen. Unter ihnen befand sich ein bekannter Journalist, der nach Israel gereist war, um an der Bar-Mizwa-Feier seines Neffen teilzunehmen. Seine Behandlung schlug vielerorts hohe Wellen, auch in Israel. Obwohl der Schin Bet von sich aus zugab, dass einige seiner Maßnahmen, so auch diese, auf »fehlerhaften Einschätzungen« beruht hatten, beschloss der Justizminister, der Sache auf den Grund zu gehen.[7] In einem anderen Fall wurde ein langjähriger Freund Israels, der Millionen von Dollar für die israelische Sache gespendet hatte, unter anderem an Schulen und Krankenhäuser, bei seiner Ausreise festgehalten.

Er hatte seine im Westjordanland lebende Schwester besucht sowie einige der Wohltätigkeitsorganisationen, die er unterstützt. Zudem hatte an einem Gedankenaustausch mit Palästinensern teilgenommen. Dabei steckte man ihm ein Dokument zu, das er für Propaganda hielt. Dennoch nahm er es mit, um es sich später in Ruhe durchzulesen. Sicherheitsbeamte fanden es in seinem Gepäck und zwangen ihn zu einer ausführlichen Befragung, bevor er das Flugzeug besteigen durfte. Später entschuldigten sich die israelischen Behörden.

Einige Verteidiger Israels greifen auf rhetorische Waffen zurück. So etwa ein Rabbiner aus Los Angeles, der behauptet, »die BDS-Bewegung unterscheidet sich nicht von den Nazis der 1920er- und 1930er-Jahre, die einen Mythos erschaffen haben, wonach alle Juden sich schlimmster Verbrechen gegen die internationale Völkergemeinschaft schuldig gemacht hätten und nach der Weltherrschaft strebten«.[8] Solche Vergleiche verzerren Geschichte wie Gegenwart. Sie nutzen Antisemitismusvorwürfe als Knüppel und bestätigen jene, die die Juden beschuldigen, sich »zu sehr« auf den Holocaust zu berufen. Das Einzige, was man mit diesen Listen und Kommentaren erreicht, ist, jenen, die sie erstellen, ein Gefühl der Befriedigung zu geben.

Viele israelische und amerikanische Organisationen haben auf ihre legislativen Errungenschaften und schwarzen Listen hingewiesen und sehen sich als Sieger. Bei einem vom World Jewish Congress finanzierten Studententreffen bei den Vereinten Nationen betonten israelische und amerikanische Sprecher wiederholt: »Wir werden gewinnen.« Zwar mag die Zahl der BDS-Aktivitiäten auf dem Campus abnehmen, doch die von Anti-BDS-Aktivisten gepriesenen »Errungenschaften« sind bestenfalls falsche oder Pyrrhussiege. Der Preis, der für diese Siege zu bezahlen ist, ist hoch. Sie führen zur Entfremdung von vielen potenziellen Verbündeten und, noch wichtiger, sie machen das stärkste Argument gegen Boykotts zunichte. In der jüngsten Vergangenheit erkennt eine wachsende Anzahl an Akademikern, darunter auch Kritiker der israelischen Politik, dass BDS den Grundsteinen jeder höheren Bildung entgegengesetzt ist. An Universitäten wird der »Boykott gegen den Boykott« nicht nur scheitern. Indem Anti-BDS-Gruppen zum Boykott antiisraelischer Gruppen drängen, überlassen sie ihren Gegnern die akademisch-moralische Überlegenheit – das Eintreten für die akademische Freiheit und die Freiheit der Forschung.

Eure DEL

Kurzsichtigkeit: Antisemitismus *nur* bei den anderen sehen

Liebe Abigail, lieber Joe,

in den letzten Jahren, während Juden zunehmend besorgt auf anschwellende Äußerungen von Antisemitismus reagieren, wurde ich Zeuge einer äußerst verstörenden Entwicklung. Ich habe bereits an früherer Stelle auf sie hingewiesen. Jetzt will ich sie genauer untersuchen. Es geht um die wachsende Tendenz unter jenen, die Antisemitismus bekämpfen, ihn als ein Problem zu betrachten, das immer nur auf der anderen Seite des politischen Spektrums existiere. Linke sehen Judenhass immer nur unter den Rechten. Rechte erkennen ihn nur unter den Linken. Was sie sehen, sehen beide Seiten nicht einmal falsch. Und doch sind sie blind oder verschließen zumindest die Augen, wenn es um Antisemitismus in ihren Reihen geht.

Man denke nur an die Reaktionen auf Linda Sarsours Kommentare über den Zionismus und weibliche Zionisten.

Mehr als 150 progressive Juden, darunter auch viele Rabbiner, kritisierten Sarsours Kritiker. Einige von ihnen behaupteten, ohne Beweise dafür zu haben, sie stelle sich ausschließlich gegen rechte Zionisten. Damit erreichen sie überhaupt nichts, so stärken sie nur Antizionisten.[1]

Dieselbe Form der Rationalisierung war auch am Werk, als es darum ging, die Verbindung der Frauenmarsch-Organisatorinnen zur NIO zu verteidigen. Die Rabbinerin Jill Jacobs, geschäftsführende Leiterin von T'ruah: The Rabbinic Call for Human Rights, verurteilte Farrakhans Äußerungen als »widerwärtig und unentschuldbar«, fügte dann allerdings hinzu, man könne nicht die ganze Women's-March-Bewegung »wegen der Aussagen einiger weniger ablehnen«. Ähnlich dürftig äußerte sich Judy Levey, geschäftsführende Leiterin der NGO Jewish Council on Urban Affairs: »Leute drücken sich nicht immer und zu jedem einzelnen Thema genauso aus, wie wir das gerne hätten. Dennoch ist es von äußerster Wichtigkeit, für unsere gemeinsamen Werte zusammenzustehen. Nur so bringen wir die Themen, die uns alle berühren, voran.« Es ist zwar richtig, eine ganze Bewegung nicht nur deshalb abzulehnen, weil bestimmte Individuen unliebsame Äußerungen von sich gegeben haben. Was diese Frauen jedoch nicht sagen, ist, dass die »Leute«, derentwegen sie sich unbehaglich fühlen, die Führungskräfte der Bewegung sind. Und immerhin schenkten diese Führungskräfte einem stolzen Antisemiten und Homophoben Befriedigung, Unterstützung und Bewunderung.

Weniger versöhnlich zeigte sich Sharon Brouse, eine bekannte progressive Rabbinerin. »In einer Bewegung, die sich aus vielen verschiedenen Religionen und Ethnien zusammengeschlossen hat, darf es keinen Raum für Antisemitismus, Homophobie oder Transphobie geben«, sagte sie. »Punkt. Man kann nicht Rassismus bekämpfen, aber Antisemitismus verteidigen, genauso wenig, wie man Antisemitismus bekämpfen kann, während man Rassismus oder Islamfeindlichkeit verteidigt und rechtfertigt.«[2] Später wurden neue Informationen über mehrere Treffen führender Mitglieder der Demokratischen Partei mit Farrakhan bekannt. Auch hier blieb die Entrüstung erstaunlich gedämpft.[3]

Doch natürlich haben nicht nur Linke so ihre Probleme, den Rassismus in ihren Reihen unmissverständlich zu benennen. Im Herbst 2017 etwa wurden neue Details über die rechtsextremen Tendenzen von Steve Bannon und *Breitbart News* bekannt. Es gibt zwar keine glaubwürdigen Belege, dass Bannon selbst Antisemit ist, dennoch ist es erschütternd, dass dieselben rechten jüdischen Gruppen, die Bannons Unterstützung für Israel ausposaunen, gleichzeitig den Rassismus, den weißen Nationalismus und die einwandererfeindliche Sichtweise von *Breitbart News* während der Jahre, in denen er ihr Herausgeber war, ignorierten.[4] Bannon hat der aufkommenden Bewegung des weißen Nationalismus auf die Beine geholfen – und trotzdem begeisterten sich einige jüdische Organisationen für ihn und lassen davon bis heute nicht ab.

Als die *GQ*-Reporterin, die das kritische Porträt über Melania Trump geschrieben hatte, vom *Daily Stormer* und anderen Trump unterstützenden Antisemiten im Netz aggressiv bedroht wurde, drängte der *New York Times*-Journalist Jonathan Weisman mehrmals die Republican Jewish Coalition (RJC) zu einer Reaktion. Nach vielen Ausflüchten ließ diese schließlich verlautbaren: »Wir verabscheuen jede Beleidigung von Journalisten, Kommentatoren und Autoren, egal, ob sie von Sanders-, Clinton- oder Trump-Anhängern kommt.« Weisman staunte angesichts der Tatsache, dass die RJC »ohne mit der Wimper zu zucken« die Trolle, die offen antisemitische Aussagen im Netz verbreiteten, die Journalisten mit Vergewaltigung und Tod drohten und sie auf Bildern in Gaskammern stoßen ließen, mit Anhängern der Pro-Clinton- und Pro-Sanders-Fraktion gleichsetzten.[5]

Ein besonders bizarres Phänomen sind antisemitische Anhänger der White-Supremacy-Bewegung, die ihre leidenschaftliche Bewunderung für Israel zum Ausdruck bringen. Bei einem Auftritt an der University of Florida im Oktober 2017 präsentierte der Alt-Right-Führer und White-Nationalist-Anhänger Richard Spencer irrtümlicherweise Israel (ein Staat, der gleiche Rechte für Juden und Araber garantiert) als ein Beispiel für jenen »Ethno-Staat«, den er so liebend gerne in den Vereinigten Staaten errichten würde – einen Staat, in dem Nichtweiße (zu denen nach seiner Rechnung auch Juden gehören) in Gettos fernab von den Weißen leben müssten.[6] Er hasst Juden, aber liebt Israel.

Gleichzeitig antisemitisch und proisraelisch zu sein, scheint auch in mehreren europäischen Ländern eine Option darzustellen. Im Sommer 2017 begann der ungarische Premierminister Orbán einen konzertierten Angriff auf George Soros, einen ungarisch-amerikanischen Juden, Milliardär und Holocaust-Überlebenden, der in vielen ehemaligen Sowjetstaaten, so auch in Ungarn, Demokratie- und Menschenrechtsgruppen gegründet hatte. Die ungarische Regierung ließ im ganzen Land Werbetafeln aufstellen, die einen grinsenden Soros zeigten. Darunter stand: »Lasst uns dafür sorgen, dass George Soros nicht zuletzt lacht.« Die Vereinigung der jüdischen Gemeinden in Ungarn verurteilte die Kampagne mit der Begründung, sie sei zwar »nicht offen antisemitisch, habe jedoch eindeutig das Potenzial, unkontrollierte Emotionen, unter anderem Antisemitismus, zu entfachen«. Auch der israelische Botschafter Ungarns verurteilte die Plakate zunächst aufs Schärfste. Doch dann wies ihn das israelische Außenministerium an, seine Kritik zurückzunehmen – ein beispielloser Vorgang. Es scheint, als hätte die israelische Führung Angst, solche Kritik könnte Israels Bemühungen um engere Beziehungen zu Orbán erschweren. Orbán ist nicht nur ein glühender Gegner von Muslimen, er ist auch einer der wenigen europäischen Regierungschefs, die Israel in der Europäischen Union verteidigen. Soros hat dagegen Gruppen gegründet, die Israels Politik äußerst kritisch gegenüberstehen. Auch auf diplomatischer Ebene wurden bald alle Spannungen zwischen Ungarn und Israel, die die Kampagne gegen Soros provoziert hatte, gelöst. Während eines Besuchs Benjamin Netanyahus in Ungarn versicherte Orbán Israels Premierminister, sein Land werde Antisemitismus nie tolerieren. Netanyahu erklärte, er sei »beruhigt«, und brachte seine Überzeugung zum Ausdruck, die ungarische Regierung halte fest zum jüdischen Volk.

Die ungarischen jüdischen Gemeinden waren nicht so leicht zu besänftigen. Und ihre Skepsis war, wie sich herausstellen sollte, berechtigt. Nur wenige Monate später führte die ungarische Regierung eine landesweite Befragung durch, bei der es vordergründig darum ging, die Einstellung der Ungarn zu Migration und Flucht zu bewerten. Alle sieben Fragen hatten mit etwas zu tun, was man Soros-Plan nannte und angeblich von Soros und den EU-Vorderen geheim ausgeheckt worden war. (Dass es für so etwas wie einen Soros-Plan keinerlei Beweise gab, war für die Regierungsbeamten, die die Befragung erstellt hatten, völlig irrelevant.) Nach Darstellung der ungarischen Regierung versuche Soros, alle EU-Mitglieder dazu zu bringen, ihre »Grenzzäune abzubauen und ihre Grenzen für Migranten zu öffnen«. EU-Länder würden dazu gezwungen, Geflüchtete verbindlich aufzunehmen. Das vermeintliche Ziel dieses angeblichen Plans sei es, »den Einfluss der Sprachen und Kulturen europäischer

Länder zu mindern«. Hier klingt ohne Zweifel die klassische antisemitische Beschuldigung aus dem 20. Jahrhundert an, wonach »kosmopolitische« europäische Juden (heute die »globalisierten« Juden) keine nationalen Wurzeln und keinerlei Zugehörigkeitsgefühl hätten. Im ungarischen Parlament hielt ein Staatssekretär eine Rede mit dem Titel »Die christliche Verpflichtung, gegen den Satan/Soros-Plan zu kämpfen«, in der er Soros als »Satan« darstellte, der eine Agenda betreibe, »die aus dem Innersten die Tradition und Zivilisation des christlichen Europa hasst«.[7] Das war klassische Verschwörungstheorie. So weit also zu Orbáns Versicherung an Netanyahu, dem Antisemitismus entgegenzutreten.

Trotz alledem lud Israel im Februar 2018 die Regierungen von Ungarn, Polen, Slowakei und Tschechien, die sich zu einer kulturellen und politischen Allianz mit dem Namen Visegrád-Staaten zusammengetan haben, ein, ihr nächstes Treffen in Israel zu veranstalten.[8] Ein solches Treffen würde Ungarn und Polen die Gelegenheit bieten, die gegen beide Staaten erhobenen Vorwürfe von Antisemitismus und Holocaustleugnung loszuwerden. (Denn, so ihre Logik, Israel würde sie doch kaum empfangen, wenn sie etwas mit Judenhass zu tun hätten.) Etwa zur selben Zeit gab ein Berater des polnischen Präsidenten Journalisten zu verstehen, es könne nur einen Grund geben, warum Israel sich gegen das neue polnische Gesetz stelle, wonach jede Erklärung, polnische Bürger hätten während des Zweiten Weltkriegs mit den Nazis kollaboriert, strafbar ist: Israel schäme sich »für die Passivität der Juden während des Holocaust« und »kämpfe darum, das Monopol über den Holocaust zu behalten«.[9]

Doch Orbán musste sich gar nicht bis zu einem Treffen der Visegrád-Staaten in Israel gedulden, um sich von Netanjahu einen Persilschein ausstellen zu lassen. Als er Israel im Sommer 2018 besuchte, nannte ihn Netanjahu einen »wahren Freund Israels« und charakterisierte ihn als jemanden, der sich »dem Kampf gegen Antisemitismus« verpflichtet fühle. Der israelische Premierminister sagte dies trotz heftigen Widerstands vonseiten der ungarischen Juden, trotz Orbáns offen antisemitischer Kampagne gegen Soros und trotz seiner Leugnung jener Rolle, die Ungarn bei der Dezimierung der jüdischen Gemeinschaft 1944 gespielt hatte. Orbán hatte Ungarns Staatsoberhaupt während des Zweiten Weltkriegs, Admiral Horthy, gelobt. Horthy erließ nicht nur strenge antisemitische Gesetze, die Juden in Arbeitslager zwangen, er arbeitete auch Hand in Hand mit den Deutschen bei der Deportation und Vernichtung der letzten größeren jüdischen Gemeinschaften in Europa.[10]

Auch Polen erhielt seine Absolution für den Versuch, die Geschichte des Holocaust umzuschreiben, schneller als erwartet. Nachdem die Regierung Netanjahu die polnische Gesetzesänderung von 2018 zunächst heftig attackiert hatte, änderte sie im Juli 2018 plötzlich ihren Kurs. Dabei hatte Polen das Gesetz abgesehen davon, dass seine Missachtung nicht weiter als Straftat gelten sollte, kaum verändert. Die Regierenden beider Länder unterzeichneten eine hochkontroverse Erklärung, wonach sich während des Zweiten Weltkriegs sowohl der polnische Untergrund als auch die Exilregierung systematisch für Juden eingesetzt hätten. In der Erklärung gaben zwar beide Seiten zu bedenken, dass es zu Vorfällen gekommen sei, in denen Polen Grausamkeiten gegen Juden verübt hätten, sie betonten jedoch vor allem, dass »eine Vielzahl von Polen« ihr Leben riskiert habe, um Juden zu retten. Im Anschluss verurteilten sie Antipolonismus in gleichem Maße wie Antisemitismus.

Israels führende Historiker, so auch jene in Yad Vashem, waren entrüstet. Sie beschrieben sowohl die Erklärung als auch das abgeänderte Gesetz als »groben Fehler und Irreführrung«. In Hinblick auf die angebliche Hilfe der polnischen Exilregierung für Juden erklärten sie, dass die Forschungsergebnisse der letzten Jahrzehnte »ein völlig anderes Bild« gezeichnet hätten. Polnische Hilfe für Juden sei »relativ selten« gewesen, Angriffe, sogar Mord hingegen »weit verbreitet«. Die gemeinsame Erklärung bestätige alle Fehler des ursprünglichen Gesetzes. Die Historiker verurteilten auch das Nebeneinanderstellen von Antisemitismus und Antipolonismus und bezeichneten letzteren als »fundamental anachronistisch und ohne jeden Bezug zum Antisemitismus«. Einer der weltweit führenden Holocaustforscher, Yehuda Bauer, nannte die Erklärung einen »Verrat«, der »das jüdische Volk und die Erinnerung an den Holocaust verletzt«. Die Entscheidung der israelischen Regierung, dem Statut zuzustimmen, erklärte er für rein politisch motiviert. Es sei einzig darum gegangen, »die diplomatischen, politischen und wirtschaftlichen Bande zwischen israelischer und polnischer Regierung« zu stärken.[11]

Als Österreichs rechte populistische und fremdenfeindliche FPÖ im Jahr 2000 der Regierungskoalition beitrat, zog Israel aus Protest zeitweilig seinen Botschafter aus Wien ab. Doch seit einigen Jahren geht die FPÖ mit ihrer Bewunderung für den Zionismus hausieren. Sie trat für die Errichtung von Siedlungen im Westjordanland ein und engagierte sich für die Verlegung der österreichischen Botschaft nach Jerusalem. Und 2018 begannen die FPÖ-Oberen nach ihren großen Wahlerfolgen Israel zu umwerben, um »die Beziehungen zwischen unserem [österreichischen] Volk und dem jüdischen Volk« zu verbessern. Als Reaktion darauf reiste ein Abgeordneter des Likud nach Wien, um die Parteivorsitzenden zu treffen, von denen einige im Anschluss auch Israel besuchten. Der Protest der jüdischen Gemeinden in Österreich verhallte ungehört.[12] Diese seltsamen Verbindungen sind deshalb umso besorgniserregender, da die polnischen und ungarischen Regierungen wie auch die österreichische FPÖ dafür bekannt sind, starke antimuslimische Gefühle zu hegen. Sie alle haben nur allzu deutlich gemacht, dass muslimische Flüchtlinge in ihren Ländern nicht willkommen sind.[13]

Diese seltsamen Bündnisse lassen sich zum Teil durch eine Form des Nationalismus erklären, der für alle diese Regierungen eine wichtige Rolle spielt. Sowohl Polen als auch Ungarn und Österreich zeigen sich willens, Israels Politik vor den Vereinten Nationen und in der EU zu verteidigen. Andere Demokratien sind dazu in geringerem Maße bereit. Im Grunde genommen ist Netanjahus Schritt eine realpolitische Entscheidung. Er ist offensichtlich bereit, im Austausch für die gewährte Unterstützung Antisemitismus, Holocaustleugnung und weitere gegenwärtige Formen des Judenhasses zu ignorieren. Nur hat er diesen Pakt mit zweifelhaften Partnern geschlossen. Wenn sie sich heute bereits zu derart eindeutigen Formen des Antisemitismus und der Geschichtsklitterung bekennen, wogegen werden sie sich dann morgen richten? Wird man ungarischen Schulkindern fiktive Darstellungen über den Holocaust lehren, wonach ihr Land ein Opfer der Nazis geworden sei und dennoch alles versucht habe, seine Juden zu retten? Wird man Besuchern in Auschwitz künftig herbeiphantasierte Geschichten darüber erzählen, wie Polen genauso wie Juden gelitten und dennoch immer versucht hätten, sie zu retten? Mehr noch, dieser Pakt hinterlässt ernsthafte Zweifel an Netanjahus Versicherung, Israel sei der weltweit wichtigste Beschützer von Juden gegen Antisemitismus und Verfolgung.

Zuletzt aber noch ein weiterer Vorfall aus den Vereinigten Staaten. Im März 2017 lud die Ständige Vertretung Israels der Vereinten Nationen 2000 Studenten und Vertreter proisraelischer Positionen ins New Yorker Hauptquartier, um Strategien zu entwickeln, wie man BDS-Aktivitäten an Universitäten und auf verschiedenen Social-Media-Plattformen bekämpfen könnte. Zwar standen die meisten der Vortragenden wie auch die Organisatoren politisch rechts der Mitte, die studentischen Teilnehmer deckten dennoch ein breites politisches Spektrum ab. So waren auch Mitglieder der linksorientierten jüdischen Lobbygruppen J Street U und des New Israel Fund anwesend, die sich beide leidenschaftlich für die Schaffung eines palästinensischen Staats im Westjordanland (die »Zwei-Staaten-Lösung«) einsetzen. Als sich zwei Studenten und Mitglieder von J Street U, einer studierte am Barnard College, der andere in Princeton, zu erkennen gaben und fragten, wie sie ihre Kommilitonen, die gegen die Besatzung des Westjordanlands sind, überzeugen könnten, dass BDS der falsche Weg sei, wurden in dem riesigen Auditorium Zischlaute hörbar. Einer der Vortragenden, der Republikaner Alan Clemmons, antwortete den Studenten mit dem laut Zeitungsberichten »populärsten Satz des Tages«. Er persönlich glaube, so Clemmons, J Street sei eine »antisemitische Organisation, die Gesetze und Realitäten ignoriert, um Israel und die jüdische Nation zurückzudrängen«. Mit dieser Aussage erntete er tosenden Applaus.[14] Nicht einer der Organisatoren oder Sponsoren, selbst jene aus eher moderaten jüdischen Gruppen, prangerten Clemmons' schlimmen Kommentar und die darauffolgende Reaktion öffentlich an. (Sie taten es erst in Medieninterviews nach der Versammlung.) Anwesende Vertreter der israelischen Regierung verweigerten jeden Kommentar, womöglich, weil Clemmons sich so vehement für eine Gesetzgebung gegen den Boykott eingesetzt hatte.[15]

Die Studenten und Mitglieder von J Street U, die mit ihren T-Shirts als solche erkennbar waren, reagierten sprachlos darauf, von Juden, die wie sie proisraelisch eingestellt waren, als Antisemiten abgestempelt zu werden. Sie waren verdutzt, so einer von ihnen, als »uns ein Mitarbeiter des Sicherheitsdiensts und einer der Organisatoren baten, bei einem Gruppenfoto [die J-Street-Logos] abzudecken. Es ist nicht ganz klar, warum.«[16]

Noch peinlicher war die Tatsache, dass einer der Redner auf der Veranstaltung ein messianischer Jude war – als geborener Jude war er unter dem Einfluss des evangelikalen Missionswerks *Juden für Jesus* zum Christentum konvertiert. Er wurde allerdings bei dem Treffen nicht in dieser Funktion vorgestellt und wohl vor allem deshalb eingeladen, weil er ein Rechtsanwalt ist, der sich in der Anti-BDS-Bewegung engagiert. (Die Tatsache, dass er zu Donald Trumps Anwälten gehört, könnte einen weiteren Grund für die Einladung darstellen.) Doch man wundert sich doch, wie die Organisatoren (die seine religiösen Verbindungen kannten) es guten Gewissens schafften, die Beifallsstürme, die er nach einer mitreißenden Ansprache erhalten hatte, mit dem Gejohle unter einen Hut zu bringen, das die Studenten der J Street U ertragen mussten.

Mir ist klar, dass euch all das ziemlich deprimieren muss. Und doch ist es wichtig, nicht zu verzweifeln. Es gibt Schritte, die wir gehen können. Zu den wichtigsten gehört es, einfach *da* zu sein. Abigail, Sie und Ihre Freunde dürfen die progressiven Gruppen, denen ihr euch angeschlossen habt, nicht verlassen. Ihr, als Zionisten und Freunde Israels – mit all seinen Fehlern –, müsst Präsenz zeigen. Progressive Organisationen dürfen von den wenigen Judenhassern in ihren Reihen nicht überredet werden, in die Tiefen des Antisemitismus hinabzusteigen. Eure hartnäckige Präsenz unter ihnen wird es für sie schwerer machen, den Sieg davonzutragen. Und ihr müsst euch dem offenen Antisemitismus entgegenstellen, der aus diesen Gruppen selbst kommt. Das wird für euch nicht angenehm oder einfach, aber es ist wichtig, für die Dinge, an die man glaubt, einzustehen. Ich beobachte Freunde aus Großbritannien, seit langen Jahren Labour-Mitglieder, denen völlig klar ist, dass die Partei den Antisemitismus in ihren Reihen auszuhalten gedenkt. Doch sie gehen nicht, sondern begeben sich stattdessen ins Gefecht, so unangenehm es für sie auch sein mag.

Joe, das gilt auch für uns beide. Auch wir müssen den Mund aufmachen, vor allem gegenüber Kollegen, die heimlich, still und leise – und manchmal gar nicht so leise – einer Politik zugestimmt haben, die mit antisemitischen Inhalten gespickt ist und den Prinzipien, für die eine Universität steht, entgegengesetzt ist. Wir müssen bereit sein, dagegenzuhalten, wenn wir mitbekommen, dass Kollegen israelische Studenten und Bewerber aufgrund ihrer Herkunft ablehnen. Wir müssen darauf bestehen, dass gegen Antisemitismus mit derselben Härte vorgegangen wird wie gegen Rassismus, Sexismus, Homophobie und Islamfeindlichkeit. Wir müssen sowohl unseren Freunden als auch unseren Feinden gegenüber den Mund aufmachen. Wenn Abigail und ihre Freunde sich in die Schusslinie begeben, müssen wir dasselbe tun. Es mag sehr unangenehm sein, doch wir müssen darauf hinweisen, dass innerhalb der muslimischen Gemeinden vor allem in Europa Milieus existieren, in denen der Antisemitismus den Ton angibt. Wir dürfen dies nicht ignorieren, rationalisieren oder als Folge der Vorfälle im Nahen Osten als etwas bagatellisieren, das verschwinden wird, sobald der Konflikt zwischen Israel und Palästina gelöst ist. Wir können ihren Antisemitismus nicht als den Glauben fehlgeleiteter Migranten abtun, die das Wesen westlicher Demokratien noch nicht vollständig begriffen haben. Er kommt von Menschen, die zum Judenhass erzogen wurden. Doch es ist viel mehr als nur ein Angriff auf Juden; es ist ein Angriff auf alle Bereiche der westlichen Gesellschaft. Gleichzeitig müssen wir uns vor einer Dämonisierung von Muslimen hüten. Wir dürfen den Hass gegen Juden nicht mit dem Hass auf andere Gruppen bekämpfen.

Am wichtigsten aber ist es, die Menschen darauf aufmerksam zu machen, dass Antisemitismus nicht nur ein Problem der Rechten oder der Linken ist, sondern in beiden Lagern existiert. Mag sein, dass er aufseiten der Linken eher institutionalisiert ist, doch können wir ihn auch als ein Element im Aufstieg eines rechten Nationalismus in den Vereinigten Staaten und anderswo beobachten. Wir können den Linken – progressiven Leuten, die entschlossen sind, lang anhaltende Missstände wiedergutzumachen – nicht erlauben, dem Antisemitismus, der sich tragischerweise in einige Gebiete der politischen Linken eingeschlichen hat, blind gegenüberzustehen.

Genauso müssen wir jene Rechten, die von sich behaupten, lediglich die »europäische Kultur« schützen zu wollen, geradeheraus als die Antisemiten und Rassisten zur Kenntnis nehmen, die sie sind. Es war kein Zufall, dass die Gruppen, die 2017 in Charlottesville zusammenkamen, um gegen die Entfernung der Statue von Robert E. Lee zu protestieren, »Juden werden uns nicht ersetzen« skandierten. Und es war auch kein Zufall, dass Richard Spencer seine Rede auf einer Alt-Right-Konferenz kurze Zeit nach den Präsidentschaftswahlen 2016 mit dem Ausruf »Heil Trump, Heil unserem Volk, Heil dem Sieg« beschloss und ihm nicht wenige Anwesende mit dem Hitlergruß antworteten. Abigail, genauso wie Sie die Antisemiten unter denen ansprechen müssen, die mit Ihnen politisch auf einer Seite stehen, genauso müssen Sie sich Gehör verschaffen, wenn rechte Antisemiten auf dem Campusgelände aufkreuzen. Und das müssen die organisierten jüdischen Gruppen, die mit so viel Elan auf die Bedrohung durch BDS reagiert haben, genauso tun wie Jeremy Corbyn und viele andere Vertreter linker Politik. Abgesehen von einzelnen Ereignissen wie Charlottesville gab es in den letzten Jahren zu oft zwar heftige Reaktionen nach Angriffen linksextremer Gruppen, nicht aber nach Angriffen von rechts. Ein Aufschrei blieb aus, als der polnische Premier (derselbe, der die gemeinsame Erklärung mit Netanjahu unterschrieb) dem Kind eines Holocaustüberlebenden erklärte, es habe im Holocaust »jüdische Täter« gegeben. Es war relativ ruhig, als in der Ukraine Individuen mit Verbindungen zur Neonazi-Szene politischen Einfluss gewannen. Und der Protest gegen den zunehmenden Einfluss von White Supremacy auf Regierungskreise in den USA ist marginal.

Es gibt jüdische Anführer sowohl auf der Linken als auch auf der Rechten, die argumentiert haben, dass es im Bereich öffentlichen Engagements unmöglich sei, mit seinen Verbündeten in allem einig zu sein. Ich räume durchaus ein, dass diese Einstellung der Realität entspricht und man sich in der Politik seine Bettgenossen nicht immer aussuchen kann. Und doch kann ich keine gemeinsame Sache mit angeblichen Verbündeten machen, die vielleicht in manchen wenigen Sachfragen mit mir übereinstimmen, aber tief im Herzen gegen mich und meine Gruppe – oder jede andere ethnische oder religiöse Gruppe – nur Verachtung übrighaben. Meine Selbstachtung, meine Abscheu gegen Vorurteile und meine Überzeugung, dass hier versucht wird, die demokratischen Institutionen, die ich liebe, niederzureißen, verbieten jedes Bündnis mit ihnen.

Es steht uns ein einsamer und unerfreulicher Kampf bevor, vor allem, wenn dazugehört, mit jenen in Widerspruch zu treten, die wir lange Zeit unsere Verbündete genannt haben.

Doch wenn wir weiterhin die Wahrheit sprechen, und zwar nicht nur denen gegenüber, mit denen wir nicht einverstanden sind, sondern auch unseren Bundesgenossen gegenüber, bleiben unsere Werte und unsere Selbstachtung intakt, werden unsere Stimmen gehört und – so wollen wir auch weiterhin hoffen – unsere Ziele erreicht.

Eure DEL

Klage und Freude: Die Opferrolle zurückweisen

Den Wald vor lauter Bäumen nicht sehen. Eine Zahnarztschule und eine Studentenverbindung

Liebe Frau Professorin Lipstadt,

ich weiß, dass mit dem Semester auch unsere Gespräche zu einem Ende kommen, doch hatte ich eine seltsame Begegnung, als ich nach den letzten Ferien zurück an die Uni geflogen bin. Ich glaube, ich muss Ihnen davon noch erzählen. Ich kam mit meiner Sitznachbarin ins Gespräch, einer Jüdin, die mich in einigen Büchern für Ihr Seminar über jüdische Geschichte lesen sah. Wir sprachen über das Seminar und über Emory. Ich merkte schon, dass ihr etwas unter den Nägeln brannte, und schließlich fragte sie mich: »Wie können Sie, eine engagierte Jüdin, nur in Emory studieren? Wenn man bedenkt, was dort alles passiert ist!« Als sie meine Überraschung sah, antwortete sie, sie habe gehört, Emory habe einige ernst zu nehmende Probleme mit Antisemitismus. Ich war sprachlos. Nichts, was ich auf dem Campus entdeckt hatte, würde ich als »ernst zu nehmendes Antisemitismusproblem« sehen. Von meinem Murmler einmal abgesehen, kam ich noch nicht einmal mit »Problemen« in Berührung. Als ich sie darum bat, das Ganze etwas näher auszuführen, hatte sie zwar die Details nicht mehr im Kopf, doch erinnerte sie sich an Vorfälle in der zahnärztlichen Fakultät und in einer jüdischen Studentenverbindung in Emory. Eine kurze Suchanfrage im Internet, und ich hatte die Informationen, auf die sie sich bezog. Im Jahr 2014 war das Gebäude der Studentenverbindung Alpha Epsilon Pi (AEPi) mit riesigen Hakenkreuzen und offen antisemitischen Parolen beschmiert worden. Eltern von Studierenden zeigten sich daraufhin äußerst beunruhigt. Sie betonten, dass sie ihre Kinder vor allem deshalb an die Emory University geschickt hatten, weil es sich um eine intellektuell anspruchsvolle Einrichtung von hoher Moral handle, und sie glaubten, ihre Kinder könnten sich hier als Juden uneingeschränkt sicher fühlen – insbesondere in einer ursprünglich jüdischen Verbindung wie der AEPi. Mit den Worten einer Mutter: »Wir dachten, dieser Campus sei ein sicherer Ort für Juden.« Einige Eltern wollten über Telefonkampagnen und Social Media erreichen, dass dieser Vorfall eine möglichst große Öffentlichkeit erreiche.

Danach befasste ich mich mit der Geschichte der Zahnarztschule. Ich fand sie noch viel schlimmer. Meine Recherche ergab, dass man von den 1950er-Jahren bis in die 1960er-Jahre jüdische Studenten absichtlich und grundlos von der zahnärztlichen Fakultät fliegen ließ. Anders als der Vorfall am AEPi-Gebäude war dies kein einmaliger »Ausrutscher«, es schien vielmehr zur geheimen Fakultätspolitik zu gehören, Juden den Abschluss an der Zahnarztschule zu verwehren. Ich weiß, dass Sie während dieser Jahre noch nicht in Emory waren, doch als das Verbindungshaus verwüstet wurde, waren Sie da. Worum ging es? Handelt es sich um einen Vorfall, der jüdischen Studenten in Emory Sorgen bereiten sollte?

Ihre Abigail

Liebe Abigail, lieber Joe,

tatsächlich, Abigail, führt mich Ihr Erlebnis im Flugzeug zu etwas, das schon seit Beginn unseres Gesprächs an mir nagt. Zwar teile ich auch dieses Schreiben mit Joe, doch meine Worte gelten vor allem Ihnen, Abigail, und Ihren jüdischen Freunden. Doch zunächst zum Hintergrund dieser beiden Vorfälle.

Zum Vorfall im AEPi-Gebäude: Wenn die eigenen vier Wände – und genau das sind Verbindungshäuser für ihre Mitglieder – mit Hakenkreuzen und antisemitischen Parolen beschmiert werden, dann ist das schlimm genug. In diesem Fall war es allerdings besonders schmerzhaft, da der Vorfall sich wenige Stunden nach dem Ende von Jom Kippur ereignete. Innerhalb kürzester Zeit wimmelte das Verbindungshaus von Polizisten, Ermittlern, Dekanen und vielen weiteren besorgten Leuten. Einige der Eltern riefen mich an, und ich versuchte, sie zu beruhigen, jedoch ohne großen Erfolg. Höchstwahrscheinlich war ich selbst daran schuld, indem ich sie dazu anhielt, auf etwas, was im Wesentlichen eine unbedeutende Tat sei, nicht zu heftig zu reagieren.

»Unbedeutend!«, brach es aus einer Mutter heraus. »Sie haben ihr ganzes Berufsleben damit verbracht, über Antisemitismus und Antisemiten zu forschen. Sie sind eine offene Kritikerin von Antisemiten. Und jetzt sagen ausgerechnet Sie mir, nicht zu heftig zu reagieren? Sollte nicht für *jede* antisemitische Tat eine Null-Toleranz-Politik gelten?«

Die Eltern, mit denen ich sprach, hatten jedes Recht, verwirrt zu sein. Ich habe während unseres Austauschs immer betont, dass Genozid mit Worten beginnt, nicht mit Gewaltakten. Diese Worte sind oft die Vorläufer der Gewalt. Wie kann ich daher nur von Überreaktionen sprechen? Gibt es überdies so etwas wie *Über*empfindlichkeit gegenüber Vorurteilen und Hass? Im Eifer des Gefechts hatte ich es versäumt, vernünftig zu erklären, dass ich in meine Erwägungen Kontext und Proportionalität dieses bestimmten Ereignisses mit einbezogen hatte. Auch wenn wir vor Wut kochen, müssen wir strategisch, nicht leidenschaftlich handeln. Das Risiko ist zu hoch, wenn man es anders macht. Wir müssen jeden »Angriff« bewerten und uns fragen: Handelt es sich hier lediglich um den schlechten Scherz von Highschool-Kids, die nicht einmal die genaue Bedeutung des Hakenkreuzes kennen, das sie an eine Synagoge oder ein Verbindungshaus malen? Würde eine empörte Öffentlichkeit nicht Trittbrettfahrer produzieren, die auch *ihr* Werk nur allzu gern in den Zwanzig-Uhr-Nachrichten bewundern würden? Der Vorfall am AEPi-Gebäude gehörte eindeutig nicht zu einem konzertierten Anschlag von Extremisten, der möglicherweise langfristige Schäden anrichtet. Ich bin mir nicht sicher, ob es sich bei den Graffitikünstlern um »Influencer« handelte, die echte Judenhasser ermutigen, oder doch nur um unwissende, arme Kerle, die nicht wirklich wissen, was die von ihnen gemalten Symbole bedeuten. Wie dem auch sei, war es wichtig, die Identität der Täter zu ermitteln und sie nicht nur zu bestrafen, sondern ihnen auch die Schwere ihrer Verbrechen (denn es waren Verbrechen) verständlich zu machen. Selbst wenn sie die Bedeutung der Hakenkreuze nicht vollständig verstanden haben sollten, war ihr Vandalismus unentschuldbar. Wenn sich allerdings herausgestellt hätte, dass diese Rowdys Teil einer ideologisch motivierten

Gruppe waren, wäre auch eine gänzlich andere Reaktion in Ordnung gewesen.

Doch gehört zu dieser Geschichte ein weiterer Aspekt, der Ihrer Sitznachbarin sicher entgangen ist. Weniger als zwanzig Stunden nach den Vorfällen erhielt ich zwei wichtige E-Mails. In der ersten verurteilte der Universitätspräsident in einer eloquenten und leidenschaftlichen Ansprache die Zerstörungswut. Sie ging an alle Personen mit einer Emory-Mailadresse – das sind Zehntausende. Er beschrieb diese Tat als Gegensatz zu allem, wofür Emory stehe. Ich war von dieser E-Mail nicht überrascht; ich hatte sie sogar erwartet. Was ich nicht erwartet hatte, war die zweite E-Mail. Diese kurze und nüchterne Nachricht kam vom Vorsitzenden der Studierendenvertretung:

> *Der Vorstand der Studierendenvertretung verurteilt diese verwerfliche und fanatische Tat gegen die Verbindung Alpha Epsilon Pi, die jüdische Gemeinschaft und die gesamte Gemeinschaft von Emory. Die Individuen, die dafür verantwortlich sind, widern uns an.*
> *Studenten in Emory beteiligen sich an Diskussionen über unsere Differenzen … Wir bejahen die Identität eines jeden. In allem, was wir tun, streben wir nach mutiger Forschung. So wie es hier verwendet wurde, symbolisiert das Hakenkreuz das systematische Zum-Schweigen-Bringen und Ermorden von Menschen aufgrund ihrer Identität. In diesem Zusammenhang gibt es an einem Hakenkreuz nichts, das man mutig nennen könnte.*
> *Wir verpflichten uns hiermit, diesen Augenblick unserer Wut in ein Sprungbrett der Aktion zu verwandeln …*
> *Wir laden Sie ein, am Montag Blau zu tragen als*

Ausdruck der Unterstützung von Emorys jüdischer Gemeinschaft und des Rechts aller Menschen, frei und sicher zu leben.

Obwohl ich am Montag erst spät unterrichten musste, gewann meine Neugier die Oberhand über mich. Ich machte mich also frühmorgens auf den Weg zum Campus. Ob Studenten oder Doktoranden, Professoren oder Verwaltungsangestellte, sie alle trugen Blau. Der Campus war in Blau getränkt. Einige Studenten ließen sogar marineblaue Betttücher aus ihren Fenstern hängen. Um sicherzugehen, dass ich mir nichts einbildete oder eine modische Kleiderwahl mit einem ideologischen Statement verwechselte, fragte ich mehrere Leute, warum sie blaue Kleidung angezogen hätten. Ihre Antworten waren durch die Bank Variationen eines einzigen Gedankens: »Wir zeigen den Hakenkreuz-Schmierern, dass sie nicht für uns sprechen.« – »Wir schauen nicht stumm zu.« – »Die Bösen haben verloren. Die Guten haben gewonnen.«

Warum betone ich diesen Teil der Geschichte? Weil dieses Kapitel zu oft auf der Strecke bleibt, wenn von dem antisemitischen Vandalismus am AEPi-Gebäude die Rede ist. Dabei ist es doch das Herz der Geschichte. Immer wieder erzählen mir Leute, Emory müsse ein erhebliches Antisemitismusproblem haben. Und wenn ich dann nachfrage, erzählt man mir immer wieder von diesem Vorfall mit den Hakenkreuzen. Daraufhin frage ich, ob die Person auch das Ende der Geschichte kennt. Doch sie alle kennen es nicht. Es ist nicht so wichtig, dass ein paar Kids eine hasserfüllte und widerliche Tat begangen haben. Wichtig ist, dass die gesamte Universität aufgestanden ist und gesagt hat: nicht in unserem Namen. Die Täter wurden auch tatsächlich bestraft. Doch die echte Geschichte – die Reaktion der Emory-Gemeinschaft – hätte mindestens genauso prominent erzählt werden müssen.

Und nun zu den Vorwürfen diskriminierenden Verhaltens an der zahnmedizinischen Fakultät. Bis beinahe zwanzig Jahre nach dem Zweiten Weltkrieg wählte die zahnmedizinische Fakultät in Emory, wie auch die meisten anderen Universitäten mit Aufnahmeregelungen, ihre Studenten nach einem Quoten-System aus. Dieses wurde entwickelt, um die Zulassung »zu vieler« Nicht-WASPs (also Menschen, die keine White Anglo-Saxon Protestants waren, also auch Juden) zu verhindern.[1] (Dass Schwarze draußen gehalten wurden, galt als selbstverständlich.) Die Universitäten wussten, würden sie Bewerber nur aufgrund ihrer akademischen Leistungen aufnehmen, würden mehr Juden als »erwünscht« zum Studium zugelassen. Fanatismus siegte über Verdienste.

Von 1948 bis 1961 wurde jährlich eine kleine Zahl jüdischer Männer in Emory an der zahnmedizinischen Fakultät akzeptiert. Der Dekan John Buhler glaubte, Juden hätten »kein Händchen« für den Zahnarztberuf, nahm jedoch keinen Einfluss auf den Zulassungsprozess. Erst kurz vor Ende jedes Studienjahres würde Buhler dafür sorgen, dass die wenigen jüdischen Studenten, die zugelassen worden waren, entweder von der Schule fliegen oder gezwungen würden, das Jahr zu wiederholen. Ihr Leben war, so ein ehemaliger Student, »die Hölle auf Erden«. Die entlassenen Studenten hatten danach die demütigende Pflicht, dies ihren erstaunten Eltern mitzuteilen. Unter ihnen befanden sich viele Einwanderer, die sehr viel Geld in die Ausbildung ihrer Kinder gesteckt hatten und auf ihre Errungenschaften mehr als stolz waren. Bis heute erinnern sich die ausgeschlossenen Studenten an die Antworten ihrer Eltern: »Hättest du nicht härter arbeiten können? Mehr lernen können?« Viele dieser Männer blieben der Zahnmedizin treu, machten ihren Abschluss an anderen Schulen und legten steile Karrieren hin. Einige wechselten in die Medizin. Einer wurde Herzchirurg. Doch über all die Jahre hielten sie ihre Demütigung so geheim, dass selbst ihre Ehefrauen und Kinder nur in den seltensten Fällen von ihrem »Versagen« erfuhren.

Die Situation in Emory änderte sich 1961, als einige der betroffenen Studenten versuchten, örtlichen jüdischen Organisationen gegenüber aufzuzeigen, dass ihr Ausschluss einen Akt des Antisemitismus vonseiten der zahnmedizinischen Fakultät darstellte. Als man ihnen nahelegte, sie würden bloß versuchen, Entschuldigungen für ihr Versagen zu finden, sprachen sie Art Levin an, den Regionaldirektor der Anti-Defamation-League. Levin stellte Statistiken zusammen, wonach zwischen 1948 und 1961 zwar 65 Prozent der jüdischen Studenten an der zahnmedizinischen Fakultät ausgeschlossen oder gezwungen wurden, das erste Jahr zu wiederholen, jedoch nur vier Prozent der jüdischen Studenten an der medizinischen Fakultät dieses Schicksal teilten. Als man diese Zahlen der Universitätsleitung zusammen mit der Tatsache vorlegte, dass die Bewerbungsunterlagen der zahnmedizinischen Fakultät auch die Abfrage »weiß«, »jüdisch« und »anderes« enthielt, leugnete sie zwar, dass der Sachverhalt etwas mit Antisemitismus zu tun habe, versprach aber, dass so etwas nicht wieder vorkommen werde. Dekan Buhler trat zurück – ohne je des Antisemitismus bezichtigt worden zu sein, worauf das Präsidium der Universität bestand –, und es wuchs Gras über die Sache.

Diese Geschichte wäre damit vielleicht erledigt gewesen, doch 2006 fand eine Ausstellung über das jüdische Leben in Emory statt, in der auch das Diagramm zu sehen war, das die ADF 1961 erstellt hatte und das die Diskriminierung veranschaulichte, die an der zahnmedizinischen Fakultät seit 1948 stattgefunden hatte. Auch der bekannte Mundchirurg

Perry Brickman aus Atlanta, einer der Juden, die damals von der Fakultät geflogen waren, wohnte der Ausstellungseröffnung bei. Ich stand neben ihm, als er das Diagramm erblickte. Er wusste von Buhlers Antisemitismus, hatte aber keine Ahnung von der über ein Jahrzehnt währenden Diskriminierung. Von diesen Zahlen schockiert, begann Brickman damit, die nächsten vier Jahre gefilmte Interviews mit anderen, damals von der Fakultät ausgeschlossenen jüdischen Studenten aufzufinden und selbst solche Gespräche zu führen. Ihre Arbeit, selbst wenn sie weitaus besser war als jene ihrer nichtjüdischen Kommilitonen, wurde immer als nicht gut genug betrachtet. Viele dieser nunmehr Siebzigjährigen erzählten voller Emotionen von ihren damaligen Erfahrungen und der Scham ihrer Eltern. Nachdem er seine Informationen zusammengetragen hatte, stellte Brickman sie zusammen mit seinem Film der Universität vor. In Erinnerung an seine Erfahrungen an der zahnmedizinischen Fakultät erwartete er eigentlich, kein Gehör zu finden. Doch zu seiner Überraschung (nicht jedoch zur Überraschung der Professorenschaft) einigten sich der Vorsitzende des Stiftungsrats, der Präsident und der Verwaltungsdirektor der Universität darauf, dieses Unrecht öffentlich zu machen.

Diese Entscheidung ergab im Oktober 2012, dass einige Dutzend der ausgeschlossenen jüdischen Studenten der Zahnmedizin zu einer besonderen Veranstaltung eingeladen wurden. Sie reisten aus allen Ecken der Vereinigten Staaten an, sie kamen mit ihren Ehefrauen, Kindern, Enkeln und Kollegen im Schlepptau. Nach einem privaten Treffen mit dem Präsidenten und dem Stiftungsrat betraten sie ein großes Auditorium, in dem der Film gezeigt wurde, den Brickman und der Emory-Professor Eric Goldstein aus den Interviews geschaffen hatten. Sie waren überrascht, als sie einen bis auf den letzten Platz gefüllten Hörsaal betraten. Universitätspräsident James Wagner trat ans Podium, blickte zu den ehemaligen Studenten und ihren Familien vor ihm, und abweichend von seinem vorbereiteten Manuskript sagte er: »Es tut mir leid. Es tut uns leid.« Vielen der Männer standen die Tränen in den Augen. Wagner hatte nicht, wie so viele öffentliche Figuren, die bei einer falschen Tat erwischt werden, gesagt, »falls jemand verletzt wurde, tut es mir leid«, oder »es war nicht meine Absicht, aber es tut mir dennoch leid«. Stattdessen bekannte er mit seinen Worten, dass ein derartiges Verhalten die Universität herabsetzt, und er beklagte die Tatsache, dass es so lange gedauert hatte, bis diese Entschuldigung endlich ausgesprochen wurde.

Was an der zahnmedizinischen Fakultät von Emory geschah, ist nicht einzigartig. Viele Jahre lang waren höhere Bildungseinrichtungen in den Vereinigten Staaten voller Vorurteile und Ungleichbehandlungen. Erst in jüngerer Zeit haben viele Hochschulen, darunter auch Emory, die Tatsache akzeptiert und sich dafür entschuldigt, dass ihre Gebäude im 18. und 19. Jahrhundert mithilfe von Sklaven erbaut wurden. Traurig genug, dass diese Entschuldigungen erst gemacht wurden, als längst keiner der Sklaven mehr lebte, um sie zu hören.

An was sich Ihre Sitznachbarin erinnerte, war nur ein Teil der Geschichte über Antisemitismus in Emory. Der wichtigere Teil der Geschichte ist jedoch die Art und Weise, wie die gegenwärtige Universitätsverwaltung reagierte, als sie von dem Unrecht erfuhr, das begangen wurde. Ihre Reaktion war nicht nur angemessen und bewundernswert, sie zeigt auch, wie sehr Amerika sich verändert hat. Die schreckliche Geschichte der Diskriminierung an Amerikas Universitäten kann nicht ignoriert werden. Doch wo angemessene Wiedergutmachungen oder ehrliche Entschuldigungen angeboten werden, müssen wir sie als wesentliche

Teile der Geschichte mit einbeziehen. Tun wir dies nicht, riskieren wir, uns als ewige Opfer zu stilisieren, und werten auch jene ab, die so weit gingen, das Unrecht, das ihre Institutionen begangen haben, mit echter Reue anzuerkennen. Wir müssen uns von der Tatsache ermutigen und beruhigen lassen, dass dieselben Hochschulen, die in der Vergangenheit nur eine geringe Quote jüdischer Studenten zugelassen hatten, heute umfangreiche jüdische Studienprogramme anbieten, dass jüdisches Leben auf dem Campus floriert und einige Hochschulen jüdische Präsidenten haben oder hatten.

Der Vorfall mit den Hakenkreuzen und die Geschichte der zahnmedizinischen Fakultät waren Gründe zur Klage. Emorys jeweilige Reaktionen waren Gründe zur Freude und eine Erinnerung daran, dass wir Juden nicht alleine stehen, sondern viele Verbündete haben, die nicht nur aus Solidarität mit den Juden in ihren Reihen zusammenarbeiten, sondern auch, weil diese Vorfälle Angriffe auf die Gesellschaft darstellen, deren Teil wir alle sind. Ist das nicht ein wesentlicher, wenn nicht der wesentliche Teil dieser Geschichte?

Eure DEL

Jenseits der Opferrolle

Liebe Deborah,

vielen Dank, dass du Abigail und mir in den vergangenen Monaten so viel Zeit geschenkt hast. Angesichts der Tatsache, dass du in den letzten E-Mails so viel darüber gesprochen hast, was wir nicht tun sollten, würde ich gerne ein letztes Thema ansprechen. Ich gebe zu, ich habe etwas gezögert, und doch muss ich es tun. Für mich fühlt es sich an, als stünde ein 6000 Kilogramm schwerer Elefant mitten im Raum.

Immer wenn ich in den letzten Jahren mit meinen jüdischen Freunden auf das Thema Israel zu sprechen kam, habe ich mich wie die jüdischen Studenten benommen, die du in deinen E-Mails beschrieben hast: mich selbst zensierend. Die israelische Regierung hat einige Maßnahmen ergriffen, die mich zutiefst bekümmern. Und doch zögere ich, meine Gefühle mit meinen jüdischen Freunden zu teilen, weil sie von dem, was ich sage, verletzt werden könnten. Ebenso wenig teile ich sie mit meinen nichtjüdischen Freunden, weil ich Angst habe, sie könnten meine Bedenken als Freibrief für ihre eigenen, weniger gemäßigten Angriffe auf Israel verstehen. Also sage ich lieber nichts, aus Angst, meine Kritik – die ich für berechtigt halte – werde als unfair oder sogar antisemitisch fehlinterpretiert. Wenn ich etwas klar und deutlich aus unserem Austausch mitnehme, dann, welch großer Anteil der Kritik an Israel, wenn auch nicht die Kritik insgesamt, auf antisemitischen Motiven gründet oder lediglich einen Mantel für Antisemitismus darstellt.

Ich habe Israel mehrfach besucht und diese Reisen immer ungemein genossen. Dieses Land ist ein beeindruckender Ort. Ich kümmere mich um die israelischen Rechtswissenschaftler an unserer juristischen Fakultät. Und dennoch schweige ich weiter. Ich weiß: Was ich zu sagen hätte, könnte Schmerzen verursachen und als Angriff verstanden werden. Doch wenn ich jemandem Schmerzen zufüge, wird er mir nicht mehr zuhören. Deiner Ehrlichkeit verdanke ich den Mut, das zuzugeben. Wie spreche ich als Nichtjude kritisch über Aspekte der israelischen Politik, die ich beunruhigend finde, ohne missverstanden zu werden? Ist das überhaupt möglich?

Dein Freund Joe

Lieber Joe,

deine Stimme ist sowohl in als auch außerhalb der Universität hoch angesehen. Immer wieder hast du versucht, mit allen ehrlich umzugehen, wiederholt hast du deine Unterstützung von und Solidarität mit Juden bewiesen. Unter allen solltest gerade du keine Angst haben, es offen auszusprechen, wenn du das Gefühl hast, die israelische Regierung habe Kritik verdient. Wenn Israels Fürsprecher auf deine Unterstützung bauen wollen, müssen sie auch bereit sein, deine Kritik anzuhören. Niemand wird dich als Antisemiten brandmarken, außer jene, die jeden negativen Kommentar zu Israel automatisch als Antisemitismus auffassen – und du weißt, was von ihnen zu halten ist. Tatsächlich werden dir auch genau die Leute zuhören, die verzweifelt nach Lösungen für die Probleme suchen, die Israel heute plagen.

Bisher habe ich während unserer Korrespondenz versucht, analytisch und professoral zu sprechen. Doch jetzt würde ich gerne einmal als Jüdin sprechen. Das mag sich seltsam anhören, nachdem wir uns die ganze Zeit über Antisemitismus ausgetauscht haben. Doch glaube ich, Antisemitismus ist nicht die größte Bedrohung, der Juden heute entgegensehen. Versteh mich bitte nicht falsch: Ich würde meine Zeit nicht damit verbringen, dieses Thema zu lehren und darüber zu schreiben, würde ich nicht auch glauben, dass es heute eine Bedrohung sowohl für Juden als auch für die ganze Welt darstellt. Wenn jedoch Antisemitismus der alles bestimmende Mittelpunkt unserer Bedenken wird, riskieren wir, die gesamte jüdische Erfahrung auf den Blickwinkel derer zu reduzieren, die uns hassen.

Ich bin sicher nicht die Erste, die auf diese Gefahr hinweist. Schon vor mehr als acht Jahrzehnten warnte einer der größten jüdischen Historiker, Salo Wittmayer Baron (die erste Person in den Vereinigten Staaten, die einen so benannten Lehrstuhl in jüdischer Geschichte an einer säkularen Hochschule, der Columbia University, innehatte), »der tränenreichen Auffassung von jüdischer Geschichte« zu erliegen. Mitte der 1930er-Jahre, als das »Dritte Reich« bereits seine Schatten über Europa zu werfen begann, wies Baron in seinen Schriften auf die vorherrschende Sicht der jüdischen Erfahrung als »reine Aufeinanderfolge von Kümmernissen und Verfolgungen« hin. Diese schlechten Erfahrungen spielten im kollektiven Gedächtnis des jüdischen Volkes eine so große Rolle, dass sie die Vielzahl positiver und bemerkenswerter Errungenschaften in den Schatten stellten. Baron war freilich kein unverbesserlicher Optimist. Er wurde in Tarnów in Galizien geboren, das vor dem Zweiten Weltkrieg eine blühende jüdische Gemeinde mit Schulen, Synagogen und einer Reihe von Wohltätigkeits- sowie Kultureinrichtungen besaß. Als er nach dem Krieg zurückkehrte, musste er feststellen, dass seine Gemeinde ausgelöscht worden war. Und doch begriff er, dass der alleinige Fokus auf das, was verloren gegangen war, Jahrhunderte außergewöhnlicher wirtschaftlicher, intellektueller und gemeinschaftlicher Leistungen verneint. Diese Einstellung erlaubt es, dass die Klage und nicht die Freude zum Prisma wird, durch das unser Blick auf die jüdische Vergangenheit gebrochen wird.

In seinem Essay von 1948, »Israel: The Ever-Dying People«, befasste sich der Philosoph und Historiker Simon Rawidowicz mit diesem Phänomen des jüdischen Pessimismus. »Die Welt macht sich viele Bilder von Israel«, schrieb er. »Doch Israel macht sich nur ein Bild von sich: das, wonach es ständig kurz vor dem Vergehen, vor dem Verschwinden steht.« Aus guten historischen Gründen neigten Juden lange dazu anzunehmen, dass irgendeine Katastrophe bereits hinter der nächsten Ecke lauere. Sowohl gläubige als auch säkulare Juden haben regelmäßig ihren Pessimismus bezüglich der Zukunft des jüdischen Volkes zum Ausdruck gebracht. Von den frühesten rabbinischen Schriften aus den ersten beiden Jahrhunderten der christlichen Zeitrechnung bis zu den zionistischen Dichtern des 20. Jahrhunderts enthielt unsere Literatur immer wieder die Prophezeiung, dass die aktuelle Generation sehr gut »das letzte Glied in der Kette Israels« bilden könne. Einige fürchteten, eine physische Zerstörung durch die Hand der Feinde würde das Ende der Welt herbeiführen. Andere waren davon überzeugt, dies würde durch eine interne Apathie verursacht oder durch einen zu großen Glauben an die Versprechen der Emanzipation und Aufklärung.

Für Rawidowicz ist diese jüdische Selbstsicht als »immersterbend« tatsächlich ein psychologischer Bewältigungsmechanismus, eine Art »schützendes individuelles und kollektives Gefühl«. Indem sie das Schlimmste annehmen, schützten sich Juden davor, von einer negativen Wendung des Schicksals überrumpelt zu werden. Indem sie ein katastrophisches Ende erwarteten, würden sie sich darauf vorbereiten und »seiner Herr werden«. Kein Unglück könne Israel »überraschen... es aus der Ruhe bringen... es auslöschen«.[1] Das Gute daran ist, dass es uns lehrt, in einer berechtigterweise gefährlichen Welt auf der Hut zu sein. Die Kehrseite besteht darin, dass diese Weltsicht zur Gesamtheit unserer Identität werden könnte.

Ich habe dir all das erzählt, weil ich nicht will, dass du Juden als ewige Opfer siehst, die immer umhegt werden müssten. Das sind wir nicht. Du solltest keine Angst haben, uns die Wahrheit zu sagen, nur weil du Sorge hast, das könnte uns verletzen oder beleidigen. Wir wertschätzen Leute wie dich, die nicht aus Mitleid und Schuld an unserer Seite gestanden haben, sondern weil der Hass in allen seinen Ausprägungen unerträglich ist, und weil du erkennst, dass Antisemitismus eine Bedrohung für jede gerechte und demokratische Gesellschaft darstellt.

Trotz des Umstandes, dass vor gerade einmal sieben Jahrzehnten einer von drei Juden auf der Erde ermordet wurde, gedeiht das jüdische Volk heute als Kultur, Gemeinschaft und Nation. Dafür gibt es viele Erklärungen, und eine davon ist, dass gute Freunde wie du zu uns stehen. Und gute Freunde sagen die Wahrheit – nicht nur den Mächtigen, sondern einander.

Deine dich wertschätzende Kollegin DEL

Das Gute im Angesicht des Bösen feiern

Liebe Frau Lipstadt,

ich möchte Ihnen für die Zeit danken, die Sie in den letzten Monaten mit Professor Wilson und mir verbracht haben. Unser Austausch hat mir dabei geholfen, ein schmerzliches Phänomen ins rechte Licht zu rücken und seine verschwörungstheoretischen sowie wahnhaften Eigenschaften zu verstehen. Ich habe das Gefühl, dass ich es nun effektiver bekämpfen kann. Ich sehe mich außerdem in der Pflicht, auch anderen Formen der Diskriminierung entgegenzutreten, sowohl aus moralischen als auch aus strategischen Gründen. In meiner metaphorischen Werkzeugkiste trage ich sowohl ein Skalpell als auch eine Axt. Ich will gut darauf achten, welches von beiden Werkzeugen ich wann verwenden muss. Danke, dass Sie mich mit den Informationen und dem Mut ausgestattet haben, weiterzumachen.

Ihre Studentin Abigail

Liebe Abigail,

vielen Dank für Ihre lieben Worte. Insbesondere befriedigt es mich, dass Sie sich für diesen Kampf bereit fühlen. Doch, wie üblich, nagt etwas an mir. Deshalb möchte ich Ihnen, bevor Sie in wenigen Monaten Ihren Abschluss machen, noch einen letzten Gedanken mit auf den Weg geben.

Bislang habe ich es vermieden, aus unserer Korrespondenz einen Aufschrei zu machen, und stattdessen versucht, so unvoreingenommen wie möglich zu sprechen. Doch jetzt spreche ich mit dem Herzen zu Ihnen, und zwar nicht darüber, was Antisemiten mit uns anstellen könnten, sondern darüber, was wir *uns selbst* antun könnten.

Die meisten Juden werden unaufgefordert einschreiten, wenn andere Juden irgendwo von Antisemiten angegriffen werden. Genauso sollte es natürlich auch sein. Es ist jedoch bedauerlich, dass der Kampf gegen den Antisemitismus für einige Juden zur Quintessenz ihrer jüdischen Identität wird. Erst kürzlich beklagte sich ein anerkannter jüdischer Gemeindevorsteher bei mir, er bedaure es, seine Kinder nicht nach jüdischen Traditionen und jüdischer Kultur erzogen zu haben. Er sei jedoch sehr stolz darauf, ihnen eine absolute Intoleranz gegen Antisemitismus beigebracht zu haben. Seine Kinder würden jederzeit auf die Barrikaden gehen, um diesem Hass entgegenzutreten. Was er sagte, machte mich traurig. Es war immer der Antisemitismus gewesen, nach dessen Rhythmus sich die jüdische Identität seiner Familie bewegte. Sie kannten Juden als Objekt, aber nicht als Subjekt. Mit anderen Worten, was Juden *angetan* wurde, ist ihnen weitaus wichtiger als das, was Juden *tun*. Dieser wohlmeinende jüdische Vater hat seinen Kindern ein reiches und vielschichtiges Erbe vorenthalten. Ihnen wurde beigebracht, sich selbst vor allem als ewige Opfer zu sehen. So wird die Kontrolle über das eigene Schicksal an die Unterdrücker abgegeben. Das schafft bei vielen Juden, und so auch bei den Kindern dieses Mannes, ein Bewusstsein dafür, *wogegen* man ist, aber nicht, *wofür*.

Ich habe immer wieder betont, dass Antisemitismus eine wahnhafte Form von Hass ist. Er beschwört ein heimtückisches Bild vom Juden, das keiner Wirklichkeit entspricht, und fährt dann fort, indem er dieses Bild überall zu entdecken glaubt. Doch wir dürfen nicht zulassen, dass dieser Wahn einen anderen Wahn erschafft: Dass wir, weil dieser Hass unglücklicherweise allgegenwärtig ist, den Kampf gegen ihn zum Dreh- und Angelpunkt unserer Identität machen müssten.

Damit Juden als Volk überleben und gedeihen können, bedarf es weder eines absoluten Pessimismus noch eines naiven Optimismus, sondern Realismus. Es wäre lächerlich, die Sorgen jener, die auf die zunehmende Anzahl antisemitischer Vorfälle in letzter Zeit empfindlich reagiert haben, als paranoid abzutun, wenn in vielen Ländern der Erde mittlerweile vor Synagogen bewaffnete Posten aufgestellt werden und jüdische Gemeinden strenge Sicherheitsvorkehrungen einführen mussten; wenn in einigen Teilen der Welt Juden es vermeiden, etwas zu tragen, was sie als Juden ausweisen könnte. Gleichzeitig wäre es töricht, würden Juden dies zum Ordnungsprinzip ihres Lebens machen.

Obwohl ich mich einen Großteil meines Berufslebens mit der Judenverfolgung beschäftigt habe, war es nicht das, was mich persönlich als eine Jüdin angetrieben hat. Ich wertschätze und feiere meine Tradition und ihre Lehren. Mein Bewusstsein des schlimmen Unrechts, das Juden im Lauf der Geschichte angetan wurde, ist nicht das Fundament meiner jüdischen Identität. Jüdische Kultur und jüdische Geschichte bilden das Fundament dessen, wer ich bin. Diese Dichotomie zeigte sich erst kürzlich wieder, als ich während eines jüdischen Feiertags mit zwei Freundinnen – einem fünf Jahre alten Mädchen und seiner Mutter – in die Synagoge ging. Die Mutter lächelte den Sicherheitsdienst an, wandte sich an ihre Tochter und sagte: »Lass uns die Wache begrüßen und danke sage, dass sie uns schützt.« Über das Gesicht meiner kleinen Freundin legte sich ein verwirrter Blick. Aus den vielen Büchern, die wir zusammen gelesen hatten, kannte sie »sichere« Orte und »gefährliche« Orte, und in ihren Augen fiel eine Synagoge nicht in die zweite Kategorie. Für sie ist eine Synagoge ein Ort der Freude, an dem sie mit anderen Kindern zum Spielplatz läuft, am Kindergottesdienst teilnimmt, in dem viel gesungen wird, bevor sie sich wieder auf den Weg in den Hauptraum begibt, wo sie und ihre Spielkameraden mithelfen, den Gottesdienst zu beschließen, und versuchen, Lutscher vom Rabbi zu ergattern. Wieso sollte sie jemanden nötig haben, der sie an einem solchen Ort beschützt? Und doch wissen wir, dass sie tatsächlich Schutz nötig hat. Ich hoffe sehr für meine kleine Freundin, dass ihr Bewusstsein von den Gefahren, die ihre Unversehrtheit in der Synagoge bedrohen, niemals die Freuden verdüstern werden, die sie dort findet.

Meine Hoffnung für Sie, Abigail, ist sehr ähnlich. Sollten Sie sich dafür entscheiden, können Sie an einer sehr lebendigen jüdischen Zukunft teilhaben. Auf dem Weg werden Sie Antisemitismus begegnen, und doch bitte ich Sie, diesen »längsten Hass« nicht zum Dreh- und Angelpunkt Ihrer Identität werden zu lassen. Die jüdischen Traditionen in allen ihren Ausprägungen – religiöse, säkulare, intellektuelle, gemeinschaftliche, künstlerische und viele mehr – sind viel zu wertvoll, um in einer Ecke zu versauern und von der alleinigen Konzentration auf den Kampf gegen den Hass verdrängt zu werden.

Diese Notwendigkeit für Juden, eine Balance zwischen »Klage« und »Freude« zu finden, ist ein Aufruf, der gut mit vielen anderen Gruppen geteilt werden könnte, die zum Ziel von Diskriminierung und Vorurteil geworden sind. Ihnen und allen Ihren Kommilitonen, die zu unterrichten ich das Glück hatte und deren Fragen mich dazu inspiriert haben, das Thema aus vielen verschiedenen Perspektiven zu betrachten, sage ich, mit den Worten aus der Thora: »Seid getrost und unverzagt«.[1] Hören Sie niemals auf, den guten Kampf zu kämpfen, auch wenn Sie sich freuen, Sie selbst zu sein.

Ihre dankbare Lehrerin
DEL

Anmerkungen

Vorbemerkung

1 L. Daniel Staetsky: *Antisemitism in Contemporary Great Britain. A Study of Attitudes towards Jews and Israel* (London: Institute for Jewish Policy Research, 2017), S. 3–5.

Antisemitismus: Ein Gespräch

Ein Wahn

1 Chip Berlet und Matthew Nemiroff Lyons: *Ring-Wing Populism in America: Too Close for Comfort* (New York: Guilford Press, 2000), S. 9.

2 Cass R. Sunstein und Adrian Vermeule: »Conspiracy Theories«, University of Chicago Public Law & Legal Theory Working Paper, Nr. 199 (2008), S. 6 f.

Eine Definition

1 378 U.S. at 197 (Stewart, J., concurring) [Hervorhebungen DEL]

2 Jane O'Reilly: »The Housewife's Moment of Truth«, *New York Magazine*, 20. Dezember 1971 (*Ms.* erschien ursprünglich als vierzigseitige Beilage des *New York Magazine*).

3 Joshua Cherniss und Henry Hardy: »Isaiah Berlin«, *Stanford Encyclopedia of Philosophy*, 21. September 2016.

4 https://www.auswaertiges-amt.de/de/aussenpolitik/themen/kulturdialog/06-interkulturellerdialog/-/216610

5 European Forum on Antisemitism: »Arbeitsdefinition ›Antisemitismus‹«, https://european-forum-on-antisemitism.org/definition-of-antisemitism/deutsch-german. Hervorhebungen DEL.

6 Arthur Miller: *Focus* (New York: Penguin Books, 1984). Auf Deutsch

erschienen unter dem Titel: *Fokus*, aus dem Amerikanischen von Doris Brehm (Frankfurt am Main: Fischer, 2015).

7 Helen Fein: »Dimensions of Antisemitism: Attitudes, Collective Accusations, and Actions«, in Helen Fein (Hg.): *The Persisting: Sociological Perspectives and Social Contexts of Modern Antisemitism* (Berlin und New York: De Gruyter, 1987), S. 67. Deutsche Übersetzung nach Werner Bergmann: »Was heißt Antisemitismus?« (Bundeszentrale für politische Bildung, 2006), http://www.bpb.de/politik/extremismus/antisemitismus/37945/antisemitismus?p=1. Hervorhebungen Helen Fein.

8 Kathleen Belew: *Bring the War Home. The White Power Movement and Paramilitary America* (Cambridge: Harvard University Press, 2018), S. ix–x.
Ich habe mich dafür entschieden, die Begriffe »White Power« (»weiße Macht«) und »White Supremacy« (»weiße Vorherrschaft«) austauschbar zu verwenden. Es mag sein, dass sich die Begriffe in Nuancen unterscheiden, doch letztlich sind für beide Bewegungen Rassismus, Separatismus, Gewalt, Hass gegen Muslime, Widerstand gegen Zuwanderung und Antisemitismus grundlegend.

9 Monika Schwarz-Friesel und Jehuda Reinharz: *Inside the Antisemitic Mind: The Language of Jew-Hatred in Contemporary Germany* (Waltham, Ma.: Brandeis University Press, 2017), S. 29, 32.

10 Charles Y. Glock und Rodney Stark: *Christian Belief and Anti-Semitism* (New York: Harper & Row, 1966), S. 102.

11 Joseph Sungolowsky: »Criticism of Anti-Semite and Jew«, *Yale French Studies* (30), 1963, S. 68–72.

12 Anthony Julius: *Trials of the Diaspora* (London: Oxford University Press, 2010), S. xliii.

13 Jean-Paul Sartre: *Anti-Semite and Jew* (Paris: Schocken Books, 1948), S. 10 f. Deutsch: *Überlegungen zur Judenfrage*, aus dem Französischen von Vincent von Wroblewsky (Hamburg: Rowohlt Taschenbuch, 1994).

14 Ich danke Anthony Julius für seinen Ansatz im Kampf nicht nur gegen Antisemitismus, sondern auch gegen den Antisemiten. So verstand er meine Verteidigung gegen David Irving, den das Gericht zu einem Geschichtsfälscher und Neonazi erklärte. Mitschriften, Berichte, die dem Gericht unterbreitet wurden, und Zeugenberichte siehe www.hdot.org.

Eine Schreibweise

1 Philologos: »Should Anti-Semitism Be Hyphenated?«, *Forward*, 18. November 2012.

2 Moshe Zimmerman: *Wilhelm Marr. The Patriarch of Anti-Semitism* (New York: Oxford University Press, 1987).

3 Philologos: ebd.

Typologie des Antisemiten

Der Extremist: Von der Straße ins Internet

1 Jonathan Weisman: *(((Semitism))) Being Jewish in America in the Age of Trump* (New York: St. Martin's Press, 2018), S. 20.

2 Kathleen Belew, S. 238.

3 Eine Aufstellung der verschiedenen Flaggen, die Demonstranten getragen haben: »Deconstructing the symbols and slogans spotted in Charlottesville«, *Washington Post*, 18. August 2017.

4 Lauren M. Fox: »The hatemonger next door«, *Salon*, 29. September 2013.

5 Louis Jacobson: »Donald Trump's ›Star of David‹ Tweet. A recap«, *Politifact.com*, 5. Juli 2016.

6 Anti-Defamation League: »A Dark and Constant Rage: 25 Years of Right-Wing Terrorism in the United States«, Mai 2017; Bill Morlin: »ACT's Anti-Muslim Message Fertile Ground for Oath Keepers«, Southern Poverty Law Center, 12. Juni 2017; Weisman: *(((Semitism)))*, S. 21.

7 Brian Levin: »Special Status Report: Hate Crime in The United States«, Center for the Study of Hate and Extremism, California State University, San Bernardino, 2016, S. 12.

8 Caitlin MacNeal: »Comey: Twitter is Like Every Dive Bar in America«, *TalkingPointsMemo.com,* 8. Mai 2017; Weisman: *(((Semitism))),* S. 122.

9 »Aryan Nations«, *Southern Poverty Law Center,* https://www.splcenter.org/fighting-hate/extremist-files/group/aryan-nations.

10 Peter Knight (Hg.):*Conspiracy Theories in American History: An Encyclopedia* (Oxford: ABC-CLIO, 2003), S. 758.

11 UPI Archives: »Households first militia hearings«, www.upi.com/Archives/1995/11/02/House-holds-first-militia-hearings/9848815288400/; ADL: »Aryan Nations/Church of Jesus Christ Christian«, Extremism in America, archive.adl.org/learn/ext_us/aryan_nations.html; Kenneth Stern: »Foreword to Paperback Edition«, Force Upon the Plain (New York: Simon and Schuster, 1996), S. 7–8; Kathleen Belew, S. 236.

12 Arie Perliger: *Challengers from the Sidelines. Understanding America's Violent Far-Right* (West Point, N. Y.: Combatting Terrorism Center, 2013).

13 Kenneth S. Stern, E-Mail vom 23. Juli 2017.

14 Bethany Mandel: »My Trump Tweets Earned Me So Many Anti-Semitic Haters That I Bought a Gun«, *Forward*, 21. März 2016; Lloyd Grove: »How Breitbart Unleashes Hate Mobs to Threaten, Dox, and Troll Trump Critics«, *Daily Beast*, 1. März 2016.

15 Cooper Fleishman und Anthony Smith: »(((Echoes))), Exposed: The Secret Symbol Neo-Nazis Use to Target Jews Online«, *Tech.Mic,* 1. Juni 2016.

16 Jonathan Weisman: »The Nazi Tweets of ›Trump God Emperor‹«, *New York Times*, 29. Mai 2016.

[17] Julia Ioffe: »Melania Trump on Her Rise, Her Family Secrets, and Her True Political Views: ›Nobody Will Ever Know‹«, *GQ*, 27. April 2016; Josefin Dolsten: »Journalist Flooded With Neo-Nazi Hate After Writing Melania Trump Profile«, *Forward*, 29. April 2016; Lauren Gambino: »Journalist who profiled Melania Trump hit with barrage of antisemitic abuse«, *Guardian*, 26. April 2016.

[18] Laura Silverman: »Trump Backers' Anti-Semitic Taunts and Threats«, *Atlanta Jewish Times*, 1. August 2016; Nicholas Kristoff: »Donald Trump Is Making America Meaner«, *New York Times*, 13. August 2016.

[19] NPR: »Atlantic Editor on Acrimony in U.S.: ›I Have to Imagine That It Actually Gets Worse‹«, *Morning Edition*, 24. Oktober 2016. http://www.npr.org/2016/10/24/498860864/atlantic-editor-on-acrimony-in-u-s-i-have-to-imagine-that-it-actually-gets-worse

[20] Kathleen Belew: *Bring the War Home*, S. 237–38.

[21] »›Hail Trump!‹: Richard Spencer Speech Excerpts«, *The Atlantic*, https://www.youtube.com/watch?v=1o6-bi3jlxk; »As Trump Disavows ›Alt-Right‹ Support, Critics Question If He Will Still Normalize White Supremacy«, *Democracy Now*, 23. November 2016.

[22] Joseph Bernstein: »Alt-White: How the Breitbart Machine Laundered Racist Hate«, *BuzzFeed*, 5. Oktober 2017; »Milo Yiannopoulos And White Supremacists at Karaoke«, https://www.youtube.com/watch?v=XLNLPIRS62g.

[23] Ben Shapiro: »The Breitbart Alt-Right Just Took Over the GOP«, *Washington Post*, 18. August 2016.

[24] David French: »The Race Obsessed Left has Released a Monster it Cannot Control«, *National Review*, 26. Januar 2016.

Antisemitische Steigbügelhalter

[1] Nicholas Kristoff: »Is Donald Trump a Racist?«, *New York Times*, 23. Juli 2017.

[2] David Weigel: »Racialists are cheered by Trump's latest strategy«, *Washington Post*, 20. August 2016.

[3] Jane Eisner: »Why Trump Likes Jews like Cohen and Dershowitz – For All the Wrong Reasons«, *Forward*, 13. April 2018.

[4] »Trump Won't Condemn Anti-Semitic Threats on Journalist Who Profiled His Wife« (VIDEO), http://talkingpointsmemo.com/livewire/trump-julia-ioffe-anti-semitic-threats; Mickey Rapkin: »Lady and the Trump«, *DuJour*, Mai 2016; Weisman: *(((Semitism)))*, S. 15–16, 143.

[5] Weisman: *(((Semitism)))*, S. 129; *Morning Joe*. MSNBC, 14. November 2016 (TV). https://www.youtube.com/watch?v=YBOy8iTBA9g; Glenn Kessler: »Donald Trump and David Duke: For the Record«, *The Washington Post*, 1. März 2016.

[6] Weisman: *(((Semitism)))*, S. 147.

[7] Weisman: *(((Semitism)))*, S. 29.

[8] Trump sagte daraufhin, es sei ein Fehler gewesen, das Bild zu verändern, da es sich um einen Sheriffstern gehandelt habe. Kritiker betonten, dass sechszackige Sheriffsterne kleine Kreise auf jeder Spitze hätten. Louis Jacobson: »Donald Trump's ›Star of David‹ tweet: a recap«, *Politifact*, 5. Juli 2016; Bryce Covert: »Trump Tries to Spin Anti-Semitic Symbol as ›Sheriff's Star‹«. *Think Progress*, 4. Juli 2016.

[9] Tal Kopan: »Donald Trump retweets ›White Genocide‹ Twitter user«, *CNN.com*, 22. Januar 2016; Ben Kharakh und Dan Primack: »Donald Trump's Social Media Ties to White Supremacists«, *Fortune*, 22. März 2016; Weisman: *(((Semitism)))*, S. 158.

[10] Niraj Chokshi: »Trump Accuses Clinton of Guiding Global Elite Against U.S. Working Class«, *New York Times*, 13. Oktober 2016.

[11] Deborah Lipstadt: »Didn't Slam Anti-Semitism On the Left? Don't Expect Credibility When You Slam It on the Right«, *Forward*, 27. November 2016; Yehuda Kurtzer: »Our Friends and Farrakhan: A Pleas to Progressives«, *Times of Israel*, 7. März 2018.

[12] Andrew Anglin: »Happening: Trump Retweets Two More White Genocide Accounts Back-to-Back«, *Daily Stormer*, 25. Januar 2016.

[13] »Meet a Supremacist energized by Trump«, *BBC.co.uk*, 22. September 2016.

[14] Aram Roston und Joel Anderson, »The Moneyman Man Behind the Alt-Right«, *Buzzfeednews*, 23. Juli 2017.

[15] Ben Kharakh und Dan Primack: »Donald Trump's ...«

[16] Scott Malone und Jeff Mason: »Trump yields to pressure, calls neo-Nazis and KKK criminals«, *Reuters.com*, 14. August 2018.

[17] Glenn Thrush: »New Outcry as Trump Rebukes Charlottesville Racists 2 Days Later«, *New York Times*, 14. August 2017; Tamara Keith: »President Trump Stands by Original Charlottesville Remarks«, *National Public Radio*, 14. September 2017.

[18] Samantha Schmidt: »Trump retweets right-wing provocateur known for pushing false conspiracy theories«, *Washington Post*, 15. August 2017.

[19] Wie Anmerkung 17.

[20] Alan Johnson, »Antisemitic anti-Zionism and the Left«, *Jewish Chronicle*, 10. September 2015.

[21] James Bloodworth: »Why is no one asking about Jeremy Corbyn's worrying connections?«, *Guardian*, 13. August 2015.

[22] Nick Howard: »The Asymmetry of Racism Awareness«, *Standpoint Magazine*, Januar/Februar 2012.

[23] Chip Berlet: *Constructing Campus Conflict: Challenging the Right, Advancing Social Justice – Antisemitism and Islamophobia on U.S. College Campuses, 2007–2011* (Somerville, Ma.: Policy Research Associates, 2014), S. 14.

[24] Jerry Lewis: »UK vicar attends Tehran ›Zionist lobby‹ conference«, *Jerusalem Post*, 6. Oktober 2014; John Bingham: »Church of England vicar denies backing ›anti-Semitic hate-fest‹ in Iran«, *Telegraph*, 6. Oktober 2014.

25 Marcus Dysch: »Sizer: I am ready to meet the Board of Deputies any time«, *Jewish Chronicle*, 11. April 2012; Jake Wallis Simons: »Jeremy Corbyn defends a controversial vicar who was banned from social media for sharing ›clearly anti-Semitic‹ material blaming Israel for 9/11 attacks«, *Daily Mail Online*, 9. August 2015; Kiran Stacey: »Jeremy Corbyn attacked as newspaper claims anti-semitic links«, *Financial Times.com*, 14. August 2015.

26 »Raed Salah, Head of Northern Branch of Islamic Movement in Israel, Espouses Antisemitic Conspiracy Theories About 9/11, Nazi Propaganda«, *MEMRI, 9/11 Documentation Project*, Special Dispatch 3982, www.memri.org/report/en/0/0/0/0/0/0/5450.htm.

27 Yoav Stern: »Islamic Movement Head Charged with Incitement to Racism, Violence«, *Haaretz*, 29. Januar 2008.

28 Ein Video, in dem Corbyn das sagt: www.dailymail.co.uk/news/article-3191679/Jeremy-Corbyn-caught-video-calling-Muslim-hate-preacher-honoured-citizen-inviting-tea-terrace-House-Commons.html.

29 »Banned hate preacher who strolled through Heathrow is arrested, and he will be deported says Home Secretary«, *Daily Mail Online*, 29. Juni 2011.

30 Rajeev Syal: »Jeremy Corbyn says he regrets calling Hamas and Hezbollah ›friends‹«, *Guardian*, 4. Juli 2016.

31 Dyab Abou Jahjah: »Our Collateral damage, and theirs!«, *Media Monitors*, 7. November 2011.

32 Dyab Abou Jahjah: »Walking the Thin Line«, *Arab European League*, 31. Januar 2006.

33 Matt Dathan: »Jeremy Corbyn denies links to Lebanese ›extremist‹ Dyab Abou Jahjah – as picture emerges of the two sharing a stage«, *Independent*, 19. August 2015.

34 »Corbyn Agrees BBC Are ›Zionist Liars‹«, *Guido Fawkes*, 29. April 2016, https://order-order.com/2016/04/29/corbyn-agrees-bbc-are-zionist-liars/; Henry Zeffman: »Jeremy Corbyn hosted event likening Israel to Nazis«, *Times of London*, 1. August 2018; Yair Rosenberg: »Jeremy Corbyn's Holocaust Memorial Day Statement Leaves Out the Jews«, Tablet, 25. Januar 2018.

35 Heather Stewart: »Corbyn in antisemitism row after backing artist behind ›offensive‹ mural«, *Guardian*, 23. März 2018.

36 Stephen Daisley: »Jeremy Corbyn is not an anti-Semite. It's so much worse than that«, *STV News*, 24. August 2015, http://stv.tv/news/politics/1327077-stephen-daisley-on-jeremy-corbyn-the-left-anti-semitism-and-israel/.

37 Paul Waugh: »Momentum Activist Jackie Walker Facing Labour Expulsion Over Anti-Semitism«, *Huffington Post.co.uk*, 8. März 2017.

38 Tom Mosley: »Labour MP shocked by ›1930s‹ anti-Semitism«, *BBC.co.uk*, 25. September 2017; Jonathan Freedland: »Labour Denial of Antisemitism Leaves Party in a Dark Place«, *Guardian*, 27. September 2017;

Yair Rosenberg: »This BBC Interview Perfectly Illustrates Britain's Left-Wing Anti-Semitism Problem«, *Tablet*, 26. September 2017; »Jeremy Corbyn Supporting Hard Left Campaign Group Refuses to Kick out Activist Jackie Walker Over Holocaust Comments«, *The Sun*, 4. Oktober 2016.

39 Aftab Ali: »Oxford University Labour Club Co-Chair, Alex Chalmers, Resigns Amid Antisemitism Row«, *Independent*, 17. Februar 2016.

40 Edward Malnick: »›Anti-Semitic‹ activist selected as Labour candidate as leading donor quits party«, *Telegraph*, 1. April 2018.

41 Richard Kerbaj, Gabriel Pogrund und Jon Ungoed-Thomas, »Vitriol and Threats of Violence: The Ugly Face of Jeremy Corbyn's Cabal«, *Times*, 1. April 2018; Gabriel Pogrund, Jon Ungoed-Thomas, Richard Kerbaj und Tim Shipman: »Exposed: Jeremy Corbyn's hate factory«, *Times*, 1. April 2018.

42 Verity Bowman and Pippa Crerar: »Corbyn Ally Says ›Jewish Trump Supporters making up‹ Antisemitic Charges«, *The Guardian*, 31. Juli 2018; »Jeremy Corbyn Endorses BDS Movement in 2015 Footage«, *Haaretz* und JTA, 19. August 2018.

43 Lee Harpin: »*Anger As Diane Abbott Repeatedly Dismisses Labour's Antisemitism Crisis As ›a Smear Campaign‹*«, *The Jewish Chronicle*, 29. März 2018.

44 Benjamin Kentish: »Thousands of Jeremy Corbyn supporters endorse letter saying Jewish-organised antisemitism protest was the work of ›very powerful special interest group‹«, *Independent*, 29. März 2018; Michael Savage: »Major Jewish private donor ditches Labour over antisemitism«, *Observer*, 1. April 2018.

45 Jonathan Freedland: »For Corbyn, precision and honesty are the way out of this wreath mess«, *Guardian*, 13. August 2018.

46 Daniel Sugarman: »Jeremy Corbyn: ›Zionists‹ have ›no sense of English irony despite having lived here all their lives‹«, *Jewish Chronicle*, 23. August 2018.

Der Salon-Antisemit

1 Julius, *Trials*, S. xxxii.

2 *The Telegraph*, 13. Juli 1996, zitiert nach Julius: *Trials*, S. xxxii. Hervorhebungen DEL.

3 Ähnliche Fälle lassen sich auch in anderen Bereichen beobachten. Als 2017 ein Arzt in einem Krankenhaus einen Amoklauf startete und eine Person tötete, lautete die Schlagzeile einer Zeitung: »Arzt tötet Frau«. Wäre das Opfer ein Mann gewesen, hätte es geheißen, Arzt tötet Arzt (das war der Beruf der getöteten Frau). http://pix11.com/2017/06/30/active-shooter-reported-at-bronx-lebanon-hospital-police/.

4 Julius, *Trials*, S. xxxii.

Der ahnungslose Antisemit

1 Sollte das Bild der JAP heute weniger präsent sein und öfter als antisemitisch eingestuft werden, dann hat dies zu einem nicht geringen Anteil mit Publikationen wie dem *Lilith Magazine* und einem kleinen Kreis von Akademikern und Aktivisiten zu tun. »Jewish Women Campaign Against ›Princess‹ Jokes«, *New York Times*, 1. Mai 1987.

2 Riv-Ellen Prell, *Fighting to Become Americans* (Boston: Beacon Press, 2000), S. 178

3 Manche Kritiker sehen darin eine »Rechtfertigung, postfaktisch, von ... Mischehen«. Joseph Telushkin: *Jewish Humor: What the Best Jewish Jokes Say About the Jews* (New York: HarperCollins, 1998), zitiert nach Leonore Skenazy: »Were Jap Jokes a Justification for Intermarriage?«, *Forward*, 23. Februar 2011.

4 Abraham Foxman: *Jews and Money: The Story of a Stereotype* (New York: Palgrave Macmillan, 2010), zitiert nach Skenazy.

5 Deborah E. Lipstadt: »Anti-Semitism Plays Coy in ›Jewish Princess‹ Jokes«, *Los Angeles Times*, 25. Mai 1988.

6 L. Daniel Staetsky, *Antisemitism in contemporary Great Britain*, S. 4.

Antisemitismus im Kontext

Ein geistiges Versagen?

1 Garrard: »Pleasures of Antisemitism«, *Fathom*, Sommerausgabe 2013.

2 Alan Riding: »September 11 as Right-Wing U.S. Plot: Conspiracy Theory Sells in France«, *New York Times*, 22. Juni 2002. Zu den umfassendsten Versuchen, diese Therorien zu widerlegen, zählt das Buch des Wissenschaftsmagazins *Popular Mechanics*: *Debunking 9/11 Myths: Why Conspiracy Theories Can't Stand Up to the Facts*, hg. von David Dunbar und Brad Reagan (New York: Hearst Books, 2011).

3 John-Paul Pagano: »Anti-Racism Erases Anti-Semitism«, *Tablet*, 21. Juni 2016.

4 »The 4,000 Jews Rumor: Rumor Surrounding Sept. 11th Proved Untrue«, http://usinfo.state.gov/media/Archive/2005/Jan/14-260933.html.

5 International Information Program, USINFO.state.gov: »The 4,000 Jews Rumor«, 14. Januar 2005, http://web.archive.org/web/20070211085836/http://usinfo.state.gov/media/Archive/2005/Jan/14–260933.html; siehe auch http://iipdigital.usembassy.gov/st/english/article/2009/04/200904 30132244atlahtnevel4.020327e-02.html#axzz4Y8eg1KLx.

6 David Aaronovitch: *Voodoo Histories: The Role of the Conspiracy Theory in Shaping Modern History* (New York: Riverhead, 2011); Steven K. Baum: *Antisemitism Explained* (Lanham, MD: University Press of America, 2011), S. 134–35.

7 »Al-Qaeda accuses Iran of 9/11 lie«, *BBC.co.uk*, Nachrichten vom 11. April 2008.

8 Jeremy Stahl: »Where Did 9/11 Conspiracies Come From?«, *Slate*, 6. September 2011.

9 David Gerstman: »Oberlin Professor Claims Israel Was Behind 9/11, ISIS, Charlie Hebdo Attack«, *Tower Magazine*, 25. Februar 2016.

10 Matthew Gindin: »Inside the Twisted Anti-Semitic Mind of Oberlin Professor Joy Karega«, *Forward*, 3. März 2016.

11 »Majority of Oberlin Faculty Sign Letter Condemning Colleague's Antisemitic Facebook Posts«, *The Tower*, 12. April 2016.

12 Colleen Flaherty: »Oberlin Professors Condemn Colleague's Controversial Remarks, Other Defend Them«, *Inside Higher Ed*, 12. April 2016.

13 Yair Rosenberg: »The Real Scandal at Oberlin is Much Bigger than One Professor's Antisemitism«, *Tablet*, 15. März 2016.

14 NIST: WTC Disaster Study, www.nist.gov/el/disaster-resilience/disaster-and-failure-studies/world-trade-center-disaster-study; Jim Dwyer: »2 U.S. Reports Seek to Counter Conspiracy Theories About 9/11«, *New York Times*, 2. September 2006.

Delegitimierender Antisemitismus: Juden können keine Opfer sein

1 Philip Roth: »The Last Days of Herman Roth«, *New York Times*, 30. Dezember 1990.

2 Abschlussprotokoll des UCLA Undergraduate Student Council, 10. Februar 2015 (freigegeben am 17. Februar 2015), www.usac.ucla.edu/documents/minutes/Minutes%202%2010%2015.pdf; »In U.C.L.A., Debate Over Jewish Student Echoes on Campus of Old Biases«, *New York Times*, 5. März 2015; David A. Graham: »UCLA's Troubling Question for Jewish Students Everywhere«, *The Atlantic*, 7. März 2015.

3 Philip Giraldi: »America's Jews Are Driving America's Wars. Shouldn't they recuse themselves when dealing with the Middle East?«, *The Unz Review: An Alternative Media Selection*, 19. September 2017; Bret Stephens: »I Believe Some of Your Best Friends Are Jewish«, *New York Times*, 28. September 2017; Sophie Tatum: »Ex-CIA operative apologizes for tweet of anti-Semitic article«, *CNN politics.com.*

Antisemitismus und Rassismus: Gleich und doch anders

1 Damien Cave und Rochelle Oliber: »The Raw Videos That Have Sparked Outrage Over Police Treatment of Blacks«, *New York Times*, 7. Juli 2016.

2 Ta-Nehisi Coates: *Zwischen mir und der Welt*, aus dem Amerikanischen von Miriam Mandelkow (Berlin: Hanser Berlin 2016), S. 20 und 24.

3 Richard Fausset und Ashley Southall, »Video Shows Officer Flipping Student in South Carolina, Prompting Inquiry«, *New York Times*, 26. Oktober 2015.

4 Timothy Williams: »Study Supports Suspicion That Police Are More Likely to Use Force on Blacks«, *New York Times*, 7. Juli 2016.

5 Carly Pildis: »I am Woke: Why I am Finally Raising My Voice Against Jewish Erasure in the Anti-Racism Movement«, *Tablet*, 6. Juli 2016.

6 Utah v. Streiff (2016), zitiert in *New York Times*, 5. Juli 2016.

7 Amanda Arnold: »Smith College Employee Called the Cops on a Black Student Eating Her Lunch«, The Cut, 2. August 2018; *Sofie Werthan*: »Someone Called 911 on a Black Oregon Legislator Campaigning Door-to-Door«, Slate, 5. Juli 2018.

8 Rikki Novetsky: »Conflating Causes: Why No Red Tape's Partisanship is Stifling«, *The Columbia Current*, Herbst 2014; Mira Taichman und Danielle Rinat: »I am a Jew, a Zionist, an Obie«, *The Oberlin Review*, 15. März 2013.

9 Pagano: »Anti-Racism Erases«.

Gibt es Grund zur Panik?

1 Yair Ettinger: »Four Killed in Shooting at Jewish School in France«, *Haaretz*, 19. März 2014.

2 Lizzie Dearden: »Israel-Gaza Conflict: Synagogues Attacked as pro-Palestinian Protest in Paris Turns Violent«, *The Independent*, 14. Juli 2014.

3 Baron Bodissey: »What Really Happened at the Don Yitzchak Abarbanel Synagogue in Paris?«, *Gates of Vienna*, 19. Juli 2014.

4 Staff, TLVFaces: »Posters in Rome Read ›Do Not Buy from Jews‹«, *TLVFaces*, 11. August 2014; Lourdes Garcia Navarro: »Hate Crimes Against Jews on the Rise in Europe«, *NPR*, 9. August 2014.

5 Der Kommentar war zugegebenermaßen ein Zitat, doch erachtete es die Zeitung als nicht notwendig, die Quelle zu nennen. Jon Henley: »Antisemitism on Rise across Europe ›in Worst Times since the Nazis‹«, *Guardian*, 7. August 2014.

6 Micki Weinberg et al: »In Berlin, Al Quds Day Marchers Steer Clear of Anti-Semitism«, *Times of Israel*, 26. Juli 2014.

7 Micki Weinberg: »Wave of Anti-Semitic Rallies Hits Cities across Germany«, *Times of Israel*, 21. Juli 2014.

8 Monika Schwarz-Friesel: »›Destroy Israel: Jews are the Evil of the World!‹ (2014, E-Mail to the Israeli Embassy in Berlin) – Manifestations of Contemporary Antisemitism«, http://honestlyconcerned.info/2016/03/31/monika-schwarz-friesel-tu-berlin-speech-on-antisemitism-at-the-icca-berlin-14-3-2016-destroy-israel-jews-are-the-evil-of-the-world-2014-e-mail-to--the-israeli-embassy-in-ber/; Jon Henley: »Antisemitism on Rise across Europe ›in Worst Times since the Nazis‹«, *Guardian*, 7. August 2014.

9 Manfred Gerstenfeld: »›Hamas, Hamas, Jews to the Gas‹«, *Ynetnews*, 23. August 2014.

10 https://www.verfassungsschutz.de/embed/broschuere-2016–02-antisemitismus.pdf.

11 https://www.juedische-allgemeine.de/article/view/id/13918.

12 Raphael Ahren et al: »After Brutal Attack on Rabbi, Berliners Show So-

lidarity by Donning Skullcaps«, *Times of Israel*, 2. September 2012; Rosa Doherty: »›Don't Wear Kippahs in pubic‹ German Jews Told«, *Jewish Chronicle*, 25. April 2018; »Rabbis Push Back Against Warning Not to Wear Kippas in Germany, Urge Action«, *Times of Israel*, 25. April 2018.

13 Melissa Eddy: »In Backlash on Antisemitism, a Sea of Skull Caps«, *New York Times*, 26. April 2018.

14 Monika Schwarz-Friesel: »Destroy Israel«; Friesel und Reinharz, S. xiv–xv.

15 https://diepresse.com/home/panorama/oesterreich/5372451/AntisemitismusBericht_Antisemitische-Aussagen-werden-immer-mehr; »Jewish leader attacks Austrian far right as anti-Semitism cases increase«, *Reuters*, 15. Februar 2018.

16 »Miss. Rabbi Says He Was Booted from Restaurant for Being Jewish«, *The Jewish Chronicle*, 24. September 2014.

17 https://www.bundeskanzlerin.de/Content/DE/Rede/2014/09/2014-09-14-merkel-kundgebung-judenhass.html.

18 Hillel Fendel: »European Leaders Speak Out Against Increasing Anti-Semitism«, *Arutz Sheva*, 28. September 2014.

19 Deborah E. Lipstadt: *History on Trial* (New York: Harper Collins, 2005).

»Ja, aber«: Die Rationalisierung des Bösen

Der unheilvolle Fall des Salman Rushdie

1 Zu den von Rushdie verhandelten Themen zählt die strittige Behauptung, wonach Mohammed verfügt habe, dass drei Göttinnen als göttliche Wesen verehrt werden sollten. Damit deutete er an, der Islam erlaube bis zu einem gewissen Grad Vielgötterei. In Rushdies labyrinthischer Geschichte kommt auch ein Bordell vor, in dem die Prostituierten die Namen der Frauen des Propheten tragen. Zu Rushdies damaliger Sicht darauf, was ihm zustieß: Salman Rushdie: »Choice Between Light and Dark«, *Observer*, 22. Januar 1989.

2 Johannes Due Enstad: »Antisemitic Violence in Europe, 2005–2015. Exposure and Perpetrators in France, UK, Germany, Sweden, Norway, Denmark and Russia«, University of Oslo Center for Research on Extremism (C-REX), (Oslo: Universität Oslo, Juni 2017).

3 »Man Attacked in Berlin for Wearing *Kippa* is an Israeli Arab«, *Times of Israel*, 18. April 2018; Sven Becker und Dominik Peters: »Was ein israelischer Jude erlebt, wenn er nach Berlin-Neukölln geht«, *Spiegel Online*, 27. März 2018.

4 Martin Amis: »Rendezvous with Rushdie«, *Vanity Fair*, 27. März 2014.

5 *Independent*, London, 21. und 22. Februar 1989. *The Rushdie File*, S. 101.

6 »Khomeini Spurns Rushdie Regrets And Reiterates Threat of Death«, *New York Times*, 20. Februar 1989.

7 Immanuel Jakobovits: »Paying Due Regard to Our Beliefs«, *The Times*, London, 9. März 1989; *The Rushdie File*, S. 199.

[8] Jimmy Carter: »Rushdie's Book is an Insult«, *New York Times*, 5. Mai 1989.

[9] Michael Ignatieff: »The Value of Toleration«, *Observer*, 2. April 1989.

[10] Roald Dahl: »A Dangerous Opportunist«, *Times*, 28. Februar 1989; Paul Elie: »A Fundamental Fight«, *Vanity Fair*, 29. April 2014.

[11] Jeremy Treglown: *Roald Dahl: A biography* (New York: Farrar, Straus, Giroux, 1994), S. 255–256.

[12] Salman Rushdie, *Joseph Anton* (München: C. Bertelsmann Verlag, 2012).

[13] Bruce Bawer: »›Surrender‹«, *The New York Times*, 25. Juli 2009. Irene Dische: »Zum Tee beim Erzbischof. Das Nachbeben der Rushdie-Affäre. Eine Reportage über die englische Gesellschaft«, *Die Zeit*, 13. Oktober 1989.

[14] *New York Times*, 19. Februar 1989; *The Rushdie File*, S. 151.

[15] »Iran's Indecent Proposal«, *New York Times*, 16. Februar 1993.

[16] Sabah A. Salih: »Islamism, BDS, and The West«, in Cary Nelson und Gabriel Noah Brahm: *The Case Against Academic Boycotts of Israel* (Chicago: MLA Members for Scholars' Rights, 2015), S. 149.

Das Problem verpixeln

[1] Andrew Sullivan: »BBC Weeps for Yasser Arafat«, 12. November 2004.

[2] Nick Cohen: »Censor and sensibility«, *The Guardian*, 11. Dezember 2004; Oliver Kamm: »Offense and Free Speech«, *Oliver Kamm Blog*, 19. Mai 2007.

[3] Ursula Owen: »Free to Speak« (Leserbrief), *The Observer*, 19. Dezember 2004.

[4] Marie Louise Sjølie: »The Danish Cartoonist Who Survived an Axe Attack«, *The Guardian*, 4. Januar 2010.

[5] Douglas Torin: »How UK press shapes up to cartoon row«, *BBC.co.uk*, 3. Februar 2006.

[6] »French Editor Fired Over Cartoons«, *BBC.co.uk*, 2. Februar 2007.

[7] »Paper Withdrawn After Cartoon Row«, *BBC.co.uk*, 7. Februar 2006.

[8] Christopher Hitchens: »Cartoon Debate: The Case for Mocking Religion«, *Slate Magazine*, 4. Februar 2006.

[9] »BBC's Dilemma Over the Cartoons«, *BBC.co.uk*, 3. Februar 2006.

[10] Einige Mitarbeiter des Verlags glaubten, dass die Entscheidung nicht nur von Angst motiviert gewesen sei, sondern auch in Hinsicht auf die Pläne der Universität erfolgt sei, in Ländern mit muslimischer Mehrheit Studienprogramme zu etablieren. Die Pläne seien bereits in vollem Gange gewesen, und Yale habe diese Bemühungen nicht gefährden wollen. Interview mit Jonathan Brent, Krakau, 1. Juli 2017. »Publisher's Statement«, in: Jytte Klausen: *The Cartoons that Shook the World* (New Haven: Yale University Press, 2009).

[11] Paul Reynolds: »A Clash of Rights and Responsibilities«, *BBC.co.uk*, 6. Februar 2006.

12 Chris Tryhorn: »Jack Straw praises UK media's ›sensitivity‹ over cartoons«, *The Guardian*, 3. Februar 2006.

13 Paul Reynolds: »A Clash of rights and responsibilities«, *BBC.co.uk*, 6. Februar 2006.

14 Reynolds: »A Clash«.

15 Hitchens, »Cartoon Debate«; Nick Cohen: »Paris Attacks: Unless We Overcome Fear, Self-Censorship Will Spread«, *The Guardian*, 10. Januar 2015.

16 Dan R. Rasmussen: »Salient Publishes Danish Cartoons«, *Harvard Crimson*, 14. Februar 2006.

17 Charles Spencer: »Can We Talk About This, National Theatre, review«, *The Telegraph*, 13. März 2012.

18 Domonic Cavendish: »DV8's Can We Talk About This: The Riskiest Show of the Year?«, *The Telegraph*, 28. Februar 2012.

Pariser Tragödien

1 Jennie Schuessler: »After Protests, *Charlie Hebdo* Members Receive Standing Ovation at PEN Gala«, *New York Times*, 6. Mai 2015; Teju Cole: »Unmournable Bodies«, *The New Yorker*, 9. Januar 2015.

2 Adam Gopnik: »Satire Lives«, *The New Yorker*, 19. Januar 2015.

3 Jacob Canfield: »In the Wake of Charlie Hebdo, Free Speech Does Not Mean Freedom From Criticism«, *The Hooded Utilitarian*, 7. Januar, 2015; CM: »Subversion, Satire, and Shut the Fuck Up: Deflection and Lazy Thinking in Comics Criticism«, *The Hooded Utilitarian*, 23. Oktober 2012.

4 Jennifer Schuessler: »Six PEN Members Decline Gala After Award for Charlie Hebdo«, *New York Times*, 26. April 2015; Jennifer Schuessler: »After Protests, *Charlie Hebdo* Members Receive Standing Ovation at PEN Gala«, *New York Times*, 6. Mai 2015.

5 Aurelien Breeden und Dan Bilefsky: »Book by Slain Charlie Hebdo Editor Argues Islam Is Not Exempt From Ridicule«, *The New York Times*, 16. April 2015.

6 Rachel Donadio: »Provocateur's Death Haunts the Dutch«, *New York Times*, 30. Oktober 2014.

7 Ariane Bernard: »Raymond Barre, 83, Former French Premier, Dies«, *The New York Times*, 26. August 2007.

8 Baron Bodissey: »What Really Happened at the Don Yitzchak Abarbanel Synagogue in Paris?«, *You Are Being Redirected*, 19. Juli 2014.

9 »Kosher Supermarket Killer ›Told TV Station He Deliberately Targeted Jews‹«, *The Times of Israel*, 10. Januar 2015.

10 J.J. Goldberg: »Yes, It's About French Muslims and Anti-Semitism«, *The Forward*, 10. Januar 2015; Andrew Higgins: »3 Shot Dead at Brussels Jewish Museum«, *New York Times*, 24. Mai 2014.

11 »Secretary General Press Encounter at the Signing of the Condolence

Book at the French Mission«, *United Nations Secretary-General*, 9. Januar 2015; Ben Cohen: »›We Haven't Shown Enough Outrage:‹ French PM Issues Blistering Denunciation of Antisemitism«, *Algemeiner*, 15. Januar 2015.

12 Nach massiver Kritik hat sich Willcox entschuldigt. Seine Entschuldigung wird gewiss angenommen, doch allein die Tatsache, dass er diese Frage überhaupt erst stellte, war bemerkenswert. Jim Selby: »Tim Willcox apologizes to daughter of Holocaust survivor at Paris rally for saying ›Palestinians suffer hugely at Jewish hands as well‹«, *The Independent*, 12. Januar 2015.

13 Howard Jacobson: »Pox Britannia«, zitiert nach: Rosenfeld: *Resurgent Antisemitism*, S. 37, n. #36.

14 Mass Tea Party-Wake Up America!, »Teaching Kids To ›Shoot Jews‹. Hamas TV Show Encourages Kids to Shoot Jews on the Record«, *YouTube*, 8. Mai 2014, www.youtube.com/watch?v=Ck6TCQghpCE; Sharona Shwartz: »Hamas TV's Bumble Bee Character Encourages Children to Do Some Disturbing Things to Jews«, *TheBlaze*, 11. Mai 2014.

15 Ryan Grenoble: »Brooklyn Coffee Shop Slammed After Owner's Anti-Semitic Rant«, *The Huffington Post*, 2. Oktober 2014.

16 Serena Dai: »Coffee Shop Owner Who Called Jews ›Greedy‹ on Instagram Was ›Misunderstood‹«, *DNAinfo New York*, 2. Oktober 2014.

17 *CNN Politics*, »Wright Revisits ›them Jews‹ remark«, 11. Juni 2009.

18 »#Communiqué De Presse-Assassinat De Sarah Halimi: Le Crif Stupéfait Que Le Caractère Antisémite Ne Soit Pas Retenu«, *Crif-Conseil Représentatif Des Institutions Juives De France*, 13. Juli 2017; Juliette Mickiewicz: »Affaire Sarah Halimi: Le Suspect Mis En Examen Pour Meurtre«, *Le Figaro*, 12. Juli 2017; Marc Weitzman: »Sarah Halimi Was Murdered by a Muslim Attacker Reciting Verses from the Quran, But Was He a ›Terrorist‹?«, *Tablet*, 25. Mai 2017.

19 *AFP*: »Paris Women's Brutal Murder Declared anti-Semitic Act«, *Times of Israel*, 28. Februar 2018.

20 Monate nach dem Mord deutete Frankreichs neuer Präsident Emmanuel Macron an, die Behörden hätten sich geweigert, die offensichtlichen Beweise anzuerkennen. Daniel Sugarman: »Macron Speaks out on Murder of French Jewish Woman«, *The Jewish Chronicle*, 17. Juli 2017; James McAuley: »In France, Murder of a Jewish Woman Ignites Debate over the Word ›Terrorism‹«, *The Washington Post*, 23. Juli 2017; »French Intellectuals Accuse Authorities of Covering up Jewish Woman's Slaying by Muslim Neighbor«, *Jewish Telegraphic Agency*, 9. Juni 2017.

21 »Arab teenagers arrested in beating of Jewish boy outside Paris-area synagogue«, *Jewish Telegraphic Agency*, 1. März 2018.

22 »Slain Holocaust survivor's family: She'd known her killer since he was a boy«, *Times of Israel*, 27. *März* 2018; Bari Weiss: »Jews Are Being Murdered in Paris. Again«, *New York Times*, 30. März 2018; »Two Charged with Antisemitic Murder of French Holocaust Survivor«, *AFP*, 27. März 2018.

[23] »In France, Thousands March in Memory of Murdered Jewish Woman«, *AFP*, 28. März 2018.

[24] Henry Samuel: »Macron hails French resistance spirit of heroic gendarme who swapped himself for hostage«, *Telegraph*, 28. März 2018.

Holocaustleugnung: Von Hardcore bis Softcore

Es geht um Antisemitismus, nicht um Geschichte

[1] Zeugnisse von Überlebenden siehe etwa: Yale University Library, Fortunoff Archive for Holocaus Testimonies, http://web.library.yale.edu/testimonies; University of Southern California, SHOAH Foundation, www.sfi.usc.edu/full-length-testimonies; United States Holocaust Memorial Museum, www.ushmm.org/remember/the-holocaust-survivors-and-victims-resource-center/survivors-and-victims/survivor-testimonies.

[2] Viele Zeugen aus Regionen, in denen diese Morde geschahen, haben darüber gesprochen, was sie gesehen hatten. Siehe z.B. Patrick Debois: *Der vergessene Holocaust. Die Ermordung der ukrainischen Juden. Eine Spurensuche* (Berlin Verlag 2009). Siehe auch die von Claude Lanzmann für seinen Dokumentarfilm *Shoah* geführten Interviews: www.ushmm.org/online/film/docs/shoahstatus.pdf.

[3] Eine Sammlung mit Briefen, Tagebucheintragungen und Berichten von Tätern, darunter jener Täter, die Zyklon B in die Gaskammer eingelassen, und jenen, die an den Erschießungen an der Ostfront teilgenommen hatten: Ernst Klee, Willi Dressen, Volker Riess (Hg.): *»Schöne Zeiten«. Judenmord aus der Sicht der Täter und Gaffer* (S. Fischer: Frankfurt am Main, 1988).

[4] Viele der Täter, die nach dem Zweiten Weltkrieg wegen Kriegsverbrechen vor Gericht standen, behaupteten, sie hätten keine andere Wahl gehabt, als die Befehle auszuführen und die Opfer zu töten, andernfalls wären sie selbst getötet worden. Dies scheint jedoch nicht der Fall gewesen zu sein. So schreibt David Kittermann nach der Untersuchung von über hundert Fällen, in denen Deutsche sich geweigert hatten, Zivilisten zu töten: »Das erstaunlichste Ergebnis dieser Untersuchung ist, dass es nicht gelungen ist, auch nur ein dokumentiertes Beispiel einer lebensgefährlichen Situation (Erschießung, physische Verletzung, Überstellung in ein Konzentrationslager) zu finden, in die jene geraten wären, die sich geweigert hatten, Befehle zur Ermordung von Zivilisten oder russischen Kriegsgefangenen durchzuführen. Entgegen allgemeiner Vermutungen gab es in der Mehrheit der Fälle keine nennenswerten Konsequenzen.« David Kitterman: »Those Who Said ›No!‹, Germans Who Refused to Execute Civilians during World War II«, *German Studies Review*, 11, Nr. 2, 1988, S. 241–254.

[5] Gideon Resnick: »David Duke: Trump Makes Hitler Great Again«, *The Daily Beast*, 17. März 2016.

6 Für Hintergrundinformationen zum Institute for Historical Review und Revisionismus siehe Richard Evans' Expertenbericht, »David Irving, Hitler and Holocaust Denial«, der dem Gericht von der Verteidigung im Prozess Irving gegen Penguin UK und Deborah Lipstadt vorgelegt wurde, hdot.org.

7 »Jeremy Vines Show«, *BBC Radio 2*, 18. Februar 2017. Das Interview beginnt etwa bei 1:05 min. http://www.bbc.co.uk/programmes/p04tj3gx. Die Unterhaltung mit den Produzenten der Jeremy Vines Show fand ebenfalls am 18. Februar 2017 statt.

8 Eliezer Sherman: »Sarkozy: There Are Schools In France Where You Cannot Teach The Holocaust«, *Algemeiner*, 8. Juni 2015; Alison Smale: »Teaching The Holocaust To Muslim Germans, Or Not«, *New York Times*, 17. Juni 2015; Benjamin Weinthal: »German Muslim Students Protest Holocaust Remembrance, Attack Israel«, *Jerusalem Post*, 27. Januar 2017.

9 http://www.tabletmag.com/scroll/245953/this-anti-semitic-bbc-interview-perfectly-illustrates-britains-left-wing-anti-semitism-problem.

Täter-Opfer-Umkehr

1 Walter Laqueur: *The Struggle for the Middle East: The Soviet Union and the Middle East, 1958–68* (London: Pelican Books, 1972), S. 54.

2 Seth Frantzman: »The Outrage of Comparing Israel to the Nazis«, *Algemeiner*, 10. Mai 2016. Hervorhebung DEL.

3 Rowena Mason: »Lib Dem MP Condemned for Linking Israeli Treatment of Palestinians with Holocaust«, *The Telegraph*, 25. Januar 2013.

4 Sarah Hull: »Death to Jewish settlers, says anti-Zionist poet«, *The Guardian*, 13. April 2002.

5 Peter Foster, »What are Oxford dons to make of Tom Paulin?«, *The Telegraph*, 27. April 2002.

6 Berlet, *Constructing Campus Conflict*, S. 24.

7 John-Paul Pagano: »Anti-Racism Erases Anti-Semitism«, *Tablet*, 21. Juni 2016. Eine Vielzahl an Zitaten Puars findet man bei William Jacobson: »Vassar faculty-sponsored anti-Israel event erupts in controversy«, *Legal Insurrection*, 8. Februar 2016.

8 Mark G. Yudof und Ken Waltzer: »Majoring in Anti-Semitism at Vassar«, *Wall Street Journal*, 16. Februar 2016; Ziva Dahl: »Vassar Jewish Studies Sponsors Demonization of Israel ... Again«, *Observer*, 9. Februar 2016.

9 Yudof und Waltzer: ebd.

10 US Campaign for the Academic and Cultural of Israel: »Letter in support of Professor Jasbir Puar regarding right-wing attacks on her recent talk at Vassar College«, USACBI, Februar 2016; Jason Stanley: »The Free Speech Fallacy«, *Chronicle of Higher Education*, 26. Februar 2016; Ken Waltzer: »BDS scholars defend the indefensible«, *Times of Israel*, 13. März 2016.

Aus Opfern Kollaborateure machen

1 »Ex-London Mayor Ken Livingstone Reaffirms Remarks About Nazi Support for Zionism«, *Haaretz*, 5. September 2016.

2 John Stone: »Labour antisemitism row: Read the Ken Livingstone interview transcripts in full«, *Independent*, 28. April 2016; »Ken Livingstone stands by Hitler comments«, *BBC.co.uk*, 30. April 2016.

3 Zitiert nach Christian Hartmann, Thomas Vordermayer, Othmar Plöckinger und Roman Töppel (Hg.): Hitler, *Mein Kampf. Eine kritische Edition* (Institut für Zeitgeschichte München – Berlin, 2016), Bd. I, S. 847 [344].

4 »Der Großmufti von Jerusalem beim Führer (28.11.1941). Aus der Aufzeichnung des Gesandten Schmidt über die Unterredung zwischen Adolf Hitler und dem Großmufti von Jerusalem Hadji Mohammed Amin el Hussein«, www.ns-archiv.de/verfolgung/antisemitismus/mufti/in_berlin.php.

5 Paul Bogdanor: »An Antisemitic Hoax: Lenni Brenner on Zionist ›Collaboration‹ With the Nazis«, *fathom journal*, http://fathomjournal.org/an-antisemitic-hoax-lenni-brenner-on-zionist-collaboration-with-the-nazis/.

6 David Baddiel: »Why Ken Livingstone Has It So Wrong over Hitler and Zionism«, *The Guardian*, 6. April 2017.

7 Jon Stone: »Labour Antisemitism Row: Read the Ken Livingstone Interview Transcripts in Full«, *Independent*, Independent Digital News and Media, 28. April 2016; Ken Livingstone: »This is about Israel, not antisemitism«, *The Guardian*, 4. März 2005.

8 Lesley Klaff: »Holocaust Inversion and Contemporary Antisemitism«, *Fathom*, Winter 2014; http://fathomjournal.org/holocaust-inversion-and-contemporary-antisemitism.

9 David Hirsh: *Contemporary Left Antisemitism* (New York: Routledge, 2017), S. 11 ff., 76 f.

Entjudaisierung des Holocaust

1 Daniel Brook: »Double Genocide«, *Slate*, 26. Juli 2015.

2 Daniel Brook, ebd.

3 Florian Peters: »Remaking Polish National History: Reenactment over Reflection«, *Cultures of History Forum*, 17. Mai 2017, www.cultures-of-history.uni-jena.de/debates/poland/remaking-polish-national-history-reenactment-over-reflection.

4 Im Juli 2017 besuchte ich das neue Museum des Zweiten Weltkriegs und das Solidarność-Zentrum in Danzig. Gespräche mit Kuratoren, Forschern und der Verwaltung der beiden Institutionen verdeutlichten, wie Geschichte mittlerweile allumfassend politisiert wird. Florian Peters, ebd.

5 Rachel Donadio: »A Museum Becomes a Battlefield Over Poland's History«, *New York Times*, 9. November 2016; Soraya Sarhaddi Nel-

son: »Nationalist Polish Government Wants Changes to World War II Museum«, *National Public Radio*, 25. März 2017; Nina Porzucki: »Poland's Right-Wing Government Thinks This WWII Museum Isn't ›Glorious‹ Enough«, *Public Radio International*, 23. Februar 2017; »Historians Defend Scholar who Studies Poland and Holocaust«, *History News Network*, 20. Juni 2017.

6 Jan T. Gross: *Nachbarn. Der Mord an den Juden von Jedwabne*, aus dem Englischen von Friedrich Griese (München: C. H. Beck Verlag, 2001).

7 United States Department of State, *Intelligence Research Report*, OCL-2312, 15. Mai 1946, http://www.wiesenthal.com/atf/cf/%7B54d385e6-f1b9-4e9f-8e94-890c3e6dd277%7D/INTELLIGENCE-RESEARCH-REPORT-DEPT-OF-STATE_022218.PDF, S. 22–24.

8 Griff Witte, James McAuley und Luisa Beck: »In laws, rhetoric and acts of violence, Europe is rewriting dark chapters of its past«, *Washington Post*, 19. Februar 2018.

9 Jan Gross: »Poland Death Camp Law is Designed to Falsify History«, *Financial Times*, 6. Februar 2018; Jonah Shepp: »Poland's Holocaust Law and the Right-Wing Desire to Rewrite History«, *New York Magazine*, 3. Februar 2018.

10 Cnaan Liphshiz: »Poland's prime minister said some Jews collaborated with Nazis. Scholars say he distorted history«, *Jewish Telegraphic Agency*, 20. Februar 2018.

11 »Remarks by President Trump to the People of Poland«, WhiteHouse.gov, 6. Juli 2017; Adam Taylor: »Trump was first U.S. president to visit Warsaw without visiting the Warsaw Ghetto since 1989«, *Washington Post*, 6. Juli 2017; Weisman, *(((Semitism)))*, S. 156–157.

12 James Kirchick: »Hungary's Ugly State-Sponsored Holocaust Revisionism«, *Tablet*, 13. März 2017.

13 Adam Nossiter: »Marine Le Pen Denies French Guilt for Rounding Up Jews«, *New York Times*, 10. April 2017.

14 »Far-Left French Leader Slams Macron for Accepting French Complicity in Holocaust«, *Haaretz*, 19. Juli 2017.

15 Elian Peltier: »France Rethinks Honor for Charles Maurras, Condemned as Anti-Semite«, *New York Times*, 28. Januar 2018.

Auf dem Campus und darüber hinaus

Verteufelung Israels

1 Lucy Sherriff: »King's College Investigates ›Hate Attack‹ Against Israel's Ex-Secret Service Chief During Student Event«, *HuffPost UK*, 21. Januar 2016.

2 Dale Carpenter: »Israeli academic shouted down in lecture at University of Minnesota«, *Washington Post*, 14. November 2015.

3 Julius, *Trials of the Diaspora*, S. 481.

[4] »BDS Movement«, *BDS Movement*, 28. September 2017, bdsmovement.net/

[5] PACBI: *The PACBI Call for Academic Boycott Revised: Adjusting the Parameters of the Debate*, 28. Januar 2006, pacbi.org/etemplate.php?id=1051; Donna Robinson Divine: »The Boycott Debate at Smith«; Cary Nelson und Gabriel Noah Brahm: *The Case Against the academic Boycott of Israel* (Chicago: MLA for Scholars Rights, 2015), S. 136; Gabriel Noah Brahm und Asaf Romirowsky: »Anti-Semitic in Intent if Not in Effect«, Nelson, S. 80.

[6] Mark Yudof: »We must defeat BDS macro-aggression«, *Times of Israel*, 9. Dezember 2015.

[7] Cary Nelson: »The Problem with Judith Butler«, Nelson, S. 195.

[8] Michael Bérubé: »Boycott Bubkes: The Murky Logic of the ASA's Resolution«, Nelson, S. 132.

[9] *Against Apartheid: The Case for Boycotting Israeli Universities*, S. 42, zitiert nach *Academic Freedom, Freedom of Expression, and the BDS Movement*, Academic Engagement Network, November 2016, S. 14.

[10] Judith Butler: »Academic Freedom and the ASA's Boycott of Israel«, *Nation*, 8. Dezember 2013.

[11] David Hirsh: »The American Studies Association Boycott Resolution, Academic Freedom, and the Myth of the Institutional Boycott«, Nelson, S. 122–23.

[12] www.rototomsunsplash.com/en/rototom.

[13] Herb Keinon: »Matisyahu: Anti-Semitism at Spanish festival was something I never experienced before«, *Jerusalem Post*, 30. August 2015.

[14] Emily Shire: »Reggae Fest Demands Anti-Israel Pledge«, *The Daily Beast*, 17. August 2015; »Jewish groups protest cancellation of U.S. musician's Spanish concert«, *Reuters*, 17. August 2015.

[15] Asawin Suebaeng: »Taylor Swift, Queen of the Zionists?«, *The Daily Beast*, 20. Februar 2015.

[16] Bencie Woll und Wendy Sandler: »Sign Language Translator and Interpreter: Author Mona Baker Journal Boycotting Israeli Scholars«, *Engage*, 9. August 2007. Dieser Artikel kann hier nachgelesen werden: www.engageonline.org.uk:80/blog/article.php?id=1336.

[17] Yarden Skop: »Top Scientist Joins BDS Movement«, *Haaretz*, 8. Mai 2013.

[18] »Loach Pulls Melbourne Festival Film in Israeli Funding Protest«, *CBC News*, 20. Juli 2009.

[19] Alexander Nazaryan: »Alice Walker Won't Allow New Hebrew Version of ›Color Purple‹«, *New York Daily News*, 20. Juni 2012.

[20] David Hirsh: »Open letter to Claire Potter from David Hirsh«, *Engage*, 17. Dezember 2013.

[21] Martha Nussbaum: »Against Academic Boycotts«, Nelson, S. 43, 45.

[22] American Association of University Professors, »On Academic Boycotts«, Nelson, S. 31–38.

BDS: Antisemitismus oder Politik?

1 *PACBI-The PACBI Call for Academic Boycott Revised: Adjusting the Parameters of the Debate*, PACBI, 28. Januar 2006, pacbi.org/etemplate.php?id=1051.
»PACBI Guidelines for the International Academic Boycott of Israel«, *Palestinian Campaign for The Academic and Cultural Boycott of Israel*, 31. Juli 2014, www.pacbi.org/einside.php?id=69+

2 Ellen Willis: »Is there Still a Jewish Question? Why I'm an Anti-Anti-Zionist«, in *Wrestling with Zion: Progressive Jewish-American Responses to the Israel-Palestine Conflict* (New York: Grove Press, 2003), S. 226–32; wieder veröffentlicht in *Tablet*, 13. August 2014.

3 Drew Himmelstein: »Stanford Professors Take Stand against Divestment«, *Jweekly.com*, 12. März 2015.

4 Nussbaum, S. 47.

5 Steven Pinker: »Against Selective Demonization«, *Against Anthro Boycott*, https://www.facebook.com/againstanthroboycott/posts/448002548722546.

6 Benny Morris: *One State, Two States: Resolving the Israel/Palestine Conflict*, 2009, S. 168–169, zitiert nach Nelson, S. 192.

7 Zipperstein, zitiert nach ebd.

8 Richard Pérez-Peña: »Scholars' Group to Disclose Result of Vote on an Academic Boycott of Israel«, *New York Times*, 16. Dezember 2013; Mitchell Cohen: »Anti-Semitism and the Left that Doesn't Learn«, Nelson, S. 159.

9 Mark Yudof: »BDS and Campus Politics: A Bad Romance«, *Inside Higher Ed*, 14. Dezember 2015.

10 Kenneth L. Marcus, »Is the Boycott Movement Anti-Semitic?«, Nelson, S. 257.

11 Jennifer Medina: »Student Coalition at Stanford Confronts Allegations of Anti-Semitism«, *The New York Times*, 14. April 2015.

12 Julius, *Trials of the Diaspora*, S. 67.

Universitäres Gruppendenken: Nicht ganz so sichere Zonen

1 Kimber Williams: »Rushdie Urges Students to Defend Free Speech«, *Emory News Center*, 16. Februar 2015.

2 Eve Ensler: »I Never Defined a Woman as a Person with a Vagina«, *Time Magazine*, 19. Januar 2015.

3 Thomas Healy: »Who's Afraid of Free Speech?«, *Atlantic*, 18. Juni 2017; Bari Weiss: »We're All Fascists Now«, *New York Times*, 7. März 2018.

4 Teresa Watanabe: »Q&A: UC Berkeley Chancellor Carol T. Christ: ›Free speech has itself become controversial‹«, *Los Angeles Times*, 14. September 2017.

5 Robert Reich: »Coulter Should Be Allowed to Speak«, *Newsweek*, 25. April 2017.

6 »Wellesley Statement from CERE Faculty Re: Laura Kipnis Freedom Project Visit and Aftermath«, *FIRE*, 21. März 2017.

7 Chloe Manchester: »Day of Absence Changes Form«, *The Cooper Point Journal*, 10. April 2017.

8 Bret Weinstein: »The Campus Mob Came for Me – and You, Professor, Could Be Next«, *The Wall Street Journal*, 30. Mai 2017.

9 Anemona Hartocollis: »A Campus Argument Goes Viral. Now the College Is Under Siege«, *New York Times*, 16. Juni 2017.

10 Laurie L. Patton: »The Right Way to Protect Free Speech on Campus«, *The Wall Street Journal*, 9. Juni 2017.

11 »Report of the Committee on Freedom of Expression«, University of Chicago, www.provost.uchicago.edu/sites/default/files/documents/reports/FOECommitteeReport.pdf.

12 Jay Ellison to Class of 2020, University of Chicago, o. J., http://www.intellectualtakeout.org/sites/ito/files/acceptance_letter.jpg; Bret Stephens: »America's Best College President«, *New York Times*, 20. Oktober 2017.

13 Kenneth Stern: »S. C. anti-Semitism bill isn't needed«, *The Post and Courier*, 25. April 2017.

14 Das ist nichts Neues. In den 1970er-Jahren wurde Yale von einer ähnlichen Debatte in Aufruhr versetzt: http://www.nytimes.com/1975/01/26/archives/a-report-on-the-dangers-to-the-right-of-free-speech.html. Ich möchte Kenneth S. Stern dafür danken, dass er mich daran erinnert hat.

Progressivismus und Zionismus: Arglistiger Antisemitismus?

1 Matthew Stein: »Students for Justice in Palestine defends violence against pro-Israel groups, calls them ›fascists‹«, *The College Fix*, 17. September 2017.

2 Colin Beresford und Alon Samuel: »White nationalist group puts up anti-Semitic stickers on Black Lives Matters posters«, *University of Michigan Daily*, 26. April 2017; Tilly Shames, Hillel-Vorsitzende an der University of Michigan, E-Mail vom 19. April 2018.

3 Diane Lederman: »More than 200 UMass students call for free education, $15 minimum wage, greater diversity at rally«, *Mass Live*, 12. November 2015.

4 #SHUTDOWN the #PINKWASHING, change.org, www.change.org/p/goucher-college-shutdown-the-pinkwashing.

5 William Jacobson: »How Student Activists Turned Anti-Rape Group Into an Anti-Israel Group«, *Legal Insurrection*, 10. Dezember 2015.

6 Rikki Novetsky und Sariel Friedman: »Left and Lefter«, *Columbia Spectator*, 12. März 2015.

7 »Tufts University activists publish guide calling Israel a ›white suprema-

cist state‹«, *JTA*, 8. September 2017; Alex Joffe: »Labeling of Israel and its supporters as white supremacists and fascists emerges on campuses«, *SPME*, 29. September 2017.

8 »Birthright« bezeichnet die Idee, wonach jede junge Jüdin und jeder junge Jude ein Geburtsrecht habe, die Heimat seiner Vorfahren kennenzulernen, und deshalb eine Reise nach Israel zum Geschenk erhalten sollte (Anmerkung des Übersetzers).

9 http://www.thetower.org/2556-at-cuny-students-blame-israel-for-tuition-hikes/

10 Mira Taichman und Danielle Rinat: »I am a Jew, a Zionist, an Obie«, *The Oberlin Review*, 15. März 2013.

11 Yair Rosenberg: »New York University's Students for Justice in Palestine Blames Police Shootings of Blacks on Israel«, *Tablet*, 8. Juli 2016.

12 Janet L. Freedman: »For the Women's Studies Association, the BDS Vote Was Over Before It Began«, *The Forward*, 30. November 2015.

13 Nelson: »Introduction«, S. 21.

14 Yair Rosenberg: »Four Reasons the Chicago Dyke March's Banning of Jewish Stars Was Anti-Semitic«, *Tablet*, 28. Juni 2017.

15 Andy Thayer: Facebook-Post, 20. Januar 2016, www.facebook.com/andy.thayer1/videos/10207721271646993/; Paul Miller: »LGBT Conference in Chicago Turns Violent From Anti-Israel Protesters«, *Observer*, 25. Januar 2016.

16 Yair Rosenberg: »Stanford Student Senator: Saying ›Jews Control the Media, Economy, Government‹ Is ›Not Anti-Semitism‹«, *Tablet*, 7. April 2016.

17 Winston Shi: »On Gabriel Knight and What anti-Semitism Really Means«, *The Stanford Daily*, 7. April 2016.

18 Howard Jacobson: »Pox Britannia«, zitiert nach Alvin Rosenfeld: *Resurgent Antisemitism*, S. 37, Anmerkung 26.

19 David Clark: »Accusations of Anti-Semitic Chic Are Poisonous Intellectual Thuggery«, *The Guardian*, 5. März 2006.

20 Tariq Ali, »Notes on Anti-Semitism, Zionism and Palestine«, *www.counterpunch.org*, 19. August 2015.

21 Jonathan Freedland: »My Plea to the Left: Treat Jews the Same Way You'd Treat Any Other Minority«, *The Guardian*, 29. April 2016.

22 @lsarsour, 31. Oktober 2012, www.twitter.com/lsarsour/status/263651398250545152?lang=en; Tally Krupkin: »Linda Sarsour at Racial Justice March: ›It Is Not My Job to Educate Jewish People That Palestinians Deserve Dignity‹«, *Haaretz*, 2. Oktober 2017; Debra Nussbaum Cohen: »Why Jewish Leaders Rally Behind a Palestinian-American Women's March Organizer«, *Haaretz*, 25. Januar 2017; »Young Man Asks Challenging Question to Linda Sarsour – Here is her Response«, www.youtube.com/watch?time_continue=436&v=uMisnUF14io.

23 Southern Poverty Law Center: *Nation of Islam*, o. J., www.splcenter.org/fighting-hate/extremist-files/group/nation-islam.

[24] Elad Nehorai: »Memo To The Left: Denounce Anti-Semite Louis Farrakhan«, *Forward*, 2. März 2018.

[25] www.twitter.com/TamikaDMallory/status/970032405577961473

[26] www.instagram.com/p/BNDLpbGFrlc/?taken-by=msladyjustice1&hl=en

[27] Forward und Aiden Pink: »Women's March Co-president Attends Louis Farrakhan Rally – Again«, *Haaretz*, 1. März 2018.

[28] www.facebook.com/womensmarchonwash/posts/1848805725132698

[29] Daniel J. Roth: »Women's March Leaders Slam ADL, Call Group ›Islamophobic‹, Anti-Minority«, *Jerusalem Post*, 18. April 2018; Yair Rosenberg: »Women's March Organizer And Farrakhan Fan Tamika Mallory Attacks The Anti-Defamation League«, *Tablet*, 18. April 2018.

Antworten auf die progressive »Kritik«

[1] Debra Nussbaum Cohen: »At Summit to Counter BDS Movement, J Street Feels the Heat«, *Haaretz*, 30. März 2017.

[2] »Antisemitism Tracker Organized by State«, *AMCHA Initiative*, 22. August 2017; Judy Maltz: »Jewish Group Releases Blacklist of U.S. Professors Who Back Academic Boycott of Israel«, *Haaretz*, 30. März 2017.

[3] Jane Eisner: »Why Accuse Israeli Singer Noa of Backing BDS, When She Rejects It Outright?«, *Forward*, 22. Februar 2016; »JNF Canada drops event over singer Noa's alleged BDS support But Achinoam ›Noa‹ Nini, no stranger to controversy over her politics, says she's ›completely‹ opposed to Israel boycott«, *JTA*, 21. Februar 2016.

[4] Amir Tibon: »Portman's Boycott of Netanyahu Borders on Antisemitism, Israeli Minister says«, *Haaretz*, 22. April 2018.

[5] Jonathan Lis: »Israel Set to Pass Law Banning pro-BDS Foreigners from Entering Country«, *Haaretz*, 30. Januar 2017.

[6] Mark Yudof und Kenneth Waltzer an Menachem Ben-Sasson, President, Hebrew University, 30. Mai 2017.

[7] Revital Hovel: »Israel's Attorney General to Examine Shin Bet Detentions of Left-wing Activists« *Haaretz*, 14. August 2018; »Israel's Shin Bet Reportedly Barred 250 People From Entering Israel in 2018«, *Haaretz*, 15. August 2018.

[8] Pini Dunner: »BDS is Not pro-Palestinian, it's anti-Semitic«, *Los Angeles Jewish Journal*, 15. August 2015.

Kurzsichtigkeit: Antisemitismus nur bei den anderen sehen

[1] »Jewish Leaders Statement Against Attacks on Linda Sarsour«, *Medium*, 31. Mai 2017; Rabbi Barat Ellman und Rabbi Ellen Lippmann: »Linda Sarsour is a friend to Jews«, *New York Daily News*, 7. Mai 2017; Bari Weiss: »When Progressives Embrace Hate«, *New York Times*, 1. August 2017.

2 Aiden Pink: »Will Ties to Louis Farrakhan Spur Jews To Shun the Women's March?«, *Forward*, 6. März 2018; Sharon Brouse, *Facebook,* 5. März 2018, www.facebook.com/RabbiSharonBrous/posts/10155756338029678

3 Glenn Kessler: »DNC vice chair Keith Ellison and Louis Farrakhan: ›No relationship‹?«, *Washington Post*, 9. März 2018.

4 Shachar Peled: »Bannon Addresses ZOA, Urges Jews to Join ›Insurgency‹ Against anti-Trump Republicans«, *Haaretz*, 13. November 2017.

5 Weisman, *(((Semitism)))*, S. 144.

6 Joseph Bernstein: »Alt-White: How the Breitbart Machine Laundered Racist Hate«, *BuzzFeed*, 15. Oktober 2017; Melanie Phillips: »The Alt-Right Smear«, *Melanie Phillips.com*, 17. März 2017; Lloyd Green: »The Zionist Leader Who Can't Quit Steve Bannon«, *The Daily Beast*, 30. August 2017; Armin Rosen: »ZOA President Meets with Top Trump Aide«, *Tablet*, 26. Januar, 2017; »White Nationalist Richard Spencer Gives Israel as Example of Ethno-state He Wants in U.S.«, *Haaretz*, 19. Oktober 2017; Weisman: *(((Semitism)))*, S. 90.

7 Jack Moore: »Israel's Netanyahu Hasn't Condemned Hungary's ›Anti-Semitic‹ George Soros Posters. Here's Why«, *Newsweek*, 11. Juli 2017; »Hungarian Jews Slam Prime Minister's Praises for Hitler Ally«, *Jewish Telegraphic Agency*, 26. Juni 2017; Peter Murphy: »Meeting of the Minds: Netanyahu Visits Hungary«, *Yahoo*, 16. Juli 2017; Mairav Zonszein: »Israel's War Against George Soros«, *New York Times*, 17. Juli 2017; Eszter Zalan: »Orbán and Netanyahu set aside anti-Semitism concerns«, *EU Observor*, 18. Juli 2017; Max Bearak: »Hungary Accused of ›Hatemongering‹ in National Survey Targeting George Soros«, *Washington Post*, 8. November 2017; Larry Cohler-Esses: »George Soros Denounced By Hungary As ›Satan‹ Seeking To Destroy ›Christian Europe‹«, *Forward*, 2. Oktober 2017.

8 Noa Landau: »Netanyahu Pushes Hosting Visegrad Group in Israel in Talks With Senior Hungarian Official«, *Haaretz*, 13. Februar 2018.

9 »Polish Official: Israel Ashamed of Jewish Passivity in the Holocaust«, *Haaretz*, 10. Februar 2018.

10 Anshel Pfeffer: »Orbán Is Coming to Israel to Meet His Soulmate Netanyahu. Here's How He's Taking Down Hungary's Democracy«, *Haaretz*, 17. Juli 2018.

11 Polnische Regierung: »Joint Declaration of Prime Ministers of the State of Israel and the Republic of Poland«, 27. Juni 2018, https://www.premier.gov.pl/en/news/news/joint-declaration-of-prime-ministers-of-the-state-of-israel-and-the-republic-of-poland.html; Raphael Ahren: »Does the Israeli-Polish Holocaust law agreement defend truth or betray history?«, *Times of Israel*, 4. Juli 2018; Jeffrey Heller: »Yad Vashem center criticizes Israeli-Polish statement on Holocaust law«, *Reuters*, 6. Juli 2018; »Full Text: Yad Vashem Historians Against Israeli-Polish Statement on ›Holocaust Law‹«, *Haaretz*, 5. Juli 2018.

[12] Jonathan Lis: »Right-wing Israeli Lawmaker Meets Member of Austrian Party With Nazi Roots«, *Haaretz*, 12. Februar 2002.
[13] Hillel Ben-Sasson: »Attacking Soros: Israel's Unholy Covenant with Europe's anti-Semitic Ultra-right«, *Haaretz*, 12. Juli 2017.
[14] Debra Nussbaum Cohen: »At Summit to Counter BDS Movement, J Street Feels the Heat«, *Haaretz*, 31. März 2017.
[15] Ben Sales: »A State Legislator Called J Street Anti-Semitic. Right to Left, Jewish Groups Disagree«, *Jewish Telegraphic Agency*, JTA, 5. April 2017.
[16] Debra Nussbaum Cohen, ebd.

Klage und Freude: Die Opferrolle zurückweisen

Den Wald vor lauter Bäumen nicht sehen: Eine Zahnarztschule und eine Studentenverbindung

[1] Zu den Hintergründen dieser Praxis siehe: Jerome Karbel: *The Chosen* (New York: Houghton Mifflin, 2005).

Jenseits der Opferrolle

[1] Simon Rawidowicz: *Israel the Ever-Dying People and Other Essays* (London: Associated University Presses, 1986), S. 50, 53–63.

Das Gute im Angesicht des Bösen feiern

[1] Fünftes Buch Moses, 31:6.

Personenregister